在怦然之後

關於愛情的16堂課

程威銓 & 台大愛情研究團隊 著

獻給讀者

Dedicated to our readers

因為你們，所以存在……

目錄

進行曲——我們的愛

作者序

真正的愛，分析不來？

這不只是一本，會安慰人的書。

讀了許多療傷書，走了幾條戀愛路，有些事情以為自己已經懂了，

過了一陣子卻又重蹈覆轍；

幾段感情以後，朋友的理性勸說，你或許歸納出愛情的一些規則，卻老是困在自己的情緒沼澤；

在感性與理性之間，在科學與兩性裡面，你還有另一種理解愛情、擁抱自己的可能，

或許，在心動之前，你終於可以，更貼近自己一點點，

而在怦然之後，你會發現許多的爭執還是有跡可循，許多的消逝仍是其來有因，

這本書將與你一起循著這些跡象，重新找到愛的力量！

如果你是原本打算跳過序的人（像我常常會這樣做），不小心翻到這一頁，強烈建議你先把這篇讀完，會幫助你更加瞭解與運用本書。

從事愛情研究、閱讀各種親密關係論文的這些年，最常被問到的問題是：「你讀這麼多懂這麼多，究竟對你自己的感情有沒有幫助？你有因為這樣更容易交到女朋友嗎？

或者，比較能知道另一半在想什麼嗎？」

其實這個問題已經有人問過了。猶記得某本雜誌曾對心理系的學生做了一次非正式的訪問，發現這些學生不約而同地表達出這樣的看法——了解戀愛心理學，有好也有壞。對於吸引、相處、分手等等戀愛中的過程，的確能更清楚它發生的原因，但是很多時候仍無法改變現狀、避免傷心。

因為心理學預測的對象是人，而這裡的「人」，當然包括心理系的學生們。簡單地說，心理學研究者知道很多的遊戲規則、知道為什麼一些現象事件會發生，但這些仍然會影響我們的情緒，我們也並不能掌控全局。

畢竟，人類是很複雜的，兩個人的感情更是如此。

我曾聽過一句廣告詞：「真正的愛，是分析不來的。」

如果是這樣，為什麼還要分析愛情？不是徒勞無功、吃力不討好嗎？其實，縱使愛情的研究充滿各種不確定性，我們還是可以從中獲得一些啟示，讓自己在問「為什麼」的時候，有一些「比較確定」的答案。

比方說，有些人納悶：「我在他身上付出這麼多，為什麼他都看不見我的好？」心理學提供的答案是：重要的不是你付出了多少，而是對方看見了多少，還有他的回應是什麼。如果你給的愛不符合他的需求，再多的付出也只是一廂情願的等候；如果他只是一再被動地接收你的好，有一天你終究會受不了而走掉。

幾年前，我曾經歷一場痛心疾首的失戀，因為這段感情的結束，我開始尋找為什麼愛會帶給我們痛苦？看了很多書，整理了一些文獻才發現，真正造成我痛苦的不是那些她說過的話、提到的分手理由，而是我無法「接受」這些理由。當我真正能接受、認清她已經離開我，對她的依戀也會慢慢淡化。更重要的是，我找到新的生活重心，很多人因為我在網路上寫的一篇文章「分手，如何快樂？」而認識我，給我很多鼓勵與加油。

雖然知道這些，並不能讓困在死胡同裡面的我們好過一點，但是有可能減少我們在其中打轉的時間，或至少讓我們在一邊打轉的同時，也學會更多、成長更多。對我來說，心理學能幫上這些忙，已經算是很多、很多了。

值得一提的是，這本書談到的心理學部分並不是嚴謹的科學引用。雖然都以實徵研究為基礎，但多少夾雜了我個人的價值觀和詮釋；因此，與其說是「參考文獻」，或許用「延伸閱讀」這個詞還比較妥切。而有關個案的部分，均經過當事人同意，並經修改重新繕寫確認無可供指認之虞，以維繫當事人權益。

最後，謝謝所有曾經為這本書付出的老師、編輯、讀者與實驗室夥伴，還有現在拿著這本書的你。沒有大家，這些知識與想法恐怕難以如此順利地傳遞。

雖然，真誠的愛情無法分析，但成熟的感情總是需要學習。在這本書當中，我們透過十六個章節討論各種愛情心理學的發現，希望能提供一些可能的思考方向，找到更多元的出口。

不過，我更期待的是——你能從中找到屬於自己的力量。

探索思考路徑，豐富人際風景！

林以正

因為剛好在心理系服務，又剛好曾經做過一些親密關係的研究，因此總會有不同的時候被問到「我該怎麼辦？」的問題。而這些問題總讓我覺得很尷尬。

記得有一次在我滔滔不絕地演講了很多心理學的理論之後，有一位聽眾舉手發言，提出一個她先生讓她很困擾的狀況，問我該如何改變她先生，而且希望我能夠直接給她一個沒有理論，清楚明白簡單直接有效的建議！當場我遲遲無法回答，最後很抱歉地說：「我不認識妳，也不認識妳先生，更不知道妳家庭的各項因素。所以，如果妳瞭解了這麼多，卻都無法知道那個答案，我更不會知道那個答案！」當然，這個回答很不「專家」，聽眾是不會滿意的，只差沒有滿堂的噓聲，而當時我也覺得很困擾，為何當場就是無法給看似簡單的問題，一個乾淨的答案！

在這個問題之後，我仔細地思考，究竟問題出在哪裡？若觀察生活周遭的狀況，當我們將自己覺得困擾的問題求教於周遭的親朋好友時，大多數人也似乎都能夠很快地給出一些建議，然而對於這些建議通常我們自己早就或多或少都想過了，並不見得有什麼新意。但反過來想，既然大家的建議都不脫這個範圍，那麼可能的解答也應在其中了。

自己想過，別人也提出了，那為何還是覺得不適用？答案可能很簡單，那就是既然你所面對的必然是一個複雜的、進退兩難的問題、那就注定不會有一個簡單明瞭、清楚有效的答案！你之所以會卡住，有一個很大的原因就是，你期待清楚明瞭的答案會存在，你期待一個單一的最好的解決方法，你期待生命有可能在一個可控制的軌道上安穩的運行。然而既然任何一個方案都不可避免的有正也有負，可是你又期待得到好的、對的答案，於是情緒就卡住在這樣的矛盾裡了！事實上，我猜想，對於前述問我問題的太太而言，如果她一直汲汲地想要追尋到那個簡單又直接的方法，恐怕更是注定要更陷落在無解的牢籠裡了！

每個人所面對的問題是由非常多繁複的因素所交織而成的，其中即便是自己可以看得到的因素都甚少可以由自己所掌控，遑論其他更多不可見的種種因素也運行其中。因此，就個人而言，具備隨時可以調整的彈性，可能就比期待事事能夠預測與掌控更能夠適應多變的挑戰！但是，彈性又是什麼？如何擁有這樣的彈性？一個可能的方式是，你擁有好幾套可能的分析角度、應對方法與調節策略。

作為一個心理學家，我們強調研究控制的嚴謹性，使用統計作為工具，探討的是一般性行為原則，因此我們手邊擁有相當多的理論與資料。但是針對每一個特殊的問題，理論的命題或一般性的原則其實是不見得適用的，總有遠水救不了近火的困頓。但是不要搞錯一件重要的事情，理論的目的並不是要解決具體的問題，而是要提供分析的觀點。就如同物理學的原理並不會直接幫你組裝出一部機器，它必須先針對特定的目的設計出不同的元件來組成。因此，心理學的理論也需要一個「轉譯」的過程才能具體地與生活事件相結合。抽象性是建構理論的原則，具體性是解決問題的必要，這兩者之間的鴻溝，就形成心理學家與一般具體問題之間的難以對話，也造成彼此的挫折。

威銓是一個天賦的「轉譯者」，這本書則是一個具體的實踐。威銓多年的心理學訓練、研讀文獻的努力、對於研究的投入，逐漸的堅實他在心理學專業上的基本功。另一方面，他浪漫的特質、敏銳的觀察力、細膩的感觸加上瀟灑的文筆，使得他能夠巧妙的與讀者產生共鳴。這樣獨特的組合使得他能夠將抽象的心理學語言，與實際的生活經驗創意地結合，建構出一本令人讀起來難以釋手，卻又充滿智性的好書。我手邊流動過不知凡幾的人際關係「祕訣書」，這些「專家們」或者基於自己的生活體驗，或者基於單一來源或甚至不知來源的理論，嘗試給讀者一些「新、速、實、簡」的忠告與建議。這些建議或許看來都言之成理，其實很可能蘊藏著很大的危機，因為專家不是你，他不認識你，不認識你周遭的人，不知道你處境中種種的陷阱，但是他們卻模擬了上帝的角色，要塞給你一個「對」的答案。通常我會對於這樣的忠告敬謝不敏。但是，威銓並不喜歡扮演專家的角色，他更像是一個帶點嘮叨的傾聽者，不時地呈現一個又一個路標，帶著你走不同的路徑去看人際的風景。我喜歡他這樣的角色，也讚賞他這樣的努力，更佩服他努力做我所做不到的「轉譯者」。

我期待所有的讀者並不是想要在他的書中找解答，而是由他伴隨著你的成長！

（本文作者現任台灣大學心理系教授）

推薦序

理論觀點將經驗燙貼在生命的平台上

一翻這本書就停不下來，因為好多故事，好吸引人，就像嗑瓜子兒，會上癮，停不住。看著看著，覺得這書有點不簡單，還不只是故事，故事後面都有理論、研究在支撐著，行雲流水的行文，參考書目卻毫不含糊，使得這本書立刻轉身一變，可以當作如假包換的教科書。說是教科書，似乎又有點委屈了它，因為實在比一般的教科書有趣多了。副書名取為「關於愛情的16堂課」，擺明了就不想只是被侷限在教室課堂裡而已！

作者非常用心的經營他的網路愛情實驗室，記錄了許多人的愛情故事，並「聽」出愛情的「主題」，放在愛情心理學理論的框架裡，使理論的概念凝固故事的經驗性；也使得故事的吸引力，軟化理論的冰冷與艱澀。作者在書寫過程中，不斷轉換不同的敘說位置，例如：我、你們、他、我們等，以區隔出論述的對象或焦點。這種小小細節，卻大大流露出作者的用心。作者不著痕跡的「過門」文字，也使得理論與故事的銜接更加順暢、易讀。

我邀請一個大學四年級的男生讀這本書的書稿，他正遭逢失戀，完全不明白為什麼女朋友會移情別戀跟他提分手。他說：「才讀了前面三章，就有被安慰的感覺。」我想，對於許多在愛中迷茫、困惑的人，在閱讀過程中，除了被書中的故事勾起共鳴經驗，又能透過理論的梳理，得到智識的理性支撐，本書同時能夠提供情感與理智的出口。這本書的理論觀點與概念，有如熨斗，使得讀者能夠將混亂的經驗，透過理論觀點與概念，燙貼在生命的平台上。閱讀，事實上擁有知覺或隱喻上的特權，意思是說讀者在閱讀過程中，會以自己的知覺去感受、理解與詮釋。這種主動性，使得讀者重新消化、融合、重組原本的文本，以自身經驗與作者對話交流，這可以說是一種意義重塑（meaning making）的過程。如果書既寫完，作者已死，讀者會賦予新的生命（the death of the author would be the birth of the reader），那麼，這本書的讀者，將會使得這本書繼續開枝展葉、繁花茂盛。

十六個主題的命名與編排，十分貼切，例如：序曲、進行曲、下一曲，第一章：愛回到最初，第十六章：相信愛情，並切合時代潮流與流行用語，例如：「為什麼我總是被發卡？」這是一本可淺酌，也可深嚼的書本，淺酌味道不會太重，深嚼卻又餘韻無窮。我會將它列為心理學課程中的推薦閱讀書目中。

（本文作者現任陽明大學人文與社會教育中心教授）

愛情疫苗，保護你的親密關係！

利翠珊

愛情，自古以來即對男女有著極大的吸引力，尚未嘗過愛情滋味的人對它有著無限想像；進入愛情中的人，則被愛情奇幻迷離的世界弄得暈頭轉向。這些對愛情的想像或感受，雖然充滿於文學作品和藝術表現中，媒體上也有越來越多所謂的「愛情專家」提供各種愛情指南或處方，但卻很少有人用科學理性的角度來談論愛情，因而處處充滿了人云亦云的愛情偏方。

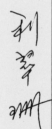

一直在想，有機會要好好地把關於愛情的科學研究整理一下，有系統地回應大眾對愛情與親密關係的諸多疑問，但總沒有決心和毅力認真去做這件事。因此，當威銓向我提出他已接近完成這本《在怦然之後——關於愛情的16堂課》時，我的心小小地跳動了一下，為自己能搶先詳讀這本書的手稿感到興奮不已。我知道威銓是台大心理學系林以正教授的學生，他們的實驗室裡網羅了不少優秀人才，也對親密關係的研究有很多研究產出，因此心裡特別期待。

威銓在很短的時間內把手稿送過來，我利用週末一口氣讀完，越讀越開心，一方面是因為我真的很少看到一本給大眾的「愛情」書是用這麼嚴謹的科學證據來支撐；另一方面則是驚喜於全文的輕鬆易讀，作者親切的個人經驗以及選用的網路流傳案例讓這本書顯得非常有流行感。作者雖然稱這本書為關於愛情的16堂「課」，但我覺得它並沒有一般課程給人的艱澀感；但在處理「愛情」這個議題時，又不像時下「愛情指南」一般，急於給予讀者速成的大補丸。

我很高興「愛情」這件事終於被認真看待。對於一些把愛情當成毒藥，想幫卻幫不了孩子的父母師長們，或許可以從本書中發現愛情也能帶來神奇的向上力量；對於那些沉醉於愛情浪漫想像的男女來說，透過本書，或許可以從中找到自主的力量而不必迷失於愛情中。至於那些熱情消退，愛情已蛻變成習慣的人，本書或許可以讓你不僅只是口頭說「愛」（love），而可以找回「在愛中」（in love）的祕訣。

我覺得這本書像是一劑「愛情疫苗」，如果你還沒有進入愛情關係，讀這本書可能會讓你對愛情與親密關係的本質產生不一樣的想法，而在愛情來臨時得以充分享受在愛中的快樂，並對它的副作用產生抗體。如果你正沈浸在愛情中，這本書可以讓你檢視一下自己當初因何而愛，又將走向何方，進而增強自己面對各種愛情風暴的抵抗力。在我們所處的這個年代中，愛情除了可能為人帶來幸福之外，也會是個超級大流感。或許人人都需要在家常備愛情疫苗來增加自己的抗體，以防患愛情病毒的擴散。

（本文作者現任輔仁大學兒童與家庭學系教授）

推薦序

找到愛情種種疑問的解答

陳怡蓁

第一次與威銓（海苔熊）聯繫是在二〇一一年，只是一篇BBS上的文章就讓我們團隊大為驚艷，不管是所有關於愛情的情境描述非常精確且引人共鳴，專業的多方帶入不同研究論文以佐證，到文末提供的建議結論等，兼具了專業分析以及「心靈療癒」的功能。這樣的做法在探討兩性的文章中非常少見，尤其是一般報章雜誌與網路媒體。

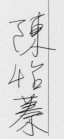

基於文章撰寫方式較為新穎、獨特，在推出海苔熊的文章於女人迷womany網站之前，我們決定先找幾位身邊好友「試閱」，試著了解一般網路使用者對內容有如此豐富論文資料佐證，並且字數超過兩千字的文章的反應，以便編輯擬定文章上線後的推廣方式，秉持著希望讓讀者獲得真正有質感與深度的文章的信念，面對如此新穎的撰文方式，網站編輯們更興奮地期待看到讀者也和我們一樣喜歡威銓（海苔熊）的文章！

在與威銓（海苔熊）合作的這一年間，我發現他是位非常用心並且對於心理學有著相當狂熱與研究的人，對於文章品質的要求讓我們時常處於苦苦期盼新文章，很想追稿，但又不想讓他太過勞累的兩難中。（笑）當然更難能可貴的是，即便每篇文章刊登後，在網站上或是粉絲團上的反應都很熱烈（有越演越烈的趨勢），他仍一如過往地謙虛以對，這也是讓我們如此喜愛他的原因之一。

最初聽聞威銓（海苔熊）將推出新書時我們都感到非常開心，感謝出版社如此慧眼讓廣大讀者們得以在今年即可擁有這本書，真心推薦每一位不管是曾擁有愛情、正擁有愛情或是剛失去愛情的人仔細閱讀本書，你內心對於愛情的種種疑問，將在本書中得到解答！

（本文作者現任女人迷 womany.net 網站總編輯）

推薦序

心為人之靈，情為人之魂！

吳迪

人其一生，付出於情字上實難數。無論親情、友情、愛情皆因時空對象之異，而皆有不同應對、不同結果。尤以「愛情」，能使人魂牽夢縈，亦能使人肝腸寸斷，古今皆是、中西亦同。倘若能知其所以，隱其惡面、揚其善面，即是未能時時悠然愉快，卻也能心靜平穩以得自在。

「愛情」，始於隱藏而後現於外，由內而外，此一線緣分可昇華成親情，可寧靜如友情，可遺憾為無情，凡此一一，可沉澱於人之心，成為人之一生精華。雖功名霸業事蹟可傳千世歌頌，然情字竟能刻骨銘心直至白首。彷如李白之詩可傳千古不滅，其詩字字句句之心境涵義，能澈悟而得其存乎之道者，應幾希。

此書，為不凡之作，應時代、隨風俗，合於現代人面對情路時抉擇心態。書之作者本身為學者，其理論知古今，能使困於情愛之人，有方法可循；書之作者本身為人誠摯，其體會愛情、親證他人情關，務實忠懇態度，不若凡人見解，不若凡人牆頭之草模稜。而其研究範疇縱橫眾多國家，研究對象其量不可盡數，可堪稱為現代「愛情政治家」。

人之一生，縱使英雄亦須過美人關，而江山即使多嬌，亦能引無數英雄折腰。如何能使英雄折腰不折人，付出無妨卻能得幸福，此亦需「愛情政治家」！

心為人之靈，心能定而行則穩健，處事進退皆合宜；情為人之魂，情能順則春風得意，順風順水。此書，16門道，楚楚點破愛情之始、承、末，可面臨抉擇變化之點，以理論、依實驗，分析眾人茫然之言、錯誤之舉，以敘述情境之方式，點化面對情關時的猶疑，此書若能融入情境，深刻體會，其精闢之處，舉世無雙。

「愛情」，應是學習、應是參考，並非茫然摸索、自我成形。人之思想交流皆需意見交換、互相輔佐，何況情字。戰場可見刀光劍影，人與人相處所生之摩擦，不也同如戰場，如能有善智者輔佐，於戰之時、危之時，能「知己知彼、不戰則勝、無戰而勝」，此一智慧，盼有幸得此書之人，善用妙用。

（本文作者現任補教業教師）

Chapter 1

愛回到最初

為什麼我們要談戀愛？

從他離開以後，屬於我身體的某一部分也被抽走了。即使過了許久，被抽走的那部分，依然沒有被時間填補起來。書上說的什麼時間會治癒一切，都是騙人的鬼話……

「丟掉這些東西以後，有關他的一切就會消失了吧？」我整理著最後一箱物品，在心裡默默地對自己說。其實我並不能確定這樣的行為有多大的意義，但眼前我只能深深地嘆一口氣，把這只沉甸甸的箱子搬到樓梯間，等明天來資源回收的阿婆取走。

走回房間，箱子的沉重感竟然還殘留在我手上。我把手掌反覆地在眼前翻轉

端詳著，好像這並不是我的手掌似的……正當我這麼想的時候，我從指縫間看見一張照片，靜靜地躺在地上。我慢慢地蹲下來，像是要檢查易碎物品似的，想把照片撿起來，雙手卻在拿起照片之後，擱淺於離地不到五公分的地方。

照片上一個熟悉又陌生的男孩，瞇著眼睛親吻著女孩的耳朵，眼前的蠟燭閃爍淡澄澄的光芒，將他們的臉烘得暖呼呼的。那洋溢著笑容、嘟著嘴吹蠟燭的女孩，現在，讓我自己感到好陌生。

「原來我們曾經這麼幸福……」在感情後期無止盡的爭吵記憶中，我甚至忘記他當初對我有多好——冒著大雨騎車到五公里外的藥局去替我買藥、為了我的期末考熬夜幫我做小抄、因為我賭氣不接他電話，整夜提心吊膽地沒有睡覺、傻呼呼地親手為我做一個幾乎不能吃的蛋糕等等。

我拂掉照片表面一層薄薄的灰塵，就這樣蹲在玄關的地上，墜入過往的回憶裡……在記憶的深處，我好像看見兩個與我們十分神似的孩子，站在有陽光下的河堤上，開心地笑著向我揮手……

當我們初來到這個世界的時候，總是孤零零地落地；走的時候，又不能帶走任何一片雲彩。有時，夜闌人靜窩在床邊靜靜地想，這個世界好像有我沒我都沒有差別，人生這樣瀟灑走一回，到底所為為何？

有些書籍告訴我們，進入一段親密關係的重要原因之一，就是有一個人能凝視著你，照料你，陪你走過風風雨雨；因為這段關係在我們生命面臨轉折的時候，提供一個保護網，讓我們在其中翻滾、碰撞、探索，卻不受重傷，這個保護網無條件地接納你、陪伴你、包容你，即使你的體力、外貌、財富已不如往昔。它讓我們覺得在這偌大的宇宙空間中有一個「安身立命」的地方，讓我們的「心」能微微地倚靠在另一個人身上，讓我們體會到這一生是有一個人的靈魂與我們緊扣著的，讓許多個夜晚不再寂寞與孤單。

有時候，我們的確在對方的懷裡感受到無比的溫暖；但也有的時候，我們好不容易下定決心，由衷地希望能與一個人相伴一直到人生的盡頭，卻發現一轉頭，對方已經消失在歲月的渡口。於是，在多次受傷之後，我們會問自己：如果能重新選擇，自己是不是還是願意跨出這一步去愛、去體會、去感受？

兩瓶牛奶的故事

我曾聽說過一個浪漫的小故事。那是一個愛喝牛奶，喝到唇上有可愛白圈的女孩的故事。

每天早上，有個男孩會像郵差一般，騎著腳踏車經過她宿舍，停留一下後離開；一會兒，女孩會穿著牛奶色的制服從宿舍的樓梯走下來，第一件事情就是打開木製的信箱，看看裡面是不是有兩瓶牛奶，如果看到了，就會開心地跳起來，並將它帶到學校與男孩分享。

不知從什麼時候開始，女孩如果到合作社買牛奶，也會不知不覺地幫男孩買一瓶，見面的時候先是以牛奶冰鎮他的臉頰，然後揣進他的口袋裡，「順便」從後方擁抱他。也不知道什麼時候開始，女孩晚上買宵夜的時候、念書的時候，也會想起男孩。這段青澀的戀情之中，男孩的存在就像是海浪滲入沙灘一般，漸漸滲進了她的生活、她的思緒，以及「她」本身。

後來，女孩的生活已經漸漸地不能缺少男孩的存在。她每天夜裡入睡前，都得撥一通電話跟他說晚安，才能睡得香甜；難過的時候第一個想起的人不再是母親而是他；有幸運的事情降臨時，第一個想分享的人不是姐妹淘而是他……

而這段戀情在時間的推移下，原初的感動、熱情，漸漸地消逝。男孩一開始因為考試，有幾次沒有送牛奶過來，後來逐漸變成兩天送一回、四天送一回、甚至一週都沒看見男孩的身影。出現次數的減少伴隨而來的是爭吵，男孩開始感到厭倦、不耐煩，他覺得女孩當初的溫柔、體貼、可愛都消失了。最後，這段浪漫的牛奶戀情在一次劇烈的衝突中，嘎然地劃下句點。

許多戀情好像都是這樣甜甜蜜蜜地開始，倉促地結束。在關係剛開始的時候，我們總是「不小心」地就會想起對方，怕對方冷了、餓了、心情不好了，時時關注對方想要什麼？想說什麼？想看什麼電影？想去什麼地方玩？悉心聆聽他的心事，將他的事當作自己的事，用心感受他的用心，將他的情緒放在第一順位。

只是在戀情漸漸發展之後，你或許會納悶，為什麼有的感情仍能像關係一開始的時候一般甜蜜，有的感情卻像是殞落的流星，瞬間美麗卻無法持續？如果愛的本質就是終將消逝不再，如果感覺一去就無法再回來，那麼是什麼樣的勇氣？讓我們甘願冒著最終可能傷心難過與椎心刺骨的風險，跨出這一步去愛對方？

因為你完整我：需求滿足的觀點

北美著名的婚姻與家族治療師葛瑞．查普曼（Gary Chapman）認為，人類之所以需要親密關係，需要與人產生緊密而不可取代的連結，主要是因為戀愛能同時滿足五種人的基本需求：愛與被愛、自主、娛樂、追尋意義與心靈安適①。

愛與被愛的需求

在感情之中，愛與被愛是最原始、也最基本的需求②，所有我們在感情裡的所作所為，不論好壞、不管對關係是有益或有害，或多或少都是為滿足這個需求而來。

她在睡前打電話來，希望能聽聽你的聲音、她下課時衝到你的背後給你一個大大的擁抱、他大聲怒吼，轉身離開，或是她翻過身，背對著你而睡等等，許多時候我們會做出親近、防衛或攻擊的行為，真正的動機都是希望「被愛需求」能被滿足。

有位朋友，在一場演講中曾分享過他自己的一段經驗：

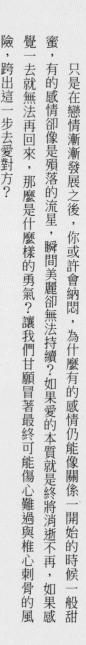

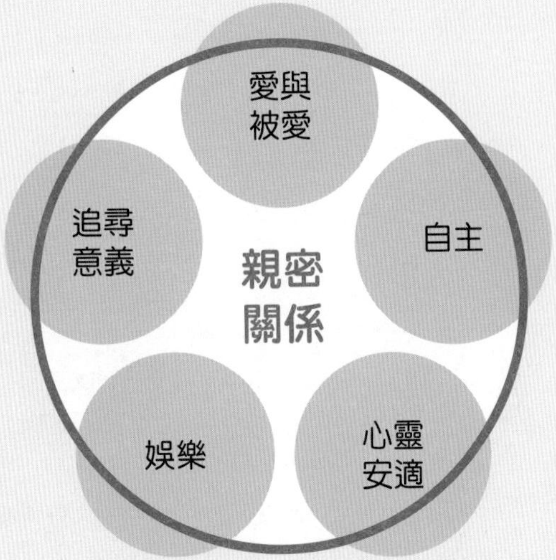

圖一：戀愛中的五種基本需求

剛結婚的時候，我遇到了婆媳問題。一開始，我太太都會向我抱怨，我媽怎麼樣……我都在第一時間打斷她，跟她說『妳不要亂講，媽不會這樣說』、『妳神經質啊』、『妳想太多』或是『妳度量怎麼那麼小』等等，於是我們不斷地吵架，吵到都快離婚了，好險我太太是個理性的人。

她有一天和我說：「你有沒有想過，我和你說這些是為了什麼？」

我一時之間愣住了，其實我沒想過為什麼。她說：「這個時候你只要抱住我，和我說一聲，『謝謝你為了這個家付出這麼多，謝謝！』這樣我做到死也願意了！」

在愛的旅程之中，我們對伴侶的肯定是非常有效的，也希望在自己遭遇挫折委屈的時候，對方也能這樣替自己著想。當你試著去肯定對方的行為、付出感謝的時候，對方會感受到自己是被關愛、被呵護、被看見的，這些感受集合起來，滿足了我們「被愛」的需求；相對的，如果我們試著對伴侶付出關心、替他著想、分擔他的壓力與情緒，我們也會感覺到自己是有價值的，這就是一種「愛人」的需求。

只是，光憑藉著愛，並不能解決感情中所有的問題。有時候我們愛的人並不能同等地愛我們，愛上我們的人也不一定是我們的菜；更有些時候，付出太多的愛，卻換來對方的傷害，徒增傷心與無奈。此外，還有一些情況是收到的愛太多、壓力太大，並不是我們能承擔、回報得起等等。

自主的需求

或許，你或多或少都聽過身邊朋友這些抱怨，也或許你自己就是苦主。可能你會問：奇怪了，如果戀愛就是兩人「在一起」的過程，如果我們進入關係就是希望滿足愛與被愛的需求，那為什麼交往了一陣子之後，會有一方會覺得太黏、太膩呢？

答案是，**當一項需求被滿足了之後，另外一項新的需求就會變得「明顯了起來」**。比方說，在肚子很餓的時候，我們會想吃鹹的食物來填飽胃口；但是吃完鹹的主食之後，又會嘴饞地想吃一些甜點；在辦公室坐了一個禮拜，會想要出去走走、好好放鬆，但是玩樂一陣子之後，空虛與罪惡感又會逐漸湧現，敦促我們回到工作崗位。鹹食與甜點、工作與休閒，都分別滿足了我們需求的一部分。感情也是一樣的，被擁抱、被關懷固然令人感到溫暖，但完成自己想做的事情、探索自己更多的可能，也是我們所渴求的生命課題。所以在這裡，還有另一項和相愛、親密，互相輝映對稱的需求──「自主」。

一段好的親密關係，可以同時提供你照料，又能鼓勵你獨自完成屬於你自己的人生任務。就像是在幼稚園時，在台下觀看你、給你掌聲的父母親一樣。他們並不會在你要表演唱歌的時候，咚咚咚地衝上台去堅持要跟你一起唱，但他們會在舞台下面，從你開始表演前就興奮地等待，在你出場的時候歡呼、大聲鼓掌、連按快門。

然後，當你在舞台上羞澀地唱出第一個音，還會不時望著觀眾席的家人還在不在、有沒有在看你，只要他們握著拳頭用嘴型跟你說「加油、好棒」，你就會更賣力、更安心地唱；相反地，如果你唱到一半發現他們不見了，你也會感到驚慌、亂了步調。

長年研究親密關係的學者辛蒂．海珊（Cindy Hazan）與飛利浦．薛佛（Phillip R.Shaver）認為，戀愛其實就是上述幼年與父母相處關係的一種延續③。我們希望被看見、被關懷，在這層關懷的基礎上，才願意去探險、才有勇氣去面對人生的困境。所以，伴侶必須能給我們空間，放手讓我們去表現、去實踐自己想做的事情、培養自己的能力。

當然，也有人缺乏類似的經驗。他們的童年根本不存在這樣的音樂會。他們不曾這樣被觀看、被在乎、被了解。相反地，大多數他們表達需求的時候，父母不是視若無睹，就是嚴厲喝斥。**而這些幼時未解的結，將會被拖延到爾後的親密關係裡，成為戀人爭執、苦惱的課題；這些童年受過的傷，在長大以後要從伴侶身上加倍地討回來。**於是有些人變得缺乏安全感、占有欲超標；也有些人變得漠不關心，乾脆不相信感情。

究竟要如何從這種傷痛中被治癒？如何在付出感情的時候仍能保有自己？又要如何在自主與親密兩種需求中找到平衡？我們會在後面的節章中詳細地討論，並分析出一些可能的方向。

分享娛樂的需求

我曾經問一個大學讀經濟的朋友說：「如果以經濟學的觀點，妳覺得男、女朋友最大的功用是什麼？」她聽了先是愣了一下，說沒有想過這個問題。但她想了想，還是試著回答：「嗯……吃飯的時候，點雙人套餐不是比較划算嗎？如果結婚，房租水電也有人分攤，甚至連照顧孩子都可以分工合作……超商、賣場在推廣第二件半價時，或是聖誕節、情人節餐廳訂不到單人位時，都會讓我覺得，這世界根本是為情侶打造的！」

她說得很有道理，但是如果只是分工、分擔，買單結帳，可以找別人一起不是嗎？租房子也可以找室友合租呀？可見得，情人有比「分擔」更重要的功能，就是「分享」快樂（sharing）。

在忙碌的生活裡，我們常常需要娛樂來調劑，而這個調味料如果能佐以喜歡的人陪伴，則更能提點出其中的鮮美。

例如：我有一個朋友每週都會刻意保留週六的時間，跟她的先生一起去吃大餐「放鬆」。她說：「當醫生與教授真的很操、很累。但是當你忙了一週後，能有一天，兩人能夠喘口氣，排除萬難以維持這個有品質的時間。即使是吃一樣的東西、看一樣的片子，那種感覺仍是難以言喻的。因為，你知道有一個人，願意將這個寶貴的休息時間留給你，與你一起分享他生活的點滴。像我老公，有時候為了這一天，前幾天還要加班到半夜；讓我看了好心疼，卻又好窩心。」

這就是為什麼每逢節日假日，不論是餐廳、電影院、風景區還是遊樂園，總是不乏手牽手的情侶。一個人的娛樂只是淺淺的快樂，而當這個快樂有人可以一起分享的時候，會是兩倍的快樂；如果這個陪你一起享樂的人，是你的最愛時，效果還可以繼續往上加乘；同樣地，當你想玩樂、訴說的時候，對方如果不在身邊或拒絕你，那種失落也是加倍的④-⑥。

「想與伴侶分享快樂」的這種感覺很特別的地方是，它常常是「即時」就希望能獲得回應的。你可以簡單設想一下，當你用APP或簡訊分享有趣的事情給伴侶或喜歡的人，與分享給朋友有沒有什麼不同？你會不會更期待伴侶的回應、也希望他在較短的時間內看到訊息？

換言之，我們對喜歡的人的標準比較嚴格，常常「預設」他們會及時回應我們的需要。但事實往往不是如此，對方可能忙於自己的事、或對你的分享不感興趣，這時候該怎麼辦呢？第七章與第十章會介紹傾聽、回應與經營感情的技巧⑦，嘗試在這些問題上找到著力點。

追尋人生意義的需求

談戀愛的時候，我們當然可以選擇跟喜愛的人進行刺激有趣的活動，但人類幸福感的真正來源，最主要並不是源自於物質的享樂⑧。你不難發現每逢節日或生日來臨，伴侶「買」給你一件你非常想要的禮物，可能會讓你收到禮物的當下快樂一陣子，但是如果他精心策劃安排一個活動，帶你去泡溫泉，一起到有機農場體驗親手種菜的樂趣，或是圍著暖爐在家裡一邊聊天一邊織娃娃打圍巾，這樣美好的經驗與回憶卻能持續很久。縱使在多年以後，看到兩人在山頂穿得跟包粽子一樣，鼻子紅通通、發著抖的照片，或偶然在整理房間時，從箱子裡翻出當時一起織的圍巾，還是會有種滿滿的感動在心頭。關係裡許多長而深刻的快樂感受，都是源自於這樣的共享經驗（sharing experience）。

你是不是曾經想過，在茫茫人海中，為什麼就是喜歡與他在一起的感覺？如果只是因為他長得帥氣或美麗，這世界也不乏帥哥美女；如果是因為他的個性溫柔體貼，忠厚老實，許多人也有類似的特質，那麼為什麼對這個人情有獨鍾？究竟是什麼樣的因素促使你跟他相愛？抽離掉玩樂、親吻的刺激與性的歡愉，那還剩下什麼能讓彼此夢縈魂牽？

關於「開啟戀情」與「維繫感情」的理論與戀愛研究相當豐富多元，第二章、第三章與第十二章會再詳細討論，不過一般來說，大多數的心理學家都同意：「一**段美滿的親密關係裡，雙方都能互相滿足彼此生命的意義感**。」

在生命的旅途中，出現了一個可信賴的人願意陪伴你一起走，並在你受挫想放棄的時候給你鼓勵，他看見了你的可能性，並相信你可以完成夢想⑨。當我們遇到這樣的一個人時，常常會無法自拔地愛上他，因為跟他相處的時候，你會感受到自己一直在進步、一直在變好、一直在增添自己生命的意義。

相反地，如果意義感漸漸喪失，愛情也變得岌岌可危了。在村上春樹的《發條鳥年代記》一書中，主角岡田亨是個頹廢失業的中年男子。他的太太久美子有一份穩定的工作，收入也還不錯，所以跟他說沒有關係，可以不需要積極地去找工作。有一天，久美子無預警地跟他說：

「其實我也不想離開你啦。」

「那就不要離開啊。」岡田亨說。

「可是好像在一起也不能怎樣的樣子。」幾天之後，這個房子便再也看不見久美子的身影。

所謂「**在一起也不能怎樣**」，就是一種人生意義匱乏的具體表徵。有一些人會問：「我不懂之前跟他不是一直好好的嗎？為什麼他會突然就離開？」或是「他說跟我在一起很無聊，可是他想去哪裡、想要什麼我都答應也都實現了，為什麼我付出這麼多，他還是覺得我不夠好？」

其實這些都可以歸結到意義感的匱乏。如果你跟他每天相處、吃飯、談話，都像是把一顆石頭搬到海邊洗淨後再搬回家一樣，重複而無趣。你心理或許會想：下一步兩人將要走向哪裡？

岡田亨並不是因為失業才失去久美子；而是，當他每天都窩在家裡，生命中不再流進新的東西時，也無法給久美子帶來新的體驗。雙方自我成長的水桶就在這裡不再互相添加了。

整體來說，每隔一段時間，我們會重新檢視自己的感情與生活。我們需要感覺到自己在成長，需要發現一些自己新的部分，比方說：自己變得更能包容別人、脾氣變好了、更常經驗到快樂等等，它讓我們覺得繼續留在這關係中是值得的。可是，該怎麼樣豐富這段關係的意義？又該怎樣讓自己的生命與雙方的感情如活水般潺潺不絕呢？我們在第七章會多舉一些可行的方式供大家參考。

心靈安適的需求

有一年暑假，我前往位於德國巴伐利亞州東南端的著名旅遊勝地「國王湖」（德語：Königssee）度假。

那是一個寧靜到一隻野雁飛過，都會嫌太多的地方。整個湖面被阿爾卑斯山環繞，白雪像是一層薄霧覆在山稜線之間的交界處，散發出一種空靈的美感。在入口處還有零星一些商家與觀光客，如果就這樣沿著湖岸一直深入到群山圍繞的湖的最深處時，湖面上幾乎連一點漣漪都看不到。站在那美麗如斯的風景中，有種「如果停止呼吸的話，時間就會永遠靜止在這一刻的錯覺」。雖然四周溫度很低，內心卻好像被熨斗緩緩地燙平一般，感到相當詳和，安適。

其實，感情的最後一項重要的功能，就是滿足我們這種心靈安適的需求。什麼是心靈安適的需求呢？用簡單的話來說，就是安全感與歸屬感，所交織形成的一種「淡淡的快樂」⑩⑪。

一位實驗參與者小雲，在問卷結束後分享了她上一段感情故事：

一開始，我以為自己不可能愛上這樣的人——一個有一餐沒一餐，每天都要擔心隔天會不會被抓去關的「兄弟」。

有一次，家裡已經好幾天都沒有吃像樣的東西了，櫃子裡一毛錢都沒有，每天只吃冰箱裡不知道過期幾天的土司，卻仍然不見他的蹤影。我在家裡，等到都已經快放棄了。沒想到在凌晨兩點多左右，他推門進來，滿身是傷，一跛一跛地走入屋內。我看到的時候，很想罵他，卻又不忍心。只好默默地去房間裡拿出醫藥箱來幫他包紮。

「很餓了吧？拿去吃吧，裡面有你愛吃的瓜仔肉飯喔！我吃過了，你先吃吧！」他從懷裡掏出一個雞腿便當打開，示意要我吃。只記得，當時我幾乎分辨不出鼻涕還是眼淚地吃著。我知道他根本沒有吃，但又不好意思揭穿他，只是低著頭一直吃著，一直流淚。「以後我發達了，一定給你住大屋，吃山珍。」每次聽到他這樣的承諾，我都不知道是該笑他傻，還是誇他有理想。只是隨著家裡狀況越來越糟，我變得更難去相信他這個夢想。

曾經，我提議不如洗手不要做了，和我一起去夜市擺攤賣衣服，但他總是回我說：如果不做這行能做什麼？幾次之後，我開始放棄改變他。

直到我說要離開他的那天，他變得很沉默。我告訴他，我不想再過這麼不穩定的生活，他一句話也沒有說，望著地板無言地抽著菸。當我最後收拾行李要跨出家門口的時候，突然聽到他哭泣的聲音……這是我跟他交往五年以來，第一次看到他哭。

「如果可以，我真的希望給你穩定的生活。但是我怕，我怕那些朋友又來找我，我會忍不住……又回去跟他們做……」他將頭低下來，顫抖地說出這段話……

最後，我還是離開了他，跟現在在藥局上班的先生結了婚。因為我發現，在原先的關係中，自己常常活在害怕、擔憂與焦慮的情緒中。

雖然，我們大多不曾有類似的經驗，但也一樣希冀在一段關係中找尋到心靈的安適感。我們希望能安穩的過日子、得到伴侶的肯定、在彼此的擁抱中感受到安全、感覺到自己是不會被傷害的。一段能滿足心靈安適需求的感情有兩個特性：①可獲得性（Availability）、與②支持性（Noninterference）。比方說，雖然你一個人到國外旅遊有些害怕，但你知道，如果你發生意外或困難，一通電話還是可以隨時找到你深愛的他，這就是一種「可獲得性」；當周圍的人都阻止你去實踐夢想、覺得那太不切實際、容易摔得鼻青臉腫的時候，只有他同意讓你去嘗試，在一旁給你支持鼓勵，但等到你真的受傷的時候，他又能安慰你，拍拍你的肩說沒有關係，而這就是所謂的「支持性」。

心靈的安適是一種「正向而穩定」的情緒（Low-arousal positive emotion），在這樣的感覺中，我們會有較高的自尊、關係滿意度、生活品質以及較少的寂寞感[10]。在上面的案例中，小雲之所以會感到不安，正是因為大多時候她需要獨守空閨，時常覺得孤單、生活品質不佳等等。更重要的是，她時常**無法獲得伴侶的支持**，當她感到絕望或難過的時候，甚至連伴侶在哪裡都不知道。

正因為我們的世界如此多變，五光十色的誘惑充斥在我們的生活中，有時候終於回到一個可以停泊的地方，當然希望這個地方是安全而穩定的、不會崩塌的。所以在演化上，動物為了生存，組成群聚生活、分工覓食、一起抵禦敵人、合力逃出災難等等⑫。即使到今天，親密關係仍為相當重要的一環。因為我們需要一個相對安全的空間，將我們的心放置在裡面。

「心靈的安適感」是一項相當核心的需求，爭吵與分手的原因，多半是因為忽視了這個重要的需求，我們在第六章會有更多的介紹。

真正的「在一起」

情感的連結除了提供我們心理上的安穩，也與身體的健康有關。亞利桑那大學的羅赫爾巴（Rohrbaugh）等人認為，在一段良好關係中，雙方都會因為這段關係而受惠——不論是生理上的健康或是心理上的成長⑬。他邀請了心臟病患者與他們的伴侶共57對夫妻一同參與一個有趣的研究，定期到他們家訪問，並計算他們在訪談中所使用的「我們」字詞與「我」字詞的數量。結果發現，若在訪談中說越多的「我們」字詞，其伴侶（患者）的心臟病症狀及36項健康指標都會顯著地改善。

這種「一體感」（We-ness）的思維，實際上對伴侶是一種付出與關愛，當伴侶持續對我們支持、鼓勵，即使在我們生病的時候仍不離不棄，並在語言中有意無意地，將彼此的生命緊緊繫在一起時，人生中的許多困難都好像變得不那麼困難了，許多病痛也因此可以得到舒緩了。更重要的是，我們在最脆弱、最失意、最無助的時候，可以感受到自己不是孤單地一個人度過、不是一個人去抵擋這些病魔與多舛的折磨。

投籃機竊案：從付出中看見自己的成長

研究也指出在一段安全的關係中，倘若伴侶的自尊較低時，自尊較高的另一方會自願「犧牲」自己的自尊，來「陪」他的另一半；例如：在得知伴侶心情不好的時候，他們也願意犧牲自己的快樂，與另一半同甘共苦⑭。

大二時，我和當時的女朋友一起去士林夜市，因為實在太緊張刺激了，整個過程中我們將注意力一直放在籃框上。結束後要離開才發現，她放在腳邊的包包不見了。裡面有剛買的ＩＰＯＤ及剛領到的一萬多元薪水。

她的臉瞬間變得蒼白，我的心臟也緊緊地被揪了一下，兩人像是著了火似的跑上跑下詢問服務人員、調閱錄影帶、追查兇手、甚至還到了警察局備案等等——但我們心裡都隱約地知道，似乎是不可能找回丟失的東西了。在送她回家的路上，她兩眼無神，難過地，眼淚不斷地從眼眶裡流出來，路燈也像是哀悼這個事件一般，將灰白的燈光慘澹地打在我們兩人的臉上。

那時的我真的不知道要說什麼、能幫上什麼忙，只能緩緩地對她說：「雖然我的存款也沒有很多……不過……我幫妳出一半的錢吧！」那時的我生活也挺窘迫，常常為了省錢，有一餐、沒一餐，但我能體會那種剛領到的錢，卻又瞬間被偷走的感覺，真的很難過。

我想幫她分擔這樣的難過，哪怕只是一點點也好。沒想到語畢，她立刻撲過來給我一個深深地擁抱，然後在我的肩膀上一邊哭，一邊笑。

當然，最後兇手沒找到，她也沒跟我拿錢，但是那一次的經驗讓我們彼此的心又拉近一點……這種同甘共苦的付出，也能製造一種安全感。受惠的一方體會到自己是完全被對方接納的、諒解的、包容的；付出的一方也為自己的成熟、無私動機感到驕傲和高興。在這些感受與動機之中，我們發現原來自己不是孤獨寂寞的——原來在我受傷或失去所有的時候，還有人願意抱緊我，拍拍我的肩跟我說：沒關係、別擔心，有我陪著你。

重新開始的可能

許多人在多次傷害別人與身受重傷之後，拒絕再次開始一段親密關係。因為，他們認為：「相戀的幸福只是一朝一夕，但分手的痛苦卻是朝朝夕夕」，為了避免再次遭逢同樣的痛苦，將心上鎖，排斥戀愛與婚姻。

但有趣的是，大多數的人最後還是進入了新的關係——不論當初他們分手時是多麼地痛不欲生、多麼信誓旦旦地說自己不再談戀愛了。是什麼樣的「姻緣」，讓我們甘願再次「涉險」，重新發展一段關係呢？因為「愛」。因為唯有在愛中，我們的多項需求可以同時受到滿足，但同樣的，如果這些需求沒有被滿足，也很容易就掉入分手的泥沼中。

愛情是段在雙方需求間取得平衡點的歷程，雖然，一路上可能搖搖晃晃、傷痕累累，但若在這個歷程中能彼此信任、不斷地努力，最終我們會發現，這個努力本身就足以讓我們變成更好的人。

在本書的後面十五個章節裡，我們將邀請你，一步一步地一起來經歷與探索這些改變的可能。

註解

❶本書中所有提及的個案故事、受試者經歷與朋友的戀愛經驗，雖都源自於真人真事，但為顧及實驗倫理及保護實驗參與者隱私，均經大幅改寫而得。換言之，並不會有任何人的故事符合任何一個特定的個案、受試者或朋友，對話部分亦經過重新撰寫、模糊化、背景扭曲等處理，保證沒有任何能被指認之線索與標的，以維個案、受試者及作者朋友之權益。

延伸閱讀①–⑭相關內容，請參閱大真文創出版公司網站http://www.bigtrue.com.tw/about-love/research/。

Chapter 2

好人，再見

締造吸引力的四個關鍵

終於，他等到四周的人漸漸散去，只剩下燭光在黑暗的影子中搖曳。星光熠熠，繁星點點，這個機會就像是老天爺的恩賜似的……他試圖在寧靜中搜尋最恰當的開口時機，將兩年多來壓抑在心裡的話告訴她。

「今天晚上好開心喔！」他伸出右手，把手上的啤酒罐推向天空。

「是啊，謝謝你們幫我慶生，有你們這群朋友真好。尤其是你啊，從幾週前就在忙東忙西的……我還在想你到底是為了什麼事情搞得神秘兮兮……」她臉上染開了一抹紅暈，純真可人，一旁的他，醉得心裡癢癢的。「如果，可以一直這麼開心就好了……」她繼續說：「是啊，很快我們就要各奔東西……以後的發展，

誰也說不準。不過，這些日子以來，謝謝你這個好姊妹一直陪在我身邊，雖然我脾氣不好，又總是喜歡遲到，以後我到了台南，一個人真不知道該怎麼生活……」

她的話才說完，他心裡突然升起一種「再不說就要來不及」的感覺。

「嗯，不用擔心，我可以……」話才到喉頭，卻又卡著說不出來。

「你不會要說可以到台南陪我之類的吧？別呆了，你有自己的路要走啊！況且，我們也該要學會獨立，學會把自己的人生走得精采。」她豁達的說。

雖然他很想為她的勇氣感到驕傲，卻也因為她言語中透露出的自由嚮往，感到些許不安。這麼多年來，與其說是他照顧她，不如說是她給他一個被需要、可以付出關心的機會，而如今……

「沒……沒有啦。我是說，我之後可以去找你玩啊！」他心裡有好多話想說，卻無法具體地聚成語句，他想問她需不需要陪她南下？想問她需不需要一個可以陪伴她一輩子的人？想問她，願不願意一起走過往後的人生？無奈，嘴巴裡說出來的，跟腦袋裡想的，相隔著十萬八千里。他處在一個危險平衡裡：說出自己真實的感受，就要承受被拒絕的風險；維持現狀，又有一方要抱著委屈。

記得高中的時候，我每晚都到頂樓書房讀書。某次讀到索然無味，突然發現書架上有一本藤井樹的《貓空愛情故事》，幾個晚上讀了又讀，我幾乎是愛上了愛情、也愛上了政大。但是又隔了幾晚，當我再把書架上所有的愛情小說讀了一遍了之後，發現了一件有趣的事情：**我們嚮往的其實不是愛情本身，而是曖昧不明時的甜蜜與不確定感**。所以許多的愛情小說，都試圖在兩性初認識到交往之間，多著墨一些。然而，在這戀情初萌的曖昧階段，第一個需要面對的難題便是告白。

一段還沒開始就結束的感情

在一次諮商與輔導的討論會上，一個還沒有談過戀愛的朋友，跟大家分享這樣的一則故事：

某年，一個微熱的晚春，在異國長長的月牙灣邊，我結識了一位長髮披肩，同樣來自台灣的女孩。在沙灘上，我們從海浪的溫度聊到沙子的大小，從她的朋友聊到她談過的幾段戀愛，從我喜歡的小說家聊到我的人生觀，太多聊不完的話題，像火花一般迸發，不可收拾。我們從海灘的一端，一直走到另一端，開心地都不感覺疲累；好像，想把內心裡的一些什麼全都拿出來交換、好像，想要將過去對方未曾參與過的人生，一次更新完畢，我們彼此細說著回憶，以及對未來的憧憬，在海浪的起伏聲中，我細心傾聽她聊起她的過去；當我談到那些令人難過的曾經，她也投以如月光般安慰的眼神，撫平我不安的情緒。

回國後，我們每天都會講上好幾個小時的電話，三天兩頭便約出來聊天，迫不及待地想分享生命裡的每一個環節，好像永遠都聊不完似的。我做了法式潛艇堡，她雖然嘴裡嘟囔著「這能吃嗎？」還是邊捏著鼻子邊吃了兩個；她帶我到外雙溪的河畔戲水，像是長不大的兩個孩子玩得全身濕透；夜裡，我們到仙跡岩探訪螢火蟲的蹤跡，找了一整個晚上，卻連一個螢火蟲的影子也看不到，終於在我們快要放棄的時候，在遠處的樹叢裡瞥見幾顆淡綠色閃爍的光芒，兩人雀躍地握著彼此的手跳著，又怕嚇著了流螢，只好摀住嘴巴。

感覺這樣繼續下去，便會像愛情小說一般，譜出一段美麗的感情。但事情的發展往往都不如我們預期，而愛情尤其如此。

當她知道我喜歡她之後，她開始不接我電話，不回我簡訊，在我上ＭＳＮ的時候躲我，看到網誌留言也不理會。我很難過，想起那些我們一起經歷的日子，一起出遊的回憶，沙灘上，海浪與她米白色長裙交織的氣息，都只似雪泥鴻爪，船過無痕。我的情緒實在是過不去，於是，我發了一封件簡訊給她：「如果我有什麼地方做錯了，請告訴我噢！」

整個晚上，我盯著手機的螢幕發呆，等待她的回覆。終於在隔了一小時之後，她像是好不容易終於鼓起勇氣一般回覆我：「你沒有做錯什麼。只是我一個要好的朋友跟我說，我們還是保持一點距離比較好。」看到簡訊的那一刻，我心裡面掌管動力的能源棒像是突然被抽走似的，整個人癱軟了下來。幾乎是像行屍走肉一般，還要前傾45度，佯裝諮商師的語氣回覆她：「如果是這樣的話，我能理解。」

其實我一點也不能理解！我想問，如果說，所有的戀愛都需要靠相處培養感情，那為什麼在認識一段時間後，有些人還是無法牽起手變成彼此的情人，反而習慣朋友的相處模式？如果說，她在一開始便對我沒有興趣，那這麼多感性相處的夜晚、那些浪漫的流螢、那樣深深觸動彼此的曾經，到底又算些什麼？

為什麼在相處久了之後，有些人還是無法進入戀愛？

研究愛情的學者會告訴你，那是因為你並沒成功締造吸引力（Attractiveness）。

「嗯……你知道，我們一直是很好的朋友，你對我很好……」通常在表白之後，聽到對方這句話，幾乎是已經把半張好人卡放進口袋了。有時你可能會納悶：「如果我真的那麼好，那你為什麼不跟我在一起？」甚至開始懷疑，是不是就是因為自己對對方太好，讓對方已經習慣了自己在身邊，習慣了自己「普通朋友」的角色，而無法繼續往前？

另一個朋友曾經跟我分享他表白失敗的經驗，當時他強忍難過，坐在公園的長椅上，聽他被拒絕的理由：

「其實我也喜歡你喔！跟你在一起很舒服，好像什麼都可以跟你說，什麼事情都不用擔心的感覺。」女孩子說。

「既然這樣，為什麼不跟我在一起呢？」我朋友滿臉疑惑。

「我也不知道。就是沒有那種感覺吧，那種很愛很愛到心癢癢的感覺。」

喜歡一個人的時候，我們會不自主地關心、呵護與照顧對方，這樣的行為的確也增加彼此的親密感①。但親密感本身，不一定是對方所期待的那種「感覺」。換言之，關心、呵護與照顧可以讓你們從陌生人變朋友，但並不保證你們能變成男、女朋友②③。那種心癢癢的感覺，關鍵不在相處，而在吸引力。

締造吸引力：從相識到相似

我們在開啟一段愛戀之前到底需要什麼？會被什麼所吸引？又是什麼讓我們墜入愛河呢？在談論這些之前，先讓我們理解一下以下這段文字：

國小的時候，女生喜歡隔壁的大哥哥；男生喜歡年輕的正妹；
國中的時候，女生喜歡在班上出風頭的男生；男生喜歡年輕的正妹；
高中的時候，女生喜歡會打籃球又帥的學長；男生喜歡年輕的正妹；
大學的時候，女生喜歡有汽車的人；男生喜歡年輕的正妹；
進入社會後，女生喜歡有錢有房有車的人；男生喜歡年輕的正妹；
所以說女生是善變的，男生是專情的！④

相信許多人都看過這段網路爆紅的文字「男生是專情的」，有人對此感到共鳴，頻頻點頭，有人卻覺得充滿性別歧視。問題是，這段文字中，正確的部分到底占了多少？

雖然不少把妹書籍都提及各式各樣建立吸引力的方法，舉凡從外貌裝扮、溝通方式、到人格養成，都可以開授一門課程，但在關係初期比較穩定的吸引力，目前發現可以歸納出四種：**熟悉性**（Familiarity）、**相似性**（Similarity）、**外貌吸引力**（Physical Attractiveness）、**與相互性**（Reciprocity）⑤。

(1)熟悉性（Familiarity）：重複曝光效果

早期心理學家為了瞭解「熟悉」是不是真的能造就喜歡，他們像小王子豢養狐狸一樣，也在實驗室裡豢養了一大群老鼠⑥。他們發現，從小聽莫札特的老鼠，長大還是會喜歡聽莫札特，而不是其他音樂家的音樂。這就是著名的莫札特效應（Mozart Effect）[1]。

或許你會說，別開玩笑了，吾等高階人類，怎可與低階鼠輩相提並論？其實就算是人，也抵抗不了熟悉性的魔力。有一個經典的實驗是由莫爾廉與畢曲（Moreland & Beach）所進行。他們安排了四位實驗助理，假扮成修課的學生，分別在班上出現0，5，10，15次，然後在期末的時候請學生評估「喜歡辦公室助理們的程度」——結果發現，出現越多次的助理越受學生喜愛⑦。另外一個著名研究，是由提出認知失調理論⑧、風靡半世紀的費斯汀格（Leon Festinger）等人在宿舍所做的調查。他們發現，人們總是跟自己住得比較近的人感情較好；住得較遠，甚至或不同樓層的人，因為沒什麼交集，自然不可能喜歡上他們⑨。這些故事告訴我們，如果你「煞」到跟你修同一門課或同辦公室的人，記得不要常翹課或翹班，這樣或許會得到一些基本分。**因為常常出現在我們身邊的**

人，比起陌生的人更能提供我們安全與信賴的感覺。

「可是我幾乎是天天出現在他身邊啊！如果熟悉性真的這麼重要，為什麼還是被發卡？」有些長期擔任好人的人，可能心裡都有類似的疑問。雖然早期拉強克（Robert Zajonc）提出重複曝光效應（Mere exposure effect），認為只要增加熟悉度，重複地出現在對方身邊，你就更有可能被對方喜歡⑩⑪，但不少人卻發現，事實好像是：不離不棄，被當「北七」。

為什麼會這樣呢？其實前面提到的「莫札特實驗」還有續集。心理學家還另外養了一群老鼠，讓這些老鼠從小聽荀白克（Schoenberg）的音樂，只是牠們長大之後，並沒有比較喜歡聽荀白克的音樂。畢竟相較於莫札特充滿純真、喜悅、溫暖的曲風，荀白克的作品較為艱深、複雜又抽象。這也意味著：**除了要重複出現在對方面前，讓對方感到熟悉之外，還要在一開始就要給對方好印象才有用**。事實上，後續的研究發現，如果有一個人一直、一直出現在你身邊，一定會讓你產生所謂的「感覺」：極度的喜歡，或極度的討厭⑫。

如果你可以盯著一個人的眼睛看五分鐘，那麼他不是妳的愛人，就是你的敵人。愛與恨的界線，就像小學課桌椅中央劃分的粉筆線，模糊又不可信，更有趣的是，這條線常常被擦掉、重劃、再擦掉、然後再重劃。

不過，至少有一件事情是可以確定的：如果每次你的出現都讓他感到舒服愉快，透過熟悉性的加乘，他當然無庸置疑地會越來越喜歡你；但是如果每次你的出現都讓他倍感壓力，讓他必須拿出武裝來面對你，那麼你很可能會從「保護公主的騎士」，漸漸變成「蒼蠅一隻」。也就是說，「熟悉性可以增加安全感」這一個命題，只有在「對方不把你當怪叔叔」的時候成立。

(2)相似性（Similarity）：相似好還是互補好？

你可能會說，這不是跟沒講一樣嗎？究竟是什麼決定「最開始的」喜歡或討厭？所以第二個條件「相似性」就顯得更重要了。舉例來說，過去的研究一致地發現：背景、科系、態度、信念、價值觀、政治立場或健康等等行為相似者，比起不相似的人更容易變成朋友[13][14]。

為什麼相似性有用呢？最主要是因為相似可以造就互相的喜歡（Reciprocal Liking）。人生苦短，在茫茫的人海中，我們在找尋的究竟是什麼呢？我們希望能做自己，又擔心別人對我們的評議；我們希望表達自己的想法，又擔心他人的看法；我們希望能實踐自己人生的意義，也希望有人能認同我們的人生意義。

找一個與你相似的人，可以讓你三個願望一次滿足，因為跟這些人在一起的時候，除了開心之外，自己的價值也能獲得支持、認可（Validate）、還能自在地呈現自己本來的樣子——至少，**沒有人會希望一天到晚都跟愛唱反調的人在一起**。

那互補呢？心理學家又怎麼解釋互補？其實每次談到「相似」有多好多好的時候，都會有人問我這個問題——的確也有學者主張「互補」生吸引。

當然，我們也相信，有不少情侶強調彼此雖然有許多不同、卻超級契合。只是這裡必須加一個但書：跟價值觀相似的伴侶比起來，「互補」卻常常「補不到」。親密關係大師雪倫．布雷姆（Sharon S. Brehm）認為，互補的歷程可能更為複雜，目前的研究結果也比較支持「價值觀」上傾向相似，「人格特質」上則可能較可以互補，或者是特質上存在一些差異無妨[15]，更有學者指出，要互補之前，雙方必須能先喜歡彼此，而相互喜歡，又關係到兩個人是否能有相仿的價值觀，是否可以溝通等等⑯⑰。

因為，喜歡相似的人很簡單，當伴侶與我們相似的時候，我們會覺得自己是被在乎的，當被模仿或贊同的時候，覺得自己的看法是有價值的，而感到愉悅快樂⑱；**但是若真要好好愛一個跟自己不一樣的人，除了崇拜之外，還必須要能彼此尊重，而這些條件並不是在每次的相處都能達成。**

不論如何，**彼此間存在著許多差異的「關係」總是比較難維持**。另一項說法是，許多一開始崇拜或互補的部分，到最後反而成為兩人的爭端與分手的隱憂⑲。例如：當初，你不是說很喜歡我的體貼細心，現在又說我龜毛多慮？當初，你不是特別喜歡我的幽默大方，現在又討厭我在別人面前嘻笑逗弄？當初，你不是喜歡我的文靜氣質，現在又怪我沉默寡言？簡單地說，那些戀愛初期感覺能互補的東西，交往一段時間之後，反而變成彼此最不能接受的癥結。

如果你不幸真的跟他「很不一樣」，至少要「讓他覺得」你跟他「很像」。長期研究親密關係的珊卓．莫瑞（Sandra Murray）認為重要的不是你跟他「實際上」有多像，而是彼此「覺得」對方跟自己有多像（Assumed Similarity）。莫瑞的幾項研究都發現，那些活在「正向錯覺」中的伴侶，總是為兩人帶來更多的幸福，即使他們知道這是一種假象⑳㉑。

不過，莫瑞說的是「在一起之後」的事。如果你還在追她，你會發現，縱使你實踐了心理學家所謂「相似性」的建議，你還是可能得到一句：

「我一直把你當作我最好的朋友，我希望……」

奇怪了，不是說相似生吸引嗎？誤會、誤會大了，這裡的吸引僅限於朋友。在我們選擇「朋友」的時候，不相似的人會先後退一步。再說得淺白一點，就是「那些跟你調調不合的人，通常連朋友都當不成」；用古人的話說就是「道不同，不相為謀。」只不過，我們都知道**有些戀愛其實是不需經過朋友階段的，例如：一見鍾情**㉒。若真要PK「初始」吸引力的話，很遺憾的，綜合多項研究的結果，我們可能還是要把冠軍頒給「外貌」，男性的擇偶傾向尤其如此。

(3)外貌的吸引力（Physical Attractiveness）

雖然有些人不苟同以貌取人的現象，不過幾乎沒有一個戀愛補習班會放棄開設打扮外貌的課程㉓㉔。外貌吸引力到底有多強大呢？明尼蘇達大學的狄昂．凱倫多年前與他的同事們做了一項實驗，請大學生來實驗室評估一些人未來的發展，並將照片與一些人格特質做配對等作業。結果發現，人們認為正妹或帥哥更快樂、友善、成功、與能幹㉔——儘管事實上這些人並不一定如此。比方說，下面的這個例子，可能就曾發生在你身上過。

「你喜歡怎麼樣的男生呢？」第一次見面的時候，你想試探她的理想伴侶。

「溫柔體貼，最重要的是要顧家。」然後你暗自竊喜，因為這些特質你都有。

但是，最後她卻搭上一個霸道、愛玩、只想到自己的高大帥哥，一起乘著紅色跑車，咻地一聲從你面前消失了。你或許在心裡嘟噥著：說好的溫柔、體貼、會顧家呢？

大量的速食約會（Speed dating）研究結果也發現，雖然我們總是說自己看內涵、看感覺、看個性合不合，但真正上場約會的時候「根本沒有人在意這些」；長得帥或正，永遠是第一個考量，帥哥與正妹，也永遠是人氣王㉕❤2。

所以，如果有人跟你說，他不在意外表，只看內在，那他有很大的可能在說謊。縱使我們都清楚外表在一開始很重要，讀到這你可能還是會問：所謂的「正與帥」有沒有普世公認的標準呢？「嘿！不是我在說你，哪有什麼絕對的正或帥啊？每個人的標準都不一樣啊，真不懂你們搞心理學的人都是怎樣定義美醜的。」一位好友曾如此囑咐我。

事實上，我們雖然沒有判定美醜的「絕對」標準，卻已經有研究穩定地發現美醜的「相對」的標準㉖－㉘。例如：中研院的張復教授發展了一套估算台灣人吸引力指數的工具，他邀請大量的參與者，針對不同的照片進行評估，找出在這一片「照片海」中最具吸引力（以及最醜）的一些照片，並進行他們臉部特徵的量化計算。結果發現，擁有大眼睛、小鼻子、小下巴、瓜子臉、圓圓的臉頰和高眉毛等臉部特徵的人，的確比起其他人更容易受到喜愛㉙。

發現了嗎？這其實就是「娃娃臉」（Babyfaceness），大量的研究顯示，**儘管並不是任何人都會想跟有娃娃臉的人談戀愛，但很少人能「阻擋」自己對娃娃臉的好感**㉗。因為在演化上，娃娃臉給人一種想親近、想照顧、與想呵護的感覺，這種演化上的傾向，使得我們更願意去照顧小孩，以利種族繁衍，只是無意間也造福了擁有娃娃臉的朋友。

如果你長得很平凡怎麼辦？沒關係，另一個讓大多數人感覺到舒服易於親近的臉就是「平均臉」——這就是為什麼，網路上的人氣正妹和型男，長得幾乎都差不多。德州奧斯汀大學的朱蒂．連露易絲與羅立．洛閣門（Langlois & Roggman）㉚在著名的心理學期刊《Psychological Science》上發表了一篇文章，並以聳動的標題寫著："Attractive Faces Are Only Average"（吸引人的臉就是

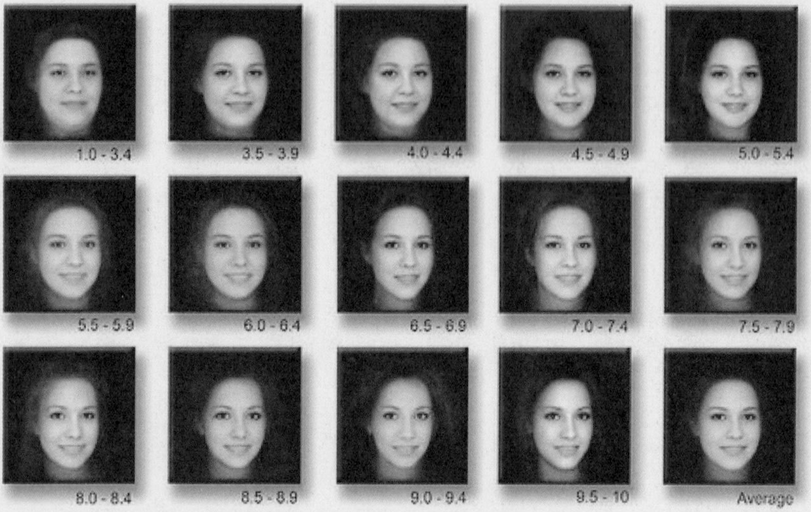

圖一：人們喜歡平均而對稱的臉，因為這讓我們感到健康，熟悉和安全。

圖片取自 http://www.djibnet.com/photo/morphing/attractive-face-scale-146532556.html

「平均臉」）。他們利用電腦合成的方式，將好幾張臉平均起來，發現採用越多張不同人的照片進行合成的臉，越受人喜愛。

如圖一所示，照片下面評分越高的，表示受試者覺得這張照片越有吸引力，而最右下角的照片，恰好正是多張照片合成的平均臉。你發現了嗎？吸引力七分以上的照片，是不是都跟最後一張平均臉很像呢？

所以，如果你生來一張大眾臉，其實也不錯。為什麼我們會對平均的臉感興趣呢？因為這張臉的每一個部分，都常常出現在我們生活周遭（畢竟他是用許多臉合成的，擁有好多張不同的臉的特徵），看到這張臉的時候，我們會感到熟悉和安全。不過，也因為這樣，不同文化裡平均的臉可能會有所不同（你可以參考圖二各國的平均臉）。

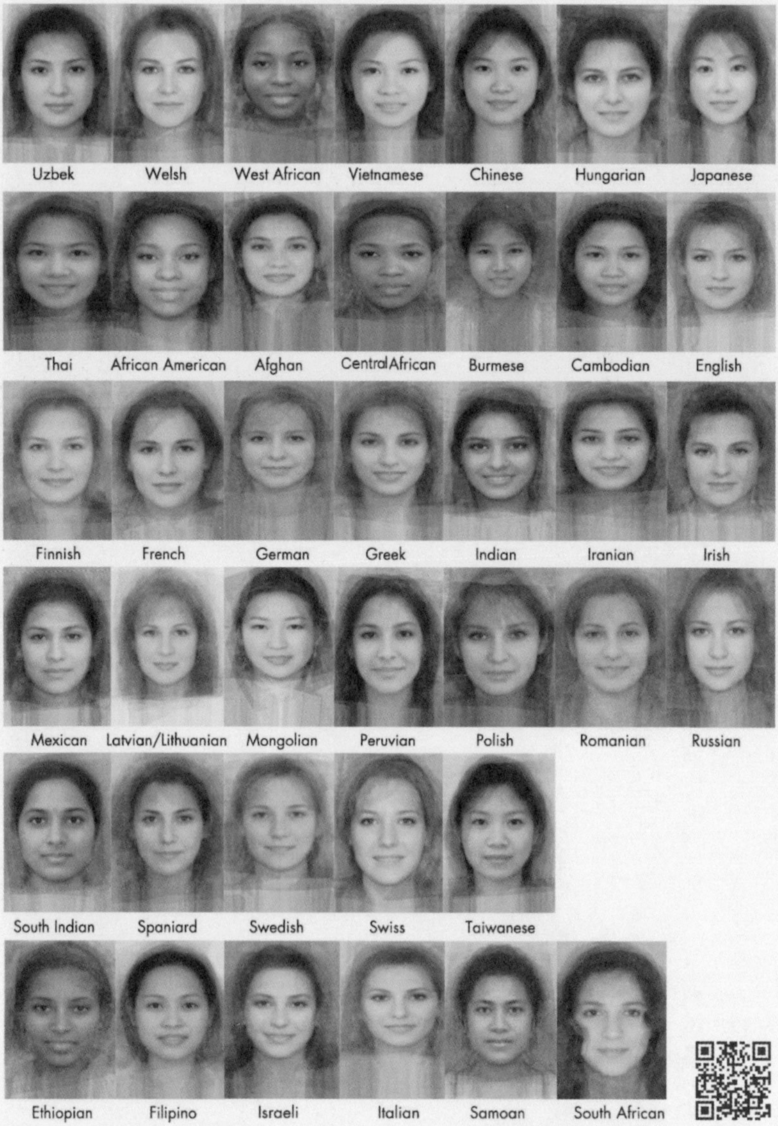

圖二：各國的平均臉。

圖片取自 http://www.faceresearch.org/demos/average

如果你輪廓很深，根本不可能是大眾臉，那怎麼辦？根據葛蘭馬與雙希兒（Grammer & Thornhill）的研究，你也不需太氣餒，只要你長得五官端正，左右對稱就好㉛。他們發現在先前朱蒂·連露易絲的實驗中，平均臉之所以吸引人，還有一項重要的關鍵是**這些臉經過平均之後，通常會變得更為對稱**，而在美學或演化上，我們天生就比較喜歡對稱的東西，因為那製造一種和諧，舒服的感覺。

當年發現娃娃臉效應的鍾寧漢（Cunningham）等人後續進行了一個「女性要什麼」（What Do Women Want）的研究，他們用數學的方式計算臉各部位對吸引力的影響，發現男性就不一定要長得一副娃娃臉才有人要，如果你眼大、臉寬、還留有一點鬍渣，對女性來說仍然是很性感的，因為這些訊息在演化上一樣提供女性一種安全可靠的感覺㉜。對女性來說，如果臉蛋不太漂亮，同樣可以先從調整自己的身材開始，因為男性喜歡腰臀比（waist-hip ratio，即腰圍除以臀圍所得到的數值）約介於0.7，或BMI在健康範圍內的女性㉝－㉟。

我們之所以無法抵抗外貌的吸引力，是因為當我們看到美的事物時，腦中管理愉悅的激素會釋放㉖。此外，長得好看的人（不論是大人還是小孩），大家對他們會比較好，他們也傾向表現出更多正向積極的行為㊱。

討論到這邊，讓我們回到一開始「男人是專情的」這篇文字的描述。

首先，**不論男女，我們都喜歡長得好看的人，只是男性在演化上對於外表要求得更多**，演化學者認為不論是「娃娃臉」、「對稱臉」或者「平均臉」都是健康的表徵，男性跟這些女性交往，將有更高的機率生出健康的後代。此外，**女性對社會地位與安全感的要求更多**，你可以回顧一下前面所有時期女性喜歡的對象（大哥哥，出風頭的男生，會打籃球又帥的學長，有汽車的人，有錢有房有車），每一項都跟社會地位有關，所以，在這層意義上女生也是專情的；近年，演化擇偶論大師大衛．柏斯（David Buss）更提出一項研究結果是：具吸引力的女孩幾乎要求「所有」的東西：溫柔體貼又有錢，顧家帥氣又專一㊲。

花了非常長的篇幅討論外貌吸引力，你可能會拿著書，沮喪地說：講了這麼久，還不是總歸一句：人帥真好、正妹無敵？針對這個問題，我想可以從兩個方面來解釋。第一，長的正或漂亮的人「事實上」並不一定過得比較幸福，外貌吸引力與主觀幸福感只有0.03~0.33輕到中度的相關㊳。第二，如果我們都將人生的焦點放在外表這種「不可控制」的因素上，可能會過得很辛苦。所以，我們必須將焦點放在「可控因素」上。

(4)相互性（Reciprocity）

什麼是初相識時增加好感的「可控因素」？以心理學來說，就是相互性——「我對你好，你也對我好。」許多好人都面臨一個困境：對對方非常好，幾乎每件事情都替他設想周到，可是對方對自己，卻一點都沒有動搖——**還是一樣，把自己當好朋友，但再好，也只是朋友**。

為什麼會這樣呢？答案是，你與他的關係並不對等。光是單方面為一個人拚命地付出，不但不能創造美滿幸福的關係㊴，而且，還會讓對方心生壓力與負債感（Indebtedness）。

根據公平理論（Equity theory），當對方對我們好的時候，我們會希望自己也能回報對方，否則容易感到心理不平衡，而有一種虧欠對方的感覺㊵。幸好，這種不安和焦慮，在自己也做出回報的時候，就會有所消解了，然後透過這樣一來一往的關係，讓彼此變得更為親密。

比方說，下面是其中一種可能的互動狀況：

「為什麼他對我這麼好呢？我想是因為他對我有意思吧！」這是他對你好時，心裡可能會產生的想法。如果他感受到了，在行為上也對你付出關心，這項互惠就成立了，也就是說，兩個人開始建立相互性。認知上，他可能接著會問自己：「為什麼我也要買東西送他呢？應該是我也對他有一點意思吧！」於是，他也開始「催眠」自己，然後，因為他開始對你好，開始對你產生一點好感，你也繼續付出，形成雙方都不虧欠的良性互動迴圈，彼此的關係就開始轉動了。

可是這樣美好的結果，並不是每次都會發生的。美國威爾明頓北卡羅來納大學一項研究發現，互惠的喜歡是建立在「有正向感受」的基礎上㉕。**如果你一開始給對方的印象就不佳、對方根本沒有「感受」到你的好、或不知道你也喜歡他，這個互惠的喜歡幾乎不會成功。**

例如：他一開始就對你反胃、興趣缺缺，你的所作所為、嘔心瀝血、犧牲奉獻，自然都被詮釋成「為了追到我的手段」；或者，他的身邊總不乏追求者，你的好對他來說只是「你自己覺得對他很好」而已，並沒有滿足他真正需要、想要的，也沒有和其他情敵做出區別；更或者，他以為你對其他人也是付出一樣多的關心、他以為自己在你心中並不是特別的人、他神經很大條，並不知道你喜歡他等等……這些都是單向喜歡，無法形成相互好感的原因。

讀到這裡，或許你會疑惑地說：「但是，他每次都是微笑地謝謝我，然後就沒有了。為什麼會這樣？明明他有感受到，也知道我喜歡他，為什麼還要一直拖延、一直裝死？如果不喜歡我，為什麼不乾脆離我遠一點？」

這是一種讓人更痛苦的困境：你的付出，他很感激，也很需要，但是你所需要的，對方卻無法給你。所以，他只能在負債感還沒有把自己淹沒之前，繼續貪婪地吸取你的好，卻沒有辦法給你任何承諾。你的存在很重要，你們彼此制約，所以他走不了，可是他打從一開始就不打算對你付出感情、付出關心，也不打算回應你最微小的同情也是最巨大的需求——愛。直到有一天，他發現再這樣下去會虧欠你太多，就會漸漸疏遠你，你甚至失去了陪在他身邊的機會。

「我對他的要求很少，只有愛。可是，他說我要的，他給不了……」

於是，你的付出成了他的負債，對兩人的關係不但無益還造成傷害；你很委屈，因為這段關係沒有形成互惠迴圈，都是你在苦撐唱獨角戲，你讓自己的喜怒哀樂被對方所牽動㊶，也讓自己變得很可悲。這時，該怎麼辦？你可以暫時中止自己對他的「養分供給」，看看他的反應，並問問自己：為什麼要讓自己往不會有回應的枯井裡面，一直癡癡地丟入石子？

總之，所有追求時做的努力，最後都要能讓「彼此都有機會」為關係付出一些，才能開花結果，**讓他覺得，自己是這段關係中的一份子，也要為雙方的關係負起一點責任**。

忍受委屈並不能成就幸福，單戀的路，一個人走將會很辛苦，讓這條路變得比較簡單的方法，就是**「讓對方也有幫你忙的機會」**。例如：上課前或用餐時，找機會讓你喜歡的對象幫你占位置、甚至偶爾請他幫忙買午餐、拜託他幫你想一些辦法等等。用這樣的方式取代一味的充當司機、請客、修電腦，就不會只是換來「嗯嗯、呵呵、先洗澡」。畢竟，**幫助別人不一定能讓對方喜歡你，但你願意幫助的那個人，大部分都是你所喜歡的人**。給他機會幫你做一點小事情，也是給他機會喜歡上你。

想要的和能到手的

在結束這個章節之前，我想再提一件事：吸引力高的人並不一定會有源源不絕的追求者。一般來說，是否會採取行動追求，受到兩個因素的影響：「目標的吸引力」與「效能感」（自認為是否「能夠追到」對方）。

採取追求行動＝目標的吸引力×效能感

上面這則公式中，只要目標的吸引力或效能感任何一方是零，我們就不會做出任何追求行動（如送禮物、約對方出來用餐等等）。如果對方吸引力很低，我們當然不會去追；不過就算對方很有吸引力，但你覺得自己根本配不上他，或是面臨目前你所無法挑戰的阻力（例如：家人強烈反對，或他已經有深愛的人），那麼還是不會採取行動㊷。

也就是說，一般人願意追求的對象通常是「最適合的挑戰」——這個對象對某些人來說，可能蠻難的，但對你來說，只要努力一些，就很有機會。

此公式其實還有更深的一層含意是：世界上的「優質男女」是「有限」的。以外貌為例，我們都容易喜歡上看起來舒服、外表出眾的人——可是這也面臨一個弔詭：不可能所有的人都跟帥哥正妹在一起。也就是說，**我們總是會期待與「魅力」比我們高的人在一起，但是最後通常只能與「魅力」相仿的人走過一生**——當然這裡的魅力除了外貌之外，可能還包括財富、個性、社會地位、教育水平等等㊸。因此，如果你一直當好人、一直收到好人卡，並不一定是你比較糟、說話技巧比較不好，而是並未了解自己的吸引力與對方是否匹配（Fitting），簡單地說，就是「眼高手低」、「自我感覺太過良好」或是「自信不足」。

交往，只是一切的開始

如果你用盡其極，卻還是孑然一身，那麼告訴你一個好消息：研究發現，有伴侶的人不一定過得比較快樂，很多時候，思考方式、朋友與社會支持（Social Support）的質量才是影響幸福感的關鍵因素㊹㊺。交往，也往往只是一段關係的開始。去年，美國心理學年會的專題演講中，主講人丹尼爾．吉爾伯特（Daniel Gilbert）就曾說：**「不是光戀愛結婚就會讓我們快樂，只有『幸福的關係』才會讓我們快樂。」**㊹在一起之後，還有很長的時間與試煉，共同走過許多路、一起吃過許多苦，才能體會風雨中相繫的幸福。

註解

❶有關小王子與狐狸的故事，請參閱聖修伯里的名著《小王子》。這段寫得非常棒，每次看都會讓我對愛情有新的體會。有關莫札特效應，另有一說是「聽莫札特的小孩會變聰明」，也是爭議性很高的論述，欲知詳情可參考維基百科。

❷儘管如此，還是有許多心理學家認為，速食約會不是一個用來研究吸引力的好方法㊻。

❸你可以上這個網站，親自體驗為何平均臉比較好看：http://www.faceresearch.org/demos/average，也可以到這裡，看看未來我們的臉會變成什麼樣子http://faceoftomorrow.com/index.php。

延伸閱讀①－㊻相關內容，請參閱大真文創出版公司網站http://www.bigtrue.com.tw/about-love/research/。

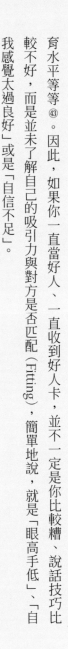

Chapter 3

愛情進化論［壹］

激情愛和伴侶愛

交往了三年，印象最深刻就是那個寒流來襲的深夜。那天星星很少，風很大，雲很薄，好像是把北極圈的寒冷夾著雲層一次運送過來的那種風。

在好幾天都聯絡不上她之後，他只好去找她，坐在她家附近便利商店前的石階，盯著手機螢幕發呆，不時將頭轉向右邊的巷口，搜尋她的身影。十一點四十五分，一部100c.c.的機車，一個穿著粉紅色北面（North Face）防寒外套的熟悉身影出現了。他的心七上八下，像是被鉛錘吊著，向上抽了一下。他深呼吸一口氣，起身走到她面前，四周的空氣如同被按下暫停鍵，凍結在他開口說話的那一刻。

「我也不想把自己搞得像焦慮依戀的人一樣，把妳逼得很緊、或到妳家樓下來堵妳，我只想知道我們之間到底發生了什麼事情。是我哪裡做不好嗎？還是……」他話還沒說完，便被她打斷……

「不是，跟你沒有關係……只是我……好像沒感覺了……」不知道為什麼，後面幾個字像是從異世界的那一端，像是古早印刷的鉛字重重的傳送過來，每一個字都敲擊在心門。他可以明確地感受到大腦正中央有一個什麼，正在急速地發燙著。有好幾分鐘的時間，那高溫讓他在腦袋裡抓取不到適當的語彙。

「為什麼呢？我們很少吵架、相處的時候也都很開心啊！不是還說好等妳忙完要一起去泡溫泉、一起去澎湖看花火節的嗎？」一邊說著，他的鼻子竟像是無預警被人捏著一般，倏地酸了起來，一股灼熱感在無防備之下就要湧到眼角。

「我也以為可以一直這樣順順地發展下去，可是……當我這樣想著的時候，當初的你好像越來越遠了……我真的不想這樣，真的……」

他完全沒有想到她會比自己先落下眼淚來，只好拿出手帕為她擦眼淚，殊不知她將手帕接過去，卻把他的手推開。

從那一刻起，他發現她的心，已經離他很遠、很遠了。

正如同Pizza有許多不同的口味，愛情也有許多不同的形式。只是跟Pizza不一樣的是，我們在進入Pizza店的時候，只需要煩惱要選哪一種Pizza、有誰能跟自己一起分著吃，以及會不會突然會有大白熊從棉被裡冒出來，說「我也想吃一塊呦」之類的。

談戀愛卻沒有這麼簡單。許多時候，我們連愛情是怎麼開始的都不清楚，簡直就像是被胡亂丟入洗衣機中，不幸被染色的白色T恤一樣。不過還好，愛情心理學家幾年的研究下來，總算找到了幾種像「地中海漁夫Pizza」般經典款的愛情類型。並且，這些心理學家就像戴著高帽子的義大利廚師，對著鏡頭一一替我們分解愛情形成的階段與元素。

我們能愛多久？

為什麼感覺會消失不見呢？多年來許多人一直在問自己這個問題，一開始許多學者以為，感覺並不是消失了，而是**關係持續地改變，但是我們期待的愛情仍停留在原點**。不過近年來的研究的確發現，我們常掛在嘴邊的「熱戀期」的消退，可能與大腦中的激素，以及戀愛的兩個階段有關[1][2][3]。

激情愛（Passionate Love）

幾乎所有我們對戀愛的認識與想像，都是所謂的激情愛。不論是電影及偶像劇中的雨中奔跑、宿舍擁抱、或是小說裡的汽球傳情、浪漫告白，這些讓人刻骨銘心又心嚮往之的劇情，大都在這個階段發生。激情愛源於一種生理上的吸引力（就是我們第二章談過的），這種吸引力會讓大腦分泌讓我們感到舒服的激素多巴胺（Dopamine），產生「戀愛的感覺」。

伴侶愛（Companionate Love）

經由各種媒體的洗腦，我們常常以為激情愛就是愛情的全部。事實上，激情愛只是一段愛情的「部分」。我們不可能每天都處在高度興奮的激情之中，更不可能一輩子腦袋中都想著對方，這樣我們不但什麼事也做不了，更可能變得精神耗弱而虛脫。所以在生理上，當初主導戀愛快樂的激素會漸漸地消失，同樣地激情也會逐漸褪減，並進入下一個階段——伴侶愛。

伴侶愛是一種陪伴的感覺，而這種感覺通常要經由長期的相處、默契的培養、互信與親密感的建立、舒適圈的形成等等，才能逐漸成熟。在這個階段，雖然已經不再像剛在一起的時候，接到他的電話，便緊張興奮地，好像心臟都要從嘴巴跳出來，見面的時候也不會急切地想要衝上前去擁抱他。但光是待在他的身邊，就會有一種無法言喻的安全感，好像可以卸下所有的裝備、放下與外界競爭追逐的武器一樣，不需要假裝、不需要勉強、不需要呈現自己不喜歡的模樣，因為他懂你的個性、懂你的脾氣、懂你在什麼時候需要一個人靜一靜，又在什麼時候需要他抱一抱、親一親。這個時候，他像家人、也像朋友、你難過的時候第一個會想找他，開心的時候第一個就想與他分享。這時，在生理上則由催產素（Oxytocin）逐漸取代激情愛時期的多巴胺。這是一種在母親生育的時候也會分泌的激素，當我們的大腦分泌這種激素時，表示我們正與「重要的他人」形成緊密的連結，確保彼此能夠互相提供照顧關懷與支持④。

我們究竟能愛對方多久呢？一般而言，激情愛持續的時間是6個月到3年不等（當然有人可以持續更久），接著就會開始進入伴侶愛⑤-⑦。不幸地是，並不是所有的情侶都會進入伴侶愛，大約有一半左右的戀情會隨著激情愛的結束一併結束⑧。

因為當初一起出去玩的感動好像減少了。於是，交往半年後你會聽到他冷冷地說「你變了」、「我好像沒有感覺了」、「我好像沒有當初那麼愛你了」、「我們可能還是當普通朋友比較好」等等。於是，通往幸福的路就在這裡岔開了，你「期待」的愛情，開始和你「擁有」的愛情不一樣了。懂得重新調整彼此步伐與相處方式的伴侶，能夠在激情愛結束之後，繼續該段關係，因為他們清楚知道，興奮與瘋狂並不是幸福的全部，也願意花更多時間發現彼此身上不可取代的優點⑨；反之，那些一開始就是為了愛情「美好感覺」而進入戀愛的人，便會因為這感覺「沒一開始那麼好」了，開始覺得自己不愛了，然後放棄經營也放棄感情。**愛情沒有期限，只是我們常常不自覺地走向通往終點的那邊。**

在激情過後：親密與承諾

有一次，我們家鄰居林爺爺到家裡跟我爸聊天，儘管他的故事講得很直白，我聽了還是很感動。他們夫婦的生活很簡單，很規律，也很純粹。

「結婚幾十年下來，最讓我難以忘懷的事情，就是每天晚上她榨果汁給我喝的背影……她知道我不喜歡吃蔬菜水果，念了很多年，我都沒有長進。於是，她乾脆去買了一台果汁機，把芹菜、胡蘿蔔、火龍果、番茄等等一次都加進去，用棒子壓進去榨成汁……我討厭蔬果汁的味道，當年打仗吃青菜、西瓜吃怕了，她就偷偷地在裡面加了蜂蜜；當她年紀漸漸大了、使不上力，手上的棒子也漸漸壓不動胡蘿蔔了，就去換了一台全自動的果汁機。晚上吃完飯之後，本來看到滿滿一水槽待洗的碗就覺得疲憊，但在喝完果汁之後，這些疲憊好像都變得微不足道了。現在街上搔首弄姿的年輕女孩可能不少，但，真的能每個晚上榨果汁給你喝的有幾個？即使她走了這麼多年，每每進廚房，好像都還會看到她榨果汁的影子……我常常就這樣望著那張她榨果汁的桌子，發呆一晚上……」

你可以發現，在林爺爺純粹地描述之中，有一股濃得化不開的感情，將他們兩個的婚姻緊緊牽絆在一起，而這樣的感情，正是由「親密」與「承諾」所組成。

知名心理學家羅伯特．史騰伯格（Robert Sternberg）的愛情三因素論主張，不論是成人或青少年，一段良好的親密關係應具備「親密」、「激情」與「承諾」三個部分⑩。如你在下頁圖一所見，三者之中「激情」的量在關係的一開始衝得最快最高，一下子就到達頂點，但是也驟降得最快，通常在三年之內就會消退⑧。值得慶幸的是，在這之後，親密與承諾便會接手我們的感情脈動，關係良好的雙方，其親密與承諾會穩定平緩地提升，進而讓這段關係更幸福、更長久⑧。

親密指的是一個人在身體，心靈或生活上與對方的連結與依賴感；承諾則是指一個人願意長期地與對方相守相惜，將自己的未來規劃中放入對方，以及願意維持這段關係的程度。在激情下降之後，親密與承諾便會穩定地上升，形成維繫兩人戀情或婚姻的重要因素。

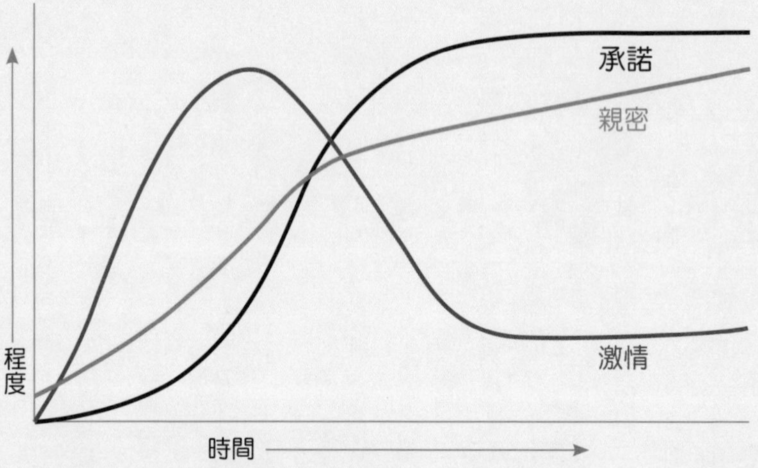

圖一：親密，激情與承諾的時間變化。

引自Crooks,R.,& Baur,K.(1983).Our sexuality. ①

情感的交易：計較公平不公平

近年來的許多愛情理論中，最能有效預測分手的大概非社會交換理論（Social Exchange Theory）莫屬了。如同我們在第一章所談到的，進入一段關係最主要的目的在於滿足五大需求，也正因此，社會交換理論就將愛情的基礎建立在「需求是不是被滿足」這個面向上。

如左頁上方公式所示，我們心中都有一把尺，**當伴侶對我做的事情，高過我原先的預期的時候，我們便覺得滿意開心；但當伴侶所做的低於我的需求時，我們便會考慮是否還值得留在這段關係裡**；同時，我們也會考量自己的付出是不是與對方差不多，如果我獲得的除以我付出的，與他獲得的除以他付出的相等，我們心裡就會舒服一些，但若天平的兩端不平衡，便容易促發衝突與爭端——而且可能是持續、長久、重複的爭執②。遺憾的是，愛情經常不是平等的，而且

$$\frac{\text{我的收穫}}{\text{我的付出}} = ? = \frac{\text{他的收穫}}{\text{他的付出}}$$

更多時候並不是因為我們「不想」要讓彼此平等，是根本連「平衡點」在哪裡都難以確定。

舉例來說，在肚子餓的時候，你大概可以估算，吃一盤炒飯可以讓你感覺很飽很滿足，那是因為，一方面你喜歡吃炒飯，另一方面，根據過去的經驗，炒飯提供你所需的能量。但是，在一段關係中，要能夠滿意幸福就沒有這麼簡單——第一：**對方給予的恰好是你想要的，第二：她給予你的「分量」，能夠高過你的需求與期待**③。如果你不喜歡吃炒飯，勉強吞嚥雖然有些痛苦，但總不至於餓死，可是**如果對方給予的跟你所期待的有所不同，那麼就算給得再多，你也一樣感覺空虛孤獨，於事無補**。

「我真的不懂，每次她都說我不夠愛她，但是每次她生日、逢年過節、交往紀念日等等，我都會買給很貴的名牌貨給她，假日大老遠幫她送洗包包，有時也幫她整理報告、找資料。如果這都不算愛，那麼究竟什麼才算？你知道為了幫她買一個包包我要省吃儉用多久、存多久的錢嗎？如果有個人也常常買限量版的模型給我、替我洗摩托車、甚至幫我趕報告，我一定感動到痛哭流涕。可是，這些她一項也沒為我做，要抱怨的應該是我吧？」一位男生前來晤談的時候，一邊描述一邊氣憤地說著。從他的眼神中，我是真切的能感受到他對女朋友的愛，但也同時能感受到他的無奈，到底是哪裡出了問題了呢？

「每次，他都只是在假日的時候才來陪我，晚上打給他的時候總是說他在忙。

誰不知道他忙著打電玩？有時候我真的懷疑，到底是電玩重要還是我重要？我知道他又要念書又要打工很辛苦，他買給我很貴的禮物的時候我很感動、在百忙中還幫我找資料我也很感激，但是，這些我都不要。我只需要一個在我難過的時候、需要陪伴的時候，能聽我說說話，能鼓勵我叫我好好加油，拍拍我的頭說沒關係的男朋友。可是他連這麼簡單的要求，都無法做到。」

先前我感到疑惑的問題，在後來聽了他伴侶的獨白之後，變得豁然開朗。**兩人都以「自己認為是愛」的方式來愛對方，但是這兩種方式並不對等**，所以彼此都盡力付出，卻雙雙都覺得委屈。

在感情中我們常常犯的錯誤是：誤以為我需要的東西也是對方所需要的。雖然大部分能讓我們心痛的事情，通常的確也能讓對方難過；但是能夠滿足我們需求的事情，卻不一定也能滿足對方，因為我們心中感受到「滿足」的標準從來不是固定的。

聰明的愛情經濟學者？

社會交換理論將戀愛中的兩個人視作「聰明的經濟學者」：誰都不希望在感情中，自己是先吃虧、先服輸認錯的那一個。只是，我們真的這麼貪婪嗎？我們真的在愛情裡斤斤計較嗎？他對我的好，如果我「不再」滿意，我真的會離他而去嗎？多年前愛情心理學大師雪倫·布萊姆在她的名著《親密關係》(Intimate Relationship) 中提出的這些問題，近年來已經有些思考的方向。

首先，一件確定的事情是：**雖然我們大多認同「愛情不能做比較」的概念，但仍常常、默默、偷偷地在比較**。我們常比較誰愛誰多、比較現在的他與一開始認識的時候有什麼不同、比較誰的男朋友帥氣體貼又有錢、比較身旁的她與前女友的身材誰前凸後翹、比較伴侶和自己的成就或收入、比較眼前的他，跟理想中的他相差多少等等。這六種比較都會影響兩人的關係，我們卻幾乎天天夜夜、不由自主地為之。當這些比較的結果，令我們不甚滿意（例如：他比起理想的伴侶、好姊妹的男朋友、以前的男朋友、或比妳一開始認識的他還差），又剛好有其他適合的對象時，就很可能導致分手或劈腿⑨⑪⑫。

第二件確定的事情是：我們在各方面變得與對方越來越像，兩人之間的分隔比較也模糊、因而更不容易離開對方。在這樣的過程中，我們逐漸不再在乎誰愛誰比較多，也開始發現，自己跟對方好像是「一體的」，這時候計較就顯得多餘了⑬。

把這兩點放在一起看，**剛開始我們的確是容易陷入計較的陷阱，但一段關係如果真能維繫長久，勢必是兩人都能互相吃點虧、容忍彼此的缺點錯誤**。

舉幾個例子來說，原先你可能不太看韓劇，但是跟她在一起久了，每天一起吃晚餐的時候，她都會不由自主的轉到韓劇台，久而久之，你也變得對韓星略知一二；她原先不喜歡拍照的，但因為每次出遊，她看到你拿著單眼相機拍得津津有味的樣子，不久之後，她也擁有了自己的一台入門類單眼，這就是一種磨合（Fusion）的過程。因為我們愛著彼此，我們希望從對方身上得到肯定與認同，於是陪伴著對方做他喜歡的事情——如果這件事情，自己本身並不討厭的話。

「可是，我覺得交往到現在，好像每次都是我在調整，讓她、陪她、順著她，而當我想找人陪我看電影、買東西、或出去玩的時候，她卻在忙她自己的事情。我常常在想，會不會是我對她太好、把她給寵壞了？」一個朋友曾如此抱怨道。

許多學者也注意到，雖然我們都知道長久的愛情奠基於包容與體諒，但是，有些關係其實「根本就是不平等的」，這些人卻仍然繼續經營、維持在該段關係中，究竟又是為什麼呢？在二〇一一年美國社會心理學家年會（2011 annual meeting of Society for Personality and Social Psychology，SPSP）上，德州大學的翠西．光（Tracy Kwang）提出的理論⑭，或許能提供一些解答。翠西認為，親密關係雖然是兩個「我」逐漸整合成一個「我們」的過程，但仍存在三種不同的戀愛模式：「沒收自我式」（Forfeited Self）、「整合你我式」（Integrated Self）與「帝國主義式」（Imperialistic Self）。

沒收自我式的愛情

「我常把他的事情看的比我的事情還重要……我很在意他的看法，因為當我的看法跟他相同時候，他會很高興。我的笑點經常會被他觸動，甚至覺得再也找不到別人比他更好笑了……我想成為更好的自己讓他高興。我記得有次，他提到我的缺陷，我傷心極了……跟他在一起後，我不再那麼常感受到孤獨；我甚至把他當作我生命中最重要的人……可是他昨天竟然這樣說我，讓我有點怕……」當她在說這段話時，表情很複雜。提到伴侶時，臉上的喜悅是完全掩藏不住的，但談到自己時，一絲落寞又從眼角滑過，可以感受到她相當重視這段關係，卻又有某方面的自己，被束縛著。

翠西用「沒收自我的愛」，來形容這些人的自我「單方面地」被伴侶影響、滲透、甚至侵蝕。他們高度地依賴伴侶與這段關係，卻也不知不覺中失去了自主的能力。他們不太清楚自己要的是什麼，想藉由戀愛來摸索探求，殊不知卻在其中一步一步地喪失了原本的自己；他們不太滿意這段關係，時常發生衝突，卻又常常原諒對方，害怕孤單而不捨離開。

整合你我式的愛情

「我知道，自己生活的價值逐漸變得以這個家為中心了……我試著更了解老公和女兒的需要、而不是只想到我自己而已……我不知道這些改變，是不是影響了我的想法、是不是影響了我自己本身……也許我看到了更多隸屬於這個群體一部分的自己，看到了我不只是一個單一的個體……畢竟我將自己的一部分放置到這段關係中，而這段關係某種程度上也反映了部分的我……」

在翠西的研究中，有一半以上的人（54.2%）都被歸類到這種整合式的愛，這些人在戀愛的過程中吸納了一部分對方的特質，同時對方也受自己的特質影響，彼此關係親密、滿意度也最高，願意提供對方回應與支持，而且在關係面臨威脅的時候，會選擇保護伴侶、維繫關係。

帝國主義式的愛情

「其實我必須說，除了與對方協調彼此的行事曆之外，我的價值觀和行為並沒有太大的改變……這是一種挑戰，我們的確曾經為一些事情產生衝突或意見不合，但這並不影響我所做的事情或信念……」他說完這句話之後，就從牛仔褲右後方的口袋拿出打火機點著香菸，一副沒什麼興趣的樣子。

這些人傾向保持完整的自己，也像帝國的君王般主導關係，進入一段戀愛並不會使得他跟從前有太多的不同，只是連帶付出的代價是，他們的滿意度最低，也最容易分手。翠西的研究發現帝國主義式的女性較少原諒其男朋友，而帝國主義式的男性則不太回應女朋友的需求，是一種吵得少但分得快的戀愛模式。

簡單地說，並不是每個人在關係中都會與對方同化，也不是每個人都期待找到平衡點。對「沒收自我式」的人來說，愛情幾乎是生命的全部，所以他們寧願犧牲委屈自己，以圖保全愛情；對「帝國主義」者來說，有沒有愛情好像不是那麼重要，他們更在乎的是他們自己，並且為了保存自己的完整性，可能直接或間接地侵略、傷害伴侶。三者之中，只有整合你我式的愛情能夠長久且幸福。研究也發現，即使是整合型的人受到批評，他們也會設法緩解這些批評的負面效果。

總而言之，**就算我們的愛常是如此地不對等，仍有些人選擇承受，有些人試圖調整，還有些人，在不知不覺中支配對方、忽略衝突與逃避問題**[3]。

愛情空調：從熱戀、陪伴、到平等

我們從感覺消逝的不同階段、愛的不同成分，談到感情中的社會交換，一直到最後提到三種不同的感情類型，可是好像怎麼談，都只談到愛情的一部分，為什麼呢？

我一向很喜歡用「空調」做比喻來回答這個問題。如果你曾注意到公共場所的空調，你會發現這些機器，會聰明地隨著儀表板上呈現的溫度來調整風力與冷度。當室內溫度太高的時候，會加強風力，溫度太低時則減弱風力。只是有時候，空調的測溫儀也會故障，持續地呈現30度的高溫或16度的低溫，這個時候，機器便會賣力的吹送或悠閒地休息，室內溫度也隨之「過冷」或「過熱」。

愛情也是一樣的。這些理論之所以難以捕捉到愛情的全貌，是因為在戀愛中的兩個人「持續地」調整步伐，對自己，對關係，甚至對未來，在不同的時期都抱持著不同的看法與期待，我們也會因應當時的看法，做出不同的行為與反應——雖然這些看法不一定真實地反映這段關係。

就像空調的測溫儀有時候會故障一樣，我們的伴侶有時候也會做出傷害我們的事情，但是，大多數的時候，對方不是蓄意的，只是他眼中所看到的世界、所感受到的溫度與我們不同，也因此，他以為可能對彼此都好的方式，反而讓關係變得更糟，而你必須承認的是，**有時候你也會做出相同的事情**⑮。愛情的研究與心理學理論並不是要提供一個完美的預測與解釋，而是想要知道在伴侶互動的過程中，究竟發生了什麼？改變了什麼？什麼是我們踏出讓步的起點？又什麼是我們所堅守關係的最後一道防線？

一位心理師曾跟我分享一句話：「我後來發現，感情能長久，其實沒有什麼祕訣，只是在風風雨雨中，找到一個跟自己步調相仿的人。」正因為愛情是如此複雜多變，更值得用我們一輩子去學習、去相信、去嘗試。走過熱戀，走向陪伴，牽起手感覺彼此的需要，邁開腳步平衡關係裡的拉扯。如此來，在每次與伴侶的互動中，彼此的心就能更靠近一些、更懂自己一些。

註解

❶事實上現今已有許多學者主張不是「兩階段」，而是兩種愛並存，只是前期由激情愛主導，後期則由伴侶愛主導⑲，為行文簡便易懂故僅粗略區分之。

❷需要注意的是，這邊指的當事人「覺得」（Perceived）自己付出或獲得多少，對方又付出或獲得多少。也就是說，很可能一個人口口聲聲說自己付出好多好不公平，事實上他自己才是在關係中付出較少的一方。

❸如果你是「沒收自我」式或「帝國主義式」愛情的受害者，推薦您閱讀日本心理學家伊東明的作品《愛，上了癮：撫平因愛受傷的心靈》一書當中的一、二章⑳，或許會有一些幫助。

❹本書中的所有測驗為求簡便，都是經由長版本的量表進行縮減修改，各種分數指標僅供參考。若對彼此的相處關係有興趣，請諮詢約專業的心理師進行進一步的評估；若欲引用量表進行研究，建議上網索驥延伸閱讀的原文，使用標準化的測驗。

延伸閱讀①－⑳相關內容，請參閱大真文創出版公司網站http://www.bigtrue.com.tw/about-love/research/。

屬於你的愛情三元素

在了解史騰伯格的愛情三因論：親密、激情與承諾⑯之後，想知道自己與伴侶之間的感情剖面為何嗎？下頁是愛情量表簡短版，請將底線處想像成是伴侶的名字，然後在方框處填入該項敘述符合你的程度分數❹。

從未如此	幾乎沒有	較少如此	有時如此	經常這樣	總是如此
1	2	3	4	5	6

當然，你也可以不寫在書上，另外找一張紙來填，這樣你的伴侶也可以一起寫、一起討論（注意寫的時候不要互相影響喔）。此外，過一段時間再填一次（如果你這本書還在的話），或許你也會有不同的發現！算完分數之後，就可以看簡易解測或上網看詳細解說（網址：http://www.wretch.cc/blog/hanason/10768870）⑰！

★簡易解測分析★

讀者可先到左頁做答，再回到本頁解測分析。

解測方法：將1,4,7,10題的分數平均起來，就是你「親密」元素的得分；2,5,8,11題的平均則是「激情」元素。「承諾」元素的計算比較複雜，是用7分減去3,6,9,12題平均數。在一般的大學生情侶中，「親密」的平均是3.79，「激情」是3.83，「承諾」則是2.84⑱。

愛的練習題：

1.（　）我們彼此能分擔憂慮、難過的情緒，也能互相幫忙給予安慰。

2.（　）我只要注視著______，心裡就感到十分滿足、快樂。

3.（　）我還不想那麼快就和______定下來。

4.（　）當我感到失意難過時，______能適當地給我支持。

5.（　）______的話語舉動，常常占據我的大腦和心思。

6.（　）我仍在觀望，希望哪一天能碰到更好的對象。

7.（　）我們相處時，我常常感受到溫暖和愉快。

8.（　）______不在身邊的時候，我仍會常常想到______。

9.（　）我現在其實還不確定，______會不會是我的終身伴侶。

10.（　）我和______總是有說不完的話，我有心事也會跟他說。

11.（　）只要見到______，我就會感到相當興奮快樂。

12.（　）我有時搞不清楚自己是真的愛______，還是只是習慣兩個人在一起的感覺？

親密	激情	承諾
總分______ 平均______	總分______ 平均______	總分______ 平均______ 7－平均______

Chapter 4 愛情進化論［貳］

關於愛情的三個重要階段

「第一次見到學長，是在系上的迎新宿營。雖然，大家都穿著一致的營服，他獨特的穿搭方式還是讓人印象深刻：後俏的髮型，修身的卡其色七分褲，與質地良好的勃肯鞋，幾乎很難讓人不注意到他。後來我們分組進行活動，他剛好擔任我的小隊輔，那時我心跳得好快。不過真正跟他相處之後，發現他其實是一個很風趣、親和的人，並不像外表看起來酷酷、木訥的樣子。

營期第一天晚上，我們大家聚在同一間房間裡玩牌、喝酒、聊天，結果我迷迷糊糊之中就睡著了，醒來的時候發現他的鼻尖和我離不到五公分，正沉沉地睡著、呼吸著，我瞬間就把臉轉過身去，因為我很少跟男生這麼親近過，周圍的空

氣突然變得好稀薄，肺好像一瞬間往上縮小了好幾倍一樣。

開學之後，學長下課時，偶爾會約我一起吃中餐，假日有時候跟同學一起到他家討論經濟學作業，才發現他跟我有好多地方都好像啊！比方說，他跟我一樣喜歡席琳狄翁的作品、把家裡面擁有的古典音樂跟書籍當作寶物、定期會去注意一些藝文訊息、每天花好多時間在整理自己的發票，記帳，安排生活等等。

有一次他打電話給我，我們從晚上十點聊到隔天的十點，好像永遠有講不完的話題、說不完的事情，然後一整個晚上我們都笑得肚子好痛，我一邊在床上翻滾說：「是不是該睡啦」，一邊又捨不得掛電話……後來常常見面，就不知不覺地在一起了……。那時候真的有一種相見恨晚的感覺，他很了解我，我也很了解他，我們好像上輩子就認識了。就像是異國旅人在開往阿姆斯特丹長途旅行的火車中偶然相遇，那一種宿命性的邂逅一樣……

可是後來，我們卻變成彼此最不想見面的敵人。我在學校都要躲他，他走在路上遇見我也假裝沒有看到……我到現在還是不懂，為什麼原先好像一拍即合的我們，最後會變成最熟悉的陌生人……」

為什麼我當初會愛上他？曾經相處得很好，彼此的個性很合，有說不完的共同話題，就永遠不會分開嗎？會不會我腦海裡的一見鍾情，終究只是一種一廂情願？究竟，哪種人才是適合我的人？

對於生命中的「另一半」，我們常常懷抱著很多疑問，卻總是缺乏一個滿意的解答。在本章的一開始，我想先邀請現在正拿著書的你，試著思考並回答下面這些問題。如果你是不小心翻到這章，可以檢視你對愛情的「直覺」是不是正確，如果你已經讀了前面三章，也可以比對一下那些看過的東西在你腦袋裡還留下多少。

愛情常識診斷

Q1：剛認識的時候，是什麼決定你們會不會在一起？

Q2：到底是相似的人會在一起，還是互補的人會在一起？

Q3：在一起之後，是什麼決定你們會不會結婚？

Q4：當朋友說「他和另一半總是能互補彼此的需求」，我們應該相信嗎？

Q5：常常聽人家說「談不談得來」比較重要，那怎樣才算「談得來」呢？

愛情的三個階段

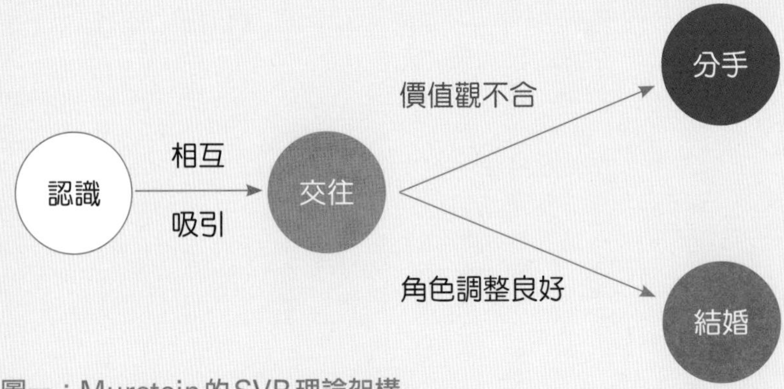

圖一：Murstein的SVR理論架構

當我們面對有關愛情的問題時，常常要放在心裡的一個提醒是：「**永遠不要期待一個簡單的答案**」(Never expect an easy answer)。

本來我們實驗室幾個夥伴曾討論過，是不是要像參考書一樣，有一份解答來讓你「一題一題」核對，不過我們最後決定放棄這樣的想法。因為如前面所說，這些問題通常不會有一個簡短的答案。並且，這些答案可能會隨著你遇到的對象、談過戀愛次數的多寡、幼時父母間的關係，甚至父母與你的關係等等多項因素而有不同的結果。因此，我們希望能採用另一種方式：和你一起從比較高的角度來理解一段感情的「開始與發生」，然後讓你自己對這些問題，重新形成「專屬於你的」答案。

談過幾次戀愛的你，可能很清楚，對一段戀愛關係而言，最顯而易見的三個階段是：認識、交往、繼續一段長期的關係（結婚）或結束關係（分手）（圖一）。

「關於感情發展階段的說法有很多啦，比方說，兩段論、三段論、四段論甚至到N段論都有人主張，不過重要的似乎不是可以分幾個階段，而是在階段與階段之間，到底是什麼改變了？又是什麼影響了我們的決定？」在某次的討論中，我們老師曾經提到這樣的想法。

早在半個世紀以前，康乃狄克大學的莫斯汀教授（Bernard I. Murstein）就提出「刺激－價值－角色三階段理論」（Stimulus, Value, Role Theory）試圖回答這些問題①。莫斯汀想知道，在不同的戀愛階段間，到底是什麼東西改變了一個人對戀愛的期待，又是哪些互動方式的改變有利於關係的延續。他發現，大多數人的戀愛關係都需要經過三個階段的變化：**刺激**（Stimulus），**價值**（Value），**與角色**（Role）。

在一開始相識的「刺激」階段，對方給予我們的印象，包括感官刺激與對話時的感受，幾乎決定了我們是要「互留臉書手機」或是「謝謝再聯絡」；如果順利約會幾次、聊過一些心事，就比較容易對彼此的想法與價值觀形成一些概念，也比較能評估是否值得跟這個人展開「持續性的相處」。如果聊天時覺得對方和自己聊不來，或相處的時候發現有很多觀念與想法相左，或許就只適合當朋友。嚴重不合的，可能會把對方「列入拒絕往來戶」，這就是「價值」階段的考驗。

開始交往之後，可能會面臨許多磨難與挑戰，包括角色的期待與自我的調整。你可能會問自己一些問題，例如：「在這段關係裡，我快樂嗎？」、「我喜歡現在的位置嗎？」、「他真的有扮演好我期待中男／女朋友的角色嗎？」、「現在和他在一起似乎沒什麼不好，只是……是不是還有更適合我的人？」等等，評估自己與對方的「角色」是否符合彼此的期待。

這三個階段是否能成功蛻變，則決定著一段關係是不是能持續、能持續多久？

關係的進展與「空間轉換」的現象

在討論這三個階段之前，莫斯汀建議我們先從關係的「空間轉換」談起。他認為一段戀愛中最明顯的變化，就是兩人的相處方式**從「開放空間」到「封閉空間」，再回到「開放空間」的過程**（**"Open" and "Closed" Fields**）。

我曾經看過一部卡通小短片，描述一個高中男生搭公車時，不經意地將焦點放在身邊可愛的一位女高中生身上，男生想像著她的筆不小心掉落到地上，自己彎下腰幫她撿起來，卻不經意地碰到她的手，她青澀地臉紅，抬起頭來才發現彼此有些眼熟，稍微對話之後，才察覺他們兩人們竟然巧合地在同一個補習班上課，也因為這樣展開了一段戀情……

這些「幻想式的邂逅」雖然浪漫，但在現實中發生的機率卻不如預期地高。如同前面幾章提到的，電影、小說或偶像劇常常誇大愛情中浪漫的部分（如異地巧遇、偶然撞見、許多次擦身而過的緣分等等）。這些劇情滿足我們對愛情的期待感，看著這些甜蜜美好，渴望戀愛的需求便暫時被滿足了。只是這些浪漫的期待，常常也只是期待而已。事實上大多數的時候，我們都會循著一種模式：從公開、封閉、再到公開。一開始大家常是在一個「公開」的場合（學校、補習班、工作場所、營隊活動、舞會派對、朋友婚禮等等）認識自己感興趣的對象，透過幾次聊天或交談之後逐漸建立一些了解和信任，然後參加「小一點」的聚會（比方說，跟比較熟的幾個朋友出遊、一起喝下午茶等等），一直到彼此更熟了之後，開始「單獨」地約彼此見面，將場景轉換到「封閉」的場合（相約看電影，一起用餐，或是到對方的家中或宿舍參觀等等）。

交往了一段時間之後，雙方開始會分享自己的朋友圈，向彼此的朋友們介紹「這是我的女朋友噢！」或是「他是我老公，這邊這些是我的好姊妹……」等等，再一次地回到「公開」的場合。雖然不見得所有的人都習慣替伴侶自我介紹，但涉入彼此的生活圈似乎是加深彼此關係的必經過程②③。

需要注意的是，這裡的「開放／封閉空間」有兩層意思：一是前面談到的「實際物理空間」，比方說，你們相遇，見面或約會的場合；另一方面是指「心理空間」的開放或封閉。這個概念比較複雜，讓我們先看看下面這個小故事：

「其實一開始也沒什麼的，只是在活動那幾天，我有特別注意到他。他講話很好笑，雖然我的普通話不是很好，可是他講的東西常常都能打中我的笑點喔……噢！還有他很體貼，我們一群人去蘭桂坊[1]的時候，因為是斜坡，地板上又鋪了凹凸不平的磁磚，他問我說，穿高跟鞋會不會很難走，要不要走裡面平坦的地方，我心裡覺得還好的，因為鞋跟也不是很高，而且平常走習慣了，可是因為感受到他關心我，我還是很開心。」

有一年我們去參加兩岸三地的心理系交流活動，其中安排了到香港各地走訪的行程，蘭桂坊即是其中的一站。回到台灣一陣子之後，朋友小嘉就捎訊息跟我說，她跟那個體貼的男生在一起了。雖然小嘉認為那是因為活動結束後，這個男生還會到她家做菜給她吃，但不可否認地是，他們在一開始時彼此就有好感了。

從這個例子中我們可以看到一個有趣的現象是，雖然，我們最初見面的時候，常常是一群人，但在這些人當中，總有一些人比起其他人更能引起我們的興趣，這時候我們的注意力就被縮小了。隨著逐漸認識的過程中，我們也傾向將自己的心從開放（注意整個活動參與的人），到半封閉（只關注幾個與自己相似的人），然後到封閉（眼裡只有他，因為他已經走進你心裡了）。

不過，人是社會性的動物，終究不能只仰賴愛情而活，所以我們又藉由彼此的朋友逐漸擴展交友圈、甚至一起雙人約會等等，重新回到開放的狀態，認識更多的人——儘管伴侶的朋友最後不一定真的也能變成你的朋友④。

總之，關係的發展是一個動態的歷程，我們在其中逐漸改變彼此朋友的組成方式、關注的焦點、甚至對自己與對伴侶的看法、然後慢慢變得互相依賴（Interdependence）⑤。

單身的時候，我們總是相對地關心很多人、事、物；找到另一半之後，則投入較多心力在自己深愛的人身上；在你還沒有喜歡的人時，家人或朋友會影響你很多，一旦當你開始談戀愛了，他們的影響力可能都不及你的伴侶⑥。

簡單地回顧「空間轉換」的概念之後，就可以進入莫斯汀三個階段的討論。

首先，我們來談談主導關係開始的因素：刺激。

一、刺激階段（Stimulation）

第二章在討論吸引力的時候，曾舉了不少例子說明，究竟什麼樣的人，在茫茫人海中最能吸引我們的眼睛。我們花了很多時間討論外貌吸引力，因為它是所有外在刺激中最為明顯的一項。但是，刺激階段所給我們的印象並不只是透過視覺而已，還包括由聽覺、嗅覺等多項感官所得到的

「滿足感」，也就是你還沒有跟對方說話、通信，或者任何溝通的時候，對方留給你的印象。這些印象將影響你是否願意跟對方繼續聯絡。簡單地說，臉蛋⑦⑧、聲音⑨、身材⑩、語言文字⑪與身體氣味⑫等些刺激都會影響我們「開啟」或「維繫」一段關係的意願。關於外表與行為的部分第二章已經討論很多了，在本章，我們將討論比較有趣的研究——關於「聲音」與「氣味」。

(1)聽覺：抓住心跳的頻率

網路上流傳著一篇文章，談到幾位4到8歲的小孩對愛的定義⑬。當你仔細瀏覽過這些小孩的話之後可能會感嘆，有時候我們對愛的了解，還不如4歲小孩來得純真、深刻、貼近人心。其中一句讓我印象深刻的是：

「當有人愛上你時，他們呼喚你名字的方式也會不同。你就是知道你的名字在他們嘴裡很安全。」——Billy，4歲

著名心理醫師高登．李文斯頓（Gordon Livingston）的孩子，六歲時就因病去世，他在臨終之前也握住父親的手說：「我喜歡你的聲音」⑭。

或許**我們都太過注意外表，有時忽略了聲音也是表達愛的一種重要方式**。在幼兒發展的初期階段，聽覺的發展比視覺來得快許多，哺乳類動物通常在還沒睜開眼睛之前，就學會用耳朵感知世界。

不過什麼樣的聲音是讓人覺得舒服的刺激呢？加州大學的學者荷吉．賽門（Hodges Simeon）等人回顧了過去的研究，指出**「低沉」的男性聲音通常能吸引較多女性。但後續的分析卻顯示，重要的不是聲音的頻率，而是聲音的穩定性**。他們發現，聲音穩定的男生，在過去一年中有比較多的性伴侶⑨。

那麼，是什麼原因讓穩定的聲音具有吸引力呢？賽門推測，通常一個族群中的領袖或掌權者，是較為穩定、較能賦予人安全感的。如果一個人講話忽高或忽低，通常表示他容易受情緒影響，危機出現時容易被驚嚇，音頻突然升高；沒自信時又降低聲音頻率，而這些都不是許多女性期待的「有安全感和肩膀」的男生。

(2)嗅覺：致愛「吸」引力

另一個重要的刺激是氣味。有一次我跟朋友聊到她擇偶的標準：

「你喜歡怎麼樣的男生呢？」我問。

「嗯……怎麼說呢，看感覺吧。」她一邊撥撥耳際的頭髮說著。

因為我幾乎每次問身邊朋友這個問題，都得到類似的答案，所以熟練地繼續追問下一個問題。

「比方說，什麼樣的感覺呢？」

「我想想看喔……我對接吻很敏感。不知道是不是只有我會這樣，但是有時候一個吻，就知道這個人對不對了。」她這樣說的時候，我一度以為她想表達的是民間常說的一種通俗理論：「接吻時如果對方沒有閉上眼睛，就表示他並不愛你」。

但她的回答卻讓我十分驚訝。

「例如：有的人吻起來會散發出青草的味道，有的人會有薄荷的香氣。不是口香糖或香水什麼的，是一種更深層，更個人性的味道。但我也親過充滿『肉味』的人，感覺很不舒服。遇到那種情況的話，就算認識再久，也只能退回成朋友關係。如果對方沒有辦法接受，就可能連朋友也當不成了。」

她描述的方式好像在講一件理所當然的事情一樣，我卻完全沒有辦法想像。她說的是真的嗎？還是她自己的「想像」而已？雖然，我這個嗅覺靈敏的朋友並不能代表所有的人，但真的確有心理學家做了氣味與戀愛的研究。

美國費城莫內爾化學感官中心（Monell Chemical Senses Center, Philadelphia）的朗斯通（Lundstrom）與他的合作夥伴邀請20位未婚的異性戀女孩來進行實驗，並請他們提供要好的同性、異性朋友，以及男朋友的衣服。有趣的是，這些衣服都得經過特殊的「處理」：他們的朋友及男朋友為期一週，都得穿著腋下貼有「護墊」的實驗專用特製白色T恤⑮。

一開始，實驗者用一種特殊的刷子沾染「護墊」上的氣味，然後請熱戀中的女孩分辨這到底是誰的味道。朗斯通原先的想像是：「愛的越深的人，應該越能分辨出刷子上的氣味究竟是不是男朋友的。」很可惜的是，結果跟朗斯通想得不太一樣。他們發現，愛男朋友的女孩，辨認男朋友氣味的能力並沒有比較好；不過，她們區辨身邊異性好友體味的能力的確變差了——變得無法區辨眼前的衣服，究竟是好友A的，還是好友B的——而且，愛得越深的人表現得越糟。朗斯通指出雖然戀愛的魔力不足以使女人變成「辨味大師」，但當女人越愛一個人、越將注意力放在他的身上，將削弱她區辨其他味道的能力。說得矯情一點，**女人是犧牲了自己原先擁有的某些東西，去換取愛**。

男生雖然也可能受到氣味影響，但可能沒有這麼「悲情」。一位有著深邃的眼睛與性感的鬍渣，長得很像布萊德彼特的美國心理學家強尼．麥勒（Jon Maner）也進行了類似的研究⑫。當單身男性參與者進到強尼．麥勒的實驗室時，可以看到桌上有一個密封的塑膠袋，裡面放的就是朗斯通實驗中的那種「貼身衣物」（只是這次穿衣服的人是他們不認識的女生），然後他們必須打開塑膠袋，貼緊口鼻「深吸」幾口氣數十秒，並測量他們的生理反應。結果發現，聞到「排卵期女性衣物」的男性，強烈地出現求偶時的賀爾蒙生理反應，但是聞到「一般的女性（非排卵期）」或「新衣物」者則沒有反應。更有趣的是，已經「死會」（有伴侶）的男生並不受到「排卵期女性衣物」的引誘，生理反應「不增反降」。

簡單地說，男性可以用嗅覺「偵測」到女性的求偶訊息，並依照自己目前的關係狀態（是否有穩定交往的對象），做出適當的因應——雖然他們可能不見得意識到自己有這項能力。

總之，不論是視覺、聽覺或嗅覺的刺激，都會影響我們對人的感受，符合自己胃口的人將進入我們的口袋名單，看起來不太順眼的人則往往在第一局就被淘汰。不過正所謂「**交往與否靠吸引，關係長短看經營**」⑯，刺激扮演的角色往往只在關係最開始的時候，接下來要處理的問題，是兩個人「合不合」。

二、價值階段（Value）

怎麼知道兩個人的磁場到底「合不合」呢？美國德州大學奧斯汀校區的莫莉・愛爾蘭博士（Molly Ireland）曾利用第二章提到的速食約會，進行一個「神乎其技」的研究，或許可以部分回答這個問題。她認為，所謂的「磁場」或「合不合」，或許是兩個人在對話時的一種「感覺」。溝通是相當複雜的，兩個人面對面或肩並肩的聊聊天，並不一定真的能讓雙方都感到舒服與快樂。

相信你有種經驗是：跟一個人一起出去玩、坐在同桌共餐、或走在一起，卻不知道該說些什麼，場面很尷尬，很冷。當然，你也可能有另一種經驗：見面時，幾乎都是對方在講話，雖然，感覺比不講話或沒話題好些，但同樣也容易覺得壓力很大、更容易讓你覺得，對方是不是習慣只將注意力放在他自己身上，而不考慮你的感受。還可能有第三種情況：兩個人都有說話，但完全像頻道不同的兩個人在聊天，怎麼談都搭不上線。這三種情況，都是我們常說的「話不投機半句多」。

莫莉的速食約會實驗中，把雙方談話的內容經由轉換成數據，結果發現，兩人說話風格越相似，越有可能「配對」成功。她後續的實驗也發現，說話風格相似度（Language Style Matching，LSM）較高的情侶，通常能維持較長久的關係⑰。在這一段談話內容中我們可以窺見，那些「成功的組合」也喜歡相同的事物、有雷同的價值觀和看法，也就是我們第二章談到的「相似性」。

我們可以把莫莉的研究想成是連結「刺激」和「價值」階段間的橋梁。初次跟對方談話的時候，很容易感覺到彼此的「磁場」合不合，這種「磁場的知覺」一方面是源自於對方給你的刺激（他說話的聲音，手勢，散發出的氣味等等），另一方面則是取決你們的互動過程。

當兩人開始進行對話溝通之後，影響關係的因子就逐漸由「價值」來掌控。人類是很敏感的動物，我們可以很明顯地感受到對方是支持或反對自己的看法。當對方也同意我們的價值觀的時候，我們也容易對他產生好感（例如：我喜歡聽孟德爾頌的音樂，對方竟然也能舉出好多首他的曲子，就會有一種親切、巧遇知音的感覺）。

在一個偶然的機會下，我與一位女孩一起聽一場演講，在台下我們一邊傳著紙條聊天，一邊互相交換對於台上報告者的意見。剛開始她很害羞，我們的對話通常只有簡短幾句就結束，說出來的句子也大多是「封閉句」（Close Sentence）[2]。後來，她說她討厭許多研究都是只用量表進行，缺乏實驗操作基礎的時候，我回應她我也不喜歡這樣的研究。幾乎是從那一段對話之後，我們開始聊了更多有關自己、研究、與喜歡的東西等等的看法，她也變得比較願意分享她的想法，並談到更多深入的部分。

在價值階段，意見交流等價值觀的互動是加深兩人關係的重要方式，此時透過口頭讚賞、支持對方的看法與價值觀、彼此肯定可以大幅增加彼此的好印象——當然，你的讚賞必須是真心的，**因為真心的讚美才能讓人感到真正的溫暖。**

幸福著你的幸福

「當你告訴某人你的一些壞事，並且害怕他們會不再愛你了，你驚喜地發現他們不但還愛你，而且還更愛你了。」——馬修（Matthew），7歲⑬

我們或多或少都有馬修的經驗，都曾害怕深愛的他，會因為知道自己的一些缺點而離開自己，所以一些比較奇怪的偏好或習慣，一些敏感或可能傷及關係的話題，我們會選擇隱而不說（Topic Avoidance）⑱⑲。表面上是避免傷和氣，其實是怕說了之後，對方會予以否定，到頭來受傷的是自己。

不論是訴說好事或壞事，我們都需要別人的肯定。羅切斯特大學（University of Rochester）的教授哈利．瑞斯（Harry Reis）等人⑳的一份研究報告就顯示，當伴侶真誠地回應你跟他分享的好消息時，你會更喜歡跟他在一起，更願意跟他分享你自己的事情，而分享（Sharing and Self-disclosure）㉑本身，又是讓感情增溫的關鍵過程。

在分享自己覺得重要的事情與被肯定的過程中，我們逐漸降低對外在世界的防衛心。當我們的想

法受到肯定，或我們肯定伴侶的想法時，都能讓我們更愛彼此，更覺得彼此是緊密地連結在一起的。

反之，如果伴侶處處跟你作對，你可能會反過來問自己：「**為什麼我要跟一個不喜歡我的人在一起？**」雖然，對方只是不同意你的說法、只是跟你抱持著不同的意見，並非討厭你這個人，但因為「被肯定」和「自尊」是緊緊相依的，所以我們常常會以為，不認同我們看法的人，是因為討厭我們，才跟我們唱反調。

舉一個心理系朋友阿肯的慘痛經歷。阿肯很少跟他女朋友吵架，並不是因為他很厲害，而是因為對方很會包容和忍耐。第一次吵架是因為一部「不存在的相機」。那時阿肯和她一起到學校附近的一家麵店用餐，阿肯在描述一篇研究的結果，舉了相機當例子，他們卻因為這個例子冷戰了好一陣子。

「……比方說，男生可能對相機的功能比較在乎，女生則是比較關注相機的外表……」

「可是我覺得不一定耶……」

「因為一般來說，男生好像在攝影方面都比較專業。」

「真的嗎？你有證據嗎？」她聽到阿肯說這句話，表情突然變得嚴肅起來。

「你看那些攝影師不都是男生？」阿肯隨口接了這句。

「那是因為這社會本來就重男輕女好不好！男生擁有比較多的資源去學攝影啊！又不是男生攝影就比較厲害……」她講到這裡，已經把兩手交叉在胸前，準備起身離開，桌上的麵才吃了兩口。

「妳在做什麼啊，只是一件小事情而已啊……」

「你覺得是小事，但我覺得不是！」說完她已經氣哭到眼眶都紅了。

阿肯說，那時候他覺得女朋友簡直就是在無理取鬧，為什麼要為了這麼小的事情跟他爭吵。後來他們談了很久才知道，這個小事牽涉到的其實是背後更大的價值觀體系——阿肯有性別刻板印象，甚至有點大男人，她卻討厭這樣的價值觀——而且價值觀不同，造成的傷害常常是穩固且長久的。「討論相機」這種**與個人價值觀緊密連結的生活細節，則很容易成為關係中「地雷的引爆點」**。因為這些信念，都跟隨著阿肯、他的女友，及我們成長多年，難以被挑戰，且一被冒犯就會吵個沒完。

總而言之，一開始我們可能因為對方的外表被吸引，但是如果話不投機，也難以繼續；「市面上」一些交往數週到一個月的情侶，有的就是通過了「刺激」階段的檢核，卻過不了「價值」階段的考驗。

三、角色階段（Role）

好不容易經歷了前面的兩個階段，是否能順利步入結婚禮堂，還得看雙方在關係中扮演的角色是否能「符合彼此的預期」。第二章曾經提到互補的概念比較複雜，主要的原因是：**互補牽涉到「兩個人」對關係的看法**。

麥吉爾大學（McGill University）的珍妮佛．奧布（Jennifer Aube）曾做了一個「信封研究」，一語道破**「互補的真相」，其實就是角色之間的調整而已**[22]。她在報紙上刊登廣告，徵求願意參與研究的伴侶。珍妮佛將問卷放在兩個信封中分別寄出，請參加研究的男方和女方填寫，問卷的內容大多的題目是詢問他們對性別角色的期待，例如：是否認同「男主外、女主內」的價值觀、是否同意男人就是該「剛強」，女人就是該「脆弱」的刻板印象等等，請他們填寫完之後寄回來；並且在十五個月之後，再調查一次，順便問他們是不是在這段時間中，是否願意為了對方而改變一些習慣和堅持。他發現，雖然這些都是一些偏頗的題目，也充滿了各種社會的期待，但是對彼此性別角色期待相似的人，更願意對彼此的關係做調整、犧牲和改變。也就是說，如果你贊成「男主外、女主內」這樣的角色，你的伴侶也跟你一樣相當贊成（於是你們達到了前面談到的價值觀相似），那麼你們很可能更願意為彼此的關係付出，也會「以為」覺得你跟他相當「互補」。所以，**「角色分工」的互補，常常是以「價值觀相似」為基礎——不論這個相似的價值觀是否帶有偏見**。

有次我們一群人聚在一起聊天，朋友小平喝茫了，高談闊論地和在場的大家分享了一段話，讓我記憶猶新：「有兩種情況會讓感情陷入危機。第一種是：男方覺得女子無才便是德，不喜歡女友到外面拋頭露面，但女方卻堅持女人可以走出自己的路。還有一種：女方認為男生要勇敢、有肩膀、願意負責任，至少要讓人覺得可以依靠，要放一些心思在彼此身上，但她男友卻認為這些都不重要，主張應該各自打理好自己的生活。只要兩人想得不一樣，就難經營！」

雖然，小平這段話充斥著歧視與偏見，但是至少說對了一件事情是：**重要的並不是他想的或你想的究竟是不是事實。而是你們的心，是不是朝向同一個地方**。

讓我們再舉一個例子，重新看待「互補」與「角色」的關係。

當「大而化之」的子權，遇見「謹慎纖細」的語柔，就可以互補得天衣無縫嗎？答案是否定的，還要看雙方是不是「滿意」這個角色。

首先，子權要「喜歡」這個大而化之的角色（Personal Adequacy），第二，他也要覺得自己在這個關係中「的確有好好地扮演」這個角色（Perceived Role "Fit"），最後，這個角色還要在一定程度上符合整個社會對於性別的期待（Sexual Compatibility）。畢竟，我們是不是能結婚（尤其是在台灣），有很大一部分的確是受到朋友、家人及無形的社會輿論所影響的㉓㉔。

不過，以上才解釋完三分之一左右而已。語柔同樣要通過上述三點的檢核（另外的三分之一），而且雙方都還要「滿意對方」的角色，並覺得對方做得很棒（最後的三分之一）②。也就是說，**在互補的過程中，雙方必須「共同」覺得彼此扮演的角色都很不錯，只要任何一方在上面的任何一個環節出了錯，兩人的關係就可能產生問題，也影響到彼此的親密關係是否能繼續㉗㉘**——這就是為什麼相愛容易相處難，而要維持一段健康的婚姻更難。

我要為你做做飯

那麼，怎樣維持一段長久而幸福的親密關係姻呢？在回答這個問題之前，我想先提一個年代比較久遠的例子。我國中的時候，班上女生相當流行看言情小說。看這些小說的效果是：看著看著，自己也想寫了起來，然後寫完迫不及待地想給別人看，聽大家的評語。跟我還蠻要好的某個女孩就寫了一本「我要為你做做飯」的小說，還自己用鉛筆替小說畫了封面：一個女孩穿著圍裙拿著廚具，伸出舌頭擺出不二家Peko的表情。當她把小說交到我手上的時候，我問她說：「那誰來洗碗呢？」

「當然是一起洗啊，男主角摟著女主角的腰一起洗。你不覺得很幸福嗎？」她像是在說明，大象一定比烏龜重之類的常識似的，理所當然地張大眼睛對我說。

「女主角幫男主角做飯，然後兩個人一起洗碗。你不覺得有些不公平嗎？」我還是不太懂。

「厚，你很不浪漫耶。因為女主角喜歡男主角啊，多做一些沒有關係的。」

現在回想起來，當時那位女孩似乎只說對了一半。戀愛的時候，好像所有的事情都自己做也無所謂，只要對方開心就好了。實際上，進入婚姻之後，這並不是長久之計㉕－㉗。如果大家都搶著煮飯，那誰來洗碗呢？如果兩個人都想陪孩子玩，那誰陪孩子寫作業呢？

很多人都因為很愛很愛彼此而結婚，但不幸的是，過去的婚姻研究一致地發現，隨著結婚的時間越長，關係滿意度越低㉘－㉚。一位研究親密關係多年的學者曾說，婚姻關係的滿意度會隨著第一個寶寶出生而有小幅上升，只可惜這段上升斜線，短到在座標上都無法標記[3]。

真正進入婚姻，要考慮的事情會比想像中複雜更多。輔仁大學的陳富美與利翠珊老師用了相當複雜的統計方式調查了309對台灣夫妻，將他們分為五種類型：「你儂我儂」、「相看兩厭」、「一廂情願」、「歡喜冤家」及「矛盾怨懟」型㉗。結果發現，「你儂我儂」的夫妻最有默契，占的比例也最多（32.8%），他們都願意為彼此付出，對於婚姻中的分工有一致的看法，也都願意參與家務的分工。「觀喜冤家」排行第二，這類型的丈夫雖然嘴裡碎碎念，還是會分擔一些教養孩子的家務，兩人的關係狀態也還可以接受；其他的夫妻不是一方覺得都是自己在做，就是不滿意自己在這個婚姻中所扮演的角色。總而言之，不論兩人談了多少戀愛、擁抱過多少甜美回憶，一旦踏入婚姻，就不得不把角色、義務、分工都納入考量。

一世的恩情

「當我的奶奶得了關節炎，她不能彎下腰塗指甲油，所以我的爺爺一直幫她做這件事，即使他的手也得了關節炎。這就是愛。」—— Rebecca，**8歲**⑬

雖然我們不能否認分工對於任何合作關係都是重要的一環，不過我們必須記得一件事情是：**台灣人是相當強調「恩情」的**。換言之，先生對妻子的好，她可能不會說出來，但是心裡會默默地記得，然後找機會報答先生。

可惜的是，目前台灣的婚姻狀況，有些男人還是認為「自己提供的資源」比較多，或者至少男人們「覺得」已經賺錢養家了，家務就「應該」由妻子來做——不論妻子是否也在工作。

針對這樣不平衡的現象，陳富美老師在「應用心理學」期刊上寫了一段有趣的話：「**如果先生們希望得到太太較多的情感回饋，回家還是做點家事比較好**」㉖。因為「丈夫做家事」雖然不符合部分人對夫妻關係的期待，卻能讓妻子感受到：**先生是在乎自己的辛勞、在乎這個家的整潔、在乎孩子的成長，並且，肯定自己對這個家的努力。也就是說，「大家」怎麼想固然重要，但另一半怎麼想，則更為重要。**

冥冥之中的定數：緣分

用一段話來囊括莫斯汀的理論就是：一開始的時候雙方容易受到對方的外表，聲音，行為舉止**吸引而在一起，但相處後若發現價值觀相差距太遠則容易因為「個性不合而分手」；即使進入婚姻，**

如果不能有效地互補分工合作，也很難擁有長久的幸福㉛。但是這樣解釋台灣人的戀愛與婚姻，似乎還有一點不足之處，到底是少了什麼呢？

這個小缺陷可能就是「緣分」。世新大學張思嘉老師與中央研究院的周玉慧老師，曾於「本土心理學研究」訪談五十對新婚夫妻，並問他們對「緣」的看法㉜。下面是幾位參與者的回答：

「什麼是緣分喔？像我跟你就很有緣啊，不然這麼多人，你怎麼會訪問我。我覺得很多人與人之間的經驗都是非常珍貴的，就像「哪一夜，我們說相聲」之中嚴歸對鄭傳說：『能夠在同一個空間裡面相聚，就是一種特殊的緣分。』天底下有這麼多男男女女，我和她就像是抽籤一樣地相遇，你說這不是緣分是什麼？」

「緣分就像老天爺給你一粒沙子，只是能不能滾得大，全看兩個人的造化。有時候兩個人配合得很好，滾著滾著就變成珍珠了；不過也有人不小心滾進眼睛裡的，又刺又痛還會讓你淚流不止。」

「我覺得可能是上輩子欠他的吧！這輩子該我還他了。有人是來報恩的，有人是來討債的，但是這一生能相遇就是有緣。不論如何，一日夫妻百日恩，雖然有時我也在想，他壞習慣這麼多我可能忍不了多久了，但是一轉眼十年又過去，我還是留在那老鬼身邊沒有走掉。」❹

其實我們之前談到的所有戀愛階段，放在台灣的脈絡下都跟「緣分」脫離不了關係。許多受訪者認為，緣在關係發展的初期的作用最大㉜。也就是說，在「刺激」階段如果產生「有緣」的感覺，進展就會快速一些。

開始交往之後，「緣分」持續發揮它的作用，影響我們對事件的歸因。兩人互動時，若彼此意見相仿、相談甚歡，甚或有相見恨晚的感覺，便會將這樣的現象歸因為「有緣」或「投緣」，進一步表現出良好的互動，提升兩人關係，也就是莫斯汀所謂的「價值階段」。

可是到了婚後，如果伴侶不願意在衝突之處做出改變，並不是所有的人都會離婚，有些人還是「甘願做，歡喜受」，並安慰自己，這就是緣分，這就是命㉝。不過，需要注意的是，**相信緣分並不是消極地不去做任何改變，而是「接受」**。

接受什麼呢？接受「雖然我們能為關係做一些努力，但是這樣的努力最後是否可以修成正果，還得看對方、看老天爺是否也願意幫忙。」㉞**也就是說，我們比起西方人更多了一種「坦然」，或者可以說「在維持和諧」的基礎上去面對婚姻。**

文化與親密關係研究大師蘇珊．克勞斯（Susan Cross）蒞臨世新大學演講時，提到一個概念相當有趣：美國人大多希望找到適合自己的另一半，也就是希望對方是「天生」是適合自己的，反正如果相處不合了，再換一個就好了。這也是為什麼美國離婚率居高不下的原因，但是我們的研究發現，**相較於互相「適合」，東方人更相信彼此「磨合」。沒有一對戀人一開始就會一直幸福快樂下去的，本來就沒有完全適合自己的人，要靠彼此包容調整，關係才能延續**㉟。

讀到這邊，你可以再回到這章一開始的部分，重新回答那幾個問題，並檢視你自己的愛情：當初是什麼讓你們相遇，促使你們在一起（或為什麼沒有再一起）？交往之後，是什麼讓你們一起走了這麼久（或是為什麼分手）？又是什麼讓你們猶豫是否該結婚互許終生？這些問題的答案通常不只一個，而且也都會不斷地在後續的章節中提到，也希望你在翻到每一個下一章之前，都重新問自己這些問題。

愛情的圖像雖然難以描繪，但我們都試圖從身邊的材料裡面，歸納出一些新的體會。

告別的遺書書寫

再見　草莓甜甜圈　街角咖啡店　落下雨點
再見　黑白老照片　回憶電影院　埋進地面
再見　我們初識的那個公園
那天是誰先吻了誰　被誰遺忘的鞦韆
再見　那麼多名車名錶名鞋
最後我們只能帶走　名為回憶的花園
如果要告別　如果今夜就要和一切告別
如果你只能打一通電話　你會撥給誰

這是台灣樂團「五月天」的《諾亞方舟》歌詞，牽動許多人對末日的想像、省思與回顧。其中最扣人心懸的是這句：「如果你只能打一通電話，你會撥給誰？」

以色列的葛瑞特．畢爾鮑姆(Gurit Birnbaum)等人發現，當我們面臨死亡威脅的時候，容易想到自己的親密愛人，或者想要跟喜歡的人發展更進一步的關係㊴。因為跟周遭的人建立連結，使我們接受「雖然生命是有限的，卻有人可以記得我們，延續我們的價值，回憶關於我們的故事」。

在這個章節裡面，我們讀了很多理論，回顧了很多研究，但可能對自己曾經經歷過的幾段感情還是一樣感到模糊。這裡提供一個簡單的練習是：如果你明天就要離開人世，你會想跟妳身邊的人說些什麼呢？心理師李文斯頓也認為我們應該把墓誌銘當作人生經驗的練習之一，藉由遺書的書寫可以提醒我們，什麼對我們來說是重要的，也可以幫助我們回顧過去的人生和曾經的戀情，從開始、相處、甚至到延續關係的種種曾經⑭。

雖然東方的墓碑上只寫名字和家屬，但是我們還是可以練習寫一下遺書。回頭看看你的生活，看看到現在你曾談過的幾段戀愛、愛過的幾個人，哪一段最讓你印象深刻？又哪一段最讓你刻骨銘心？試想，假使現在你因病將不久於人世，卻只能在你臨死之前對一個你曾愛過的人寫下一段話，你會選擇誰？又會寫些什麼？

親愛的＿＿＿＿＿＿

＿＿＿＿＿＿＿＿＿＿＿＿＿＿＿＿＿＿＿＿＿＿＿＿＿＿＿＿＿＿

＿＿＿＿＿＿＿＿＿＿＿＿＿＿＿＿＿＿＿＿＿＿＿＿＿＿＿＿＿＿

＿＿＿＿＿＿＿＿＿＿＿＿＿＿＿＿＿＿＿＿＿＿＿＿＿＿＿＿＿＿

＿＿＿＿＿＿＿＿＿＿＿＿＿＿＿＿＿＿＿＿＿＿＿＿＿＿＿＿＿＿

＿＿＿＿＿＿＿＿＿＿＿＿＿＿＿＿＿＿＿＿＿＿＿＿＿＿＿＿＿＿

＿＿＿＿＿＿＿＿＿＿＿＿＿＿＿＿＿＿＿＿＿＿＿＿＿＿＿＿＿＿

註解

1 香港著名的山城，有點像台灣的九份，不一樣的地方是，蘭桂坊並沒有芋圓，取而代之的是聚集了大量的外國觀光客與酒店、夜店、Bar等等。

2 在諮商與人際溝通方面，問句有「開放句」和「封閉句」之別，前者如「你覺得這部電影給你怎麼樣的感覺呢？」或者「為什麼喜歡Jonathan Jackson的作品呢？」這種問法讓對方擁有更多表達自己的機會；封閉句則較簡潔，優點是可以瞬間獲得對方的看法，但是很快就會「聊到乾」。例如：「你喜歡吃甜甜圈嗎？」之類的問句，大部分的回答只可能是「喜歡」或「不喜歡」，也因此容易結束一個話題㊱。

3 其實孩子出生，給婚姻帶來的壓力遠大於快樂本身。一般來說，半數以上的媽媽會有短暫的產後憂鬱，較嚴重的會持續上一個月或更久；做爸爸的也會因為孩子的誕生，感覺到孩子「搶走了」伴侶對自己的愛。我們或許只能說，孩子是一種「甜蜜的負擔」㊲㊳。

4 內容經模糊化修改處理。

延伸閱讀①－㊴相關內容，請參閱大真文創出版公司網站http://www.bigtrue.com.tw/about-love/research/。

Chapter 5

可以想想我嗎？

同理心與原諒

這是一個晴天男和雨天女的故事。

男生的臉上總洋溢著南國夏天長長的半島上不滅的陽光，那種燦爛像是永遠不會被澆熄的幸福，陪伴著女生走過無數艱難和痛苦。

女生的臉龐總是常年由陰鬱駐唱，動不動就哭泣的她，大部分的時間眼睛都紅潤得像兔子一樣，只有在非常偶爾的時候，男生的溫暖才能穿透烏雲，在她的耳畔露出一縷鵝黃色的陽光。

男生不懂，女生的眼淚裡究竟藏著什麼深沉的哀痛，他不敢問，怕一問又會讓她的情緒潰堤，他只能推測，女生有一段極度不安而焦慮的童年。

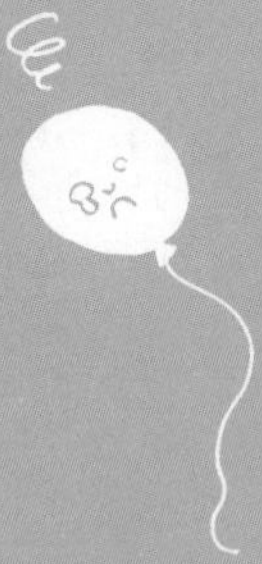

女生也不懂，不懂男孩為什麼可以笑著對待身邊的大小挫折，但不一樣的是，她心裡清楚明白，男生看似大而化之的笑容底下，包裹著一顆容易受傷的心。只是她也不敢問，她怕問了，炯炯烈日會興起風暴，瞬間變色下起大雷雨，這豈是她柔軟、脆弱的心所能承擔？

於是，他們依然牽著手，互相依偎卻又相互不了解，為彼此心疼卻又不敢坦白，直到暴風雨驟降的前一天晚上……

在這章開始之前，我們先來進行一個小活動。請你先閉上眼睛仔細的回想，**過去這一段時間以來，你和深愛的她／他所發生最嚴重的衝突事件**（這個也可以是現任或前任的情人，或是你曾暗戀追求的人）。這個事件可能是長期宿怨的累積，是由壓死駱駝的最後一根稻草所促成的大規模爆炸案，也可能只是一個小爭吵，卻在你心裡留下了難以抹滅的印象，更有可能是連吵都沒有吵的冷戰，對方那種無止盡的逃避與漠然，總是比憤怒嘶吼更讓人感到無助……

關係的觸礁點

這幾年來我們實驗室進行了許多研究，其中大家最感興趣的問題是：「情侶通常都會因為什麼事情而吵架？」

跟大部分的社會心理學研究一樣，結果出乎我們的意料[1]。這些情侶們當然可能因為對方懷疑背叛或劈腿（就像電視裡常見的劇情）而吵得不可開交，但也可能因為一些千奇百怪、雞毛蒜皮的小事情爭得面紅耳赤，甚至鬧到要分手。比方說，一位參與者寫到男朋友說她變胖了，兩人大吵一架[2]，也有一些人寫到男朋友答應帶他去玩，卻臨時變卦[3]，還有人只是因為漏接一通電話，或想看不同電影，甚至因為在浴室晾內褲的方式而大打出手。

研究團隊的夥伴們一如往常地看著這些資料，發現罪魁禍首都指向類似的因素——**有人感到委屈，失去安全感，或者覺得自己不像以前一樣被重視了**。

這些爭吵小事如：他跟你爭論這位歌手出過幾張CD、你跟他吵究竟是這條路還是那條路比較接近目的地、為先吃飯還是先回去放東西爭執了一個小時、你看到他的未接來電，有五通是陌生的異性而向他興師問罪、他因為你每次約會都遲到而氣急敗壞地指責數落你；那些大事如：他在眾目睽睽的東區街上甩了你一巴掌、你無意間看到他一張來源不明的發票、他忘記你的生日還理直氣壯、你沒有排除萬難，南下跟苦苦思念你的他見面等等。

我們可能因為價值觀不同而爭吵、可能因為需求衝突找不到平衡點，也可能因為各種「事後發現根本沒什麼大不了」的堅持賭氣，但是每一件事情，每一次爭吵、每一滴憤恨心碎的眼淚，都不是為了唱歌的歌手、台北的馬路，也不是因為電話、發票或時間本身，而是**在這些舉動中，有一方開始覺得自己被忽略、覺得自己投入這麼多、換來的卻不如預期**，覺得自己不再和他那麼契合了，覺得對方好像變得自私、不重視關係了。

面臨這些感情的觸礁點，大部分的書籍通常會建議你試著和伴侶討論溝通，尋求一個雙方都能接受的方法。溝通的確是解決人際困境的重要方法①②，只是在多次溝通之後，你希望對方能為你，或為這段關係做一些改變，苦口婆心地勸他，卻可能發現對方還是依然故我，甚至變本加厲，一點也不替你著想。

紐西蘭奧克蘭大學（University of Auckland）的親密關係研究者穗娜．希拉（Shreena Hera）和尼古拉（Nickola Overall）會告訴你，**那是因為你將問題的焦點擺錯了。他們發現，一味地想改變伴侶，並不會讓你們關係變好，反而有反效果、製造更多負向情緒**③。

為什麼會這樣呢？穗娜認為，一段關係的維持是需要雙方都為彼此著想的。如果你一直「敦促」你的伴侶改變，可能會造成兩種後果：一種情形是，他的確有努力，可是並沒有達到你的期待，或是不久之後又故態復萌，這樣你和他都會很沮喪。尤其是你，你開始懷疑自己為他、為這段感情擔憂這麼多，會不會只是你一頭熱、他根本沒有想要改變？另一種情形是，他根本不打算做任何調整，冷漠地拒絕你的需求。畢竟，**在溝通與調適的過程中，唯一能預測幸福的，是「看到」伴侶做更多努力來調整自己，如果對方根本沒有付出、或是你「不覺得」對方有付出，兩人的感情就會開始走下坡**。

那該怎麼辦呢？某位教授在一次課堂上分享他和太太婚姻幸福的祕訣：「結婚這麼多年，我發現夫妻兩個人若要和睦相處，最重要的一件事情就是：反求諸己。」教授說得簡單，可是，究竟怎樣做到反求諸己呢？況且、一再地退讓，會不會反而被他吃得死死的呢？

經營關係的核心：寬恕與原諒

國際健康研究中心的邁克．麥考夫（Michael McCullough）與他的同事們認為，**當對方做出傷害我們，讓我們心痛難過的事情時，最好的方式就是原諒他**——如果你不希望自己的身體被負面情緒占據的話④。過去多項研究一致地認為，能夠原諒伴侶犯的錯的人，長期而言也比較滿意與對方的關係⑤－⑦。只是有時候，對方一再造成的傷痛實在太大了——大到我們不知道該如何去原諒對方。

「他永遠不會知道，那天他轉身就走對我們的關係傷害有多深。看著熙來攘往的情侶們相依偎著，一同圍著雙人圍巾、一起吃著熱呼呼的關東煮，我有種想乾脆跳下橋去的衝動。但是我沒有，我告訴自己，跳下去就輸了。所以我一邊擦乾眼淚，一邊從橋上拚命地跑向他停車的地方，然後在他面前，將他從大阪買來送我的祈福項鍊扯下來、丟到他胸口……我真的以為自己已經快要忘記這件事情了，直到又有一次，他再次爽約，像是在這道舊傷口上灑鹽，那種痛……真的難以形容。」

那天朋友抱著香蕉抱枕，娓娓道來她男朋友一直以來給她帶來的傷害，在場聽到的幾個朋友，有的感同身受地拭淚，替她抱不平。她問我說，為什麼在傷得這麼重的時候，還要去原諒他呢？

邁克指出，因為如果我們選擇用疏離、冷漠、或是報復的方式來回應對方所犯的錯，你不但不會更好過，反而會變得更討厭自己。等等！如果說怨恨對方、或讓對方嘗嘗我們受的痛苦，會讓我們變得更不快樂，為什麼我們還要持續這麼做呢？難道我們是傻瓜嗎？

其實，憎恨、報復或貶低伴侶，的確能讓我們「暫時」好過一些，稍微修補我們受損的自尊（效果大概像在撕裂的傷口塗抹紫草膏一樣），但是長期而言，**沒有人會因為報復或傷害自己所愛的人而感到快樂**——我們可能會因為想出一口氣，卻損害了長遠的關係、或產生罪惡感。**因為你心裡或多或少，還有一塊愛過他的回憶**。

相反地，原諒能帶我們離開憎恨。美國路易斯維爾大學的馬克．里屈（Mark Leach）和他的同事們想知道一個人在進行「原諒」這件事情的時候，心裡究竟經歷了什麼變化⑧。於是，他邀請了123位受試者來進行為期五週的「原諒書寫」，請他們描寫過去一件傷他極深的事情，以及他對這個傷害他的人的看法與感受。他們發現，在進行原諒書寫的過程中，參與者的正向情緒詞（快樂、開心、欣慰）逐漸增加，負向情緒詞（焦慮、害怕、恐懼）逐漸減少；而且，隨著書寫療程進入最後幾週，他們開始關注到自己與對方現在的關係，以及未來繼續相處的可能性，而不是一直停留在過去被傷害的那件事情上面。也就是說，原諒對方，並不只是放開對方的脖子，同時也鬆綁了自己的情緒。

斑馬精神與黑膠唱片

「你說這些我都知道，可是我就是無法原諒他！」

「或許你不知道那傷害有多深吧。別說原諒了，連忘記都沒辦法。」

「他到現在還沒有跟我說過一句道歉，雖然我不想承認，但是我一直耿耿於懷。」

就像上面你所看到的一些抱怨，我們都知道寬恕與原諒的好處，但是當對方做出讓我們傷心難過的事情，我們卻很不容易原諒對方，為什麼呢？在回答這個問題之前，讓我們先將鏡頭轉向一望無際的非洲大草原上最顯眼的動物：斑馬。

曾經有人好奇，斑馬每天在草原上覓食，身邊有許多虎視眈眈的肉食動物，照理講牠們應該會緊張到發抖、食不下嚥才對啊？可是牠們為什麼仍然能若無其事悠哉地度過每一天呢？

因為牠們只專注於眼前發生的事情，就是吃草[5]。

相反地，人類天天待在冷氣房，又沒有生命威脅，卻時時感到焦慮不安，為什麼會這樣？

人類的大腦常常被許多事情所束縛，各種事情都可能困擾我們——包括當下發生的或眼前看不見的。搭捷運上班、上課的時候，腦子裡一邊煩惱著等一下的考試、工作；約會遲到的時候，腦中小劇場裡不斷放送著待會兒可能會爆發的衝突場景。除了那些尚未發生的事會糾葛著我們，大腦最厲害的地方是，縱使事情已經發生，甚或過了一段時間，我們還會在夜闌人靜的時候將它拿出來「細細品嘗」，自討苦吃地「溫習」那些被傷害的回憶，或伴侶曾對不起自己的事蹟——這也是為什麼，我們常常不能衷心原諒對方犯的錯。

義大利學者吉爾吉亞．帕里里（Giorgia Paleari）透過長期的追蹤研究發現，越是將思緒停留在事件發生當天，重複在腦袋裡回想伴侶的錯誤、自己當初是多麼委屈的人，不但無法同理伴侶懊悔的感受，也無法做出有利於關係的行為，更使他們越加無法原諒對方，最後，還讓這段關係變得破碎而失落⑤。

心理學家將這個「重播傷害畫面」的習慣取了個有趣的名字：反芻（Rumination）⑨。這是常在憂鬱症患者身上發現的症狀，他們會像牛一樣，將吞下肚子的「傷害之草」重複地咀嚼，像是要把其中酸辛苦痛的滋味榨乾一樣。發生難過的事情的時候，我們總是很難放下傷痛（Let it go），我們相信，反覆地思索那些原因，有助於我們對那件事情的理解，所以在腦袋裡想呀想的，希望能想出一個好方法——但是我們也常常失敗，越想越難過。

在爭吵發生之後，我們常常想到對方猙獰的面孔、刻薄的話語，想到被忽視的心痛、被遺棄的難過，想到他的冷酷和漠不關心，想到自己的不堪和不值得。可是這些回想的過程，就像是播送著黑膠唱片「憂鬱星期天」（Gloomy Sunday）一樣，若唱針沒有被拿起，我們就會一直停滯至同一首哀傷的歌曲。而且，**如此重複地聆聽並不能有效化解憂鬱，反而會讓自己停留在責備對伴侶、怨恨關係、沒有出口的軌道上。**

困難的源頭：大腦

幸運的是，我們還有一項秘密武器，可以協助你將唱針移到快樂的音軌——同理心。前面提到的吉爾吉亞．帕里里和邁克．麥考夫都一致地指出，雖然有很多人格特質都與寬恕有關[6]，但是**最後決定我們是否願意原諒伴侶的，就是我們究竟能不能站在伴侶的鞋子裡，替他們想想，也替這段關係想想。**

的確，許多書籍都告訴我們同理與原諒是修復關係的重要技巧，可是闔上書之後不久，再次面臨真正嚴重衝突或爭吵時，卻又依然的充滿敵意、憤怒；當伴侶做了傷害自己的事情時，照舊地難以寬恕、原諒。有時我們不禁納悶，買了那些勵志或溝通的書是浪費錢嗎？不如去吃一客冰淇淋，心情還會好一點？為什麼知道和做到之間，存在這麼大的差距？

衝突發生的時候，我們通常會先愣住幾秒鐘，這時大腦只思考著兩件事情：先用「動物的腦」——杏仁核（Amygdala）[10]來做出行為反應，然後用「人類的腦」，具體地說就是用前額葉扣帶迴（Anterior Cingulate, Gyrus）[11]播放黑膠唱片「憂鬱星期天」，協助你翻舊帳。

杏仁核在中腦下方（如圖一），主要管控我們的情緒與行為，當危機發生的時候，它協助我們做出「戰或逃」的反應（Fight or Flight）。所以，當對方做錯事情威脅到我們，我們可能大聲地跟他爭吵、表達不滿、也可能冷漠憤恨地轉身離開——尤其是當我們覺得再多說什麼也沒有用的時候。

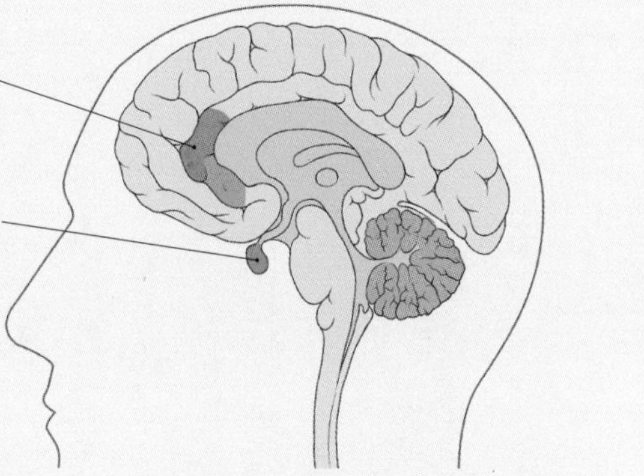

圖一：衝突發生時的大腦。[7]

(1)腦袋裡面的「寬恕」來源

有些人能「跳出自己的委屈，站進伴侶鞋子裡」，有時並不是因為她們比較愛另一半，也不全是因為他們「願意」這樣做，而是因為他們的大腦「可以」做到。

荷蘭學者蒂拉．普（Tila M. Pronk）與他的同事曾在社會與人格心理學期刊上面提出一個尖銳的問題：**如果我們都信仰原諒能修復關係，我們也願意同理伴侶一起解決問題，但是為什麼有時候我們總是做不到⑫？**那過去的傷痛與不堪仍然糾纏著、時時提醒著，這個躺在身邊的人曾經傷害過我們——尤其是當這個傷痕很深很痛的時候，我們更難以忘懷。

為什麼大腦的執行功能跟寬恕有關呢[8]？主要是因為執行功能涉及抑制（Inhibition）、切換（Task Switching）、和更新（Updating）的過程。抑制什麼呢？暫時抑制自己去想伴侶對不起自己的事情。切換什麼呢？將注意力切換到眼前正在道歉的伴侶、將自己從悲傷唱機模式切換到問題解決模式。最後，更新出現的訊息，確實「聽見」伴侶說了些什麼，確實「看見」對方做了些什麼來彌補等等。

聽起來一切好像都由老天爺決定？在對方誠懇道歉之後，有些人們之所以仍無法原諒一個人，是因為他們的大腦無法抑制自己想到受傷的情境，無法將焦點切換到當下他慚愧的臉龐，更無法聽進他說的話——但這並不是事實，我們還有一些「後天」的方法可以補救。

(2)後天寬恕修鍊術

雖然有些人天生「心胸開闊」，老天爺給他一顆容易原諒人的大腦，但正如同前面所說，所有維繫與修復關係的方法，都是可以練習的——畢竟，連大腦的功能都是可以經由後天去塑造的（所以讀完這本書，你就會擁有一顆不同的腦袋）。

面對無法原諒伴侶過錯的人，同理心是諸多心理學家一致按讚的一帖良方；而面對無法進行同理的人，美國加州克萊蒙特研究大學（Claremont Graduate University）的塔卡酷（Takaku）⑬也曾開了一個「同理心速成訓練班」。他利用四種方式訓練參與者的同理心思考，結果這些人變得願意對冒犯他們的人做出比較好的歸因（比方說，認為他們不是故意的），他們經驗到更多正向的情緒，最後也原諒了那些冒犯者。塔卡酷認為，**關鍵在於這些人開始注意到正面、美好的部分**。當我們發現伴侶並不如他冒犯我們的時候那麼糟，他也是有溫柔，可愛的地方，我們便會經歷到正向情緒，而正向情緒往往跟原諒有關（這也是為什麼女朋友生氣的時候，我們都知道，如果逗她笑，情勢就會開始好轉了）。

在一起是兩個人的事情，原諒也是

當然，如果伴侶願意道歉、軟化、或放下身段，事情會變得簡單很多。研究發現，當我們「感受到伴侶的悔意」時，比較會將對方的行為歸因為不穩定、不是蓄意的，並且增加我們的同理心，進而產生原諒的行為，選擇面對並處理問題，而不是一再地漠視與逃避。

「那次他很生氣，一直怪我說手機這麼重要的東西怎麼可以弄丟……我們在系館門口吵了一陣子，後來他還說到，我就是因為不懂得體貼，不知道怎麼讓男人開心，才會沒人要……我聽了很難過，我賭氣地跟他說，追我的人已經排到淡水河邊了，我哪還需要去取悅別人，然後轉身就邊哭邊走……最後他走過來跟我道歉，說了一些安慰我的話，跟我說，他只是擔心我這樣丟三落四，如果出國，我會不會也把自己給弄丟了，我聽了才破涕為笑……」[9]

當所有的心理學家都在鼓吹同理、原諒是修復關係之始的時候，長期研究婚姻與衝突的漢納（Hannon）與他的同事們跳出來說了一句公道話：**那也要看對方的誠意**⑮。也就是說，**當你做出原諒或讓步的時候，唯有他也真的改變，願意尊重你，才真正對妳和關係有所幫助**。**否則，長期而言你只是在損耗你自己**，也會漸漸懷疑自己的價值，不知道自己在做什麼。心理學家把這種情況取了一個有趣的名字：「門墊效應」（The Doormat Effect）⑯。漢納請情侶來實驗室討論或陳述自己背叛另一半，或被背叛的經驗。結果發現，**唯有在犯錯者誠心地低頭認錯，受害者也能原諒，彼此才能想到好的解決方法，也才能讓雙方更幸福地走下去**。

其實互相寬恕有很多好處，研究寬恕多年的艾佛伊特・華辛頓（Everett Worthington）曾語重心長地說：**寬恕是健康的祕訣**，它可以降低壓力對健康造成的風險⑰。畢竟人總是要透過社會支持、良好的人際關係、所愛的人關懷才能達到身心的健康⑱。近期的研究也指出，越能原諒的人有更滿意的生活，更積極的情緒，減少負面情緒，較少的生理症狀，跟伴侶更親近，能夠在一起較久，更重要的是，他們的伴侶也對所做過的錯事做出更多的修定和調整，進而邁向更美滿的生活⑲。

如果你不想下次遇到爭執或衝突的時候又不知所措、不想每次明明是對方錯在先，卻因為自己的情緒，而搞到最後好像自己才是罪人一樣，你可以在每次想怪罪或責難對方的時候，試著問問自己下面這些問題：你現在的感受是什麼？他現在的感受是什麼？眼前這個人還是你喜歡的人嗎？他現在正在做什麼事情彌補？我要怎麼做才能讓彼此心情都能好轉？

一條險峻澄明的道路

我們在這一章談到了衝突是如何開始、原諒是如何困難、情緒如何阻礙寬恕等等，也同時探討了同理心的生理大腦基礎、伴侶的態度、以及後天的練習等等，無非是想要提供一個觀點：**就像攀登高山一樣，原諒一個人絕對不容易，可是並非不可能**。透過不斷地磨練（你可以參閱本章末的練習），你會發現，**自己變得漸漸可以接納錯誤和衝突與自己「同在」**，不論這錯誤和衝突是原由於他、原由於你、還是雙方都有責任。

同時你也會發現，對方和自己並沒有什麼不同，他就像是一隻被大雨淋濕的刺蝟，在你的掌心裡直打哆嗦，但是，你並不會因為他刺到了你的手掌而生氣。因為你知道，他也需要愛、也很徬徨、也需要別人的呵護，而且最需要的，是你——你的溫度、你的陪伴、還有你的照顧。

在感情裡，有人像晴天男一樣總是默默地支持、陪伴、原諒、退讓，卻隱藏住自己最深的痛楚，也有人像雨天女一般常常走在負向情緒的邊緣，憤怒、悲傷、難過、失望，每次失控的發洩也無法讓自己好過一些。也或許，你是別人眼中的晴天男孩，卻是他手心裡的雨天女孩。不論如何，我們總是矛盾，脆弱，而害怕受傷的。而且，愛你的那個人也是。

註解

❶許多著名的社會心理學的研究，都跟研究者一開始的想像有一些不同，或者在無意間發現的，如著名的霍桑效應（Hawthorne Effect）。

❷十二章會再細談為什麼連這樣的事情都可以吵。大體上來說，除非你的伴侶很有自信，或者他感覺到你這麼做的時候，其實還是很愛她的，否則請不要輕易對伴侶嘗試這種特質或外貌上的貶損——就算你是出於好意。

❸有一件很弔詭的事情是：最常打破承諾的人，卻往往也是最愛你的人⑳。

❹❿整理改寫自數位不同研究參與者文本㉑。

❺有興趣的人可以去讀讀這本書：《為什麼斑馬不會得胃潰瘍？壓力、壓力相關疾病及因應之最新守則》㉒。

❻有些研究指出，一個人是否願意原諒，與他的性別、動機或人格特質有關㉓㉔。

❼有關社會認知與神經的部分，可以參考台大醫院謝豐舟醫師所著的《閒話腦神經科學：普羅大眾漫遊腦科學殿堂的敲門磚》㉕。

❽德國國際健康中心的研究指出，進行同理的時候，額下迴（Inferior Frontal Gyrus）、顳上溝（The Superior Temporal Sulcus）、顳極（The Temporal Pole），以及杏仁核（Amygdala）等主司社會認知的腦區活動量會比一般的情緒調節還要高㉖。

❾可參考《教我們如何原諒你》，帶你一步步走出無法原諒的情緒。

延伸閱讀①－㉖相關內容，請參閱大真文創出版公司網站 http://www.bigtrue.com.tw/about-love/research/。

走進對方的鞋子

塔卡酷的同理心練習有四種不同的方式⑬，在這邊提供二種給大家參考。還記得本章一開始的時候，你回想的那個嚴重的衝突事件嗎？現在試著用塔卡酷的方法重新思考一下這件事情：

方法Ⓐ

將自己視為可能犯錯的人：想像自己是否曾經也對他做出不好或讓他難堪受傷的事情？那個時候你的感受是什麼？

方法Ⓑ

想像自己就是那個犯錯者：如果你是他，你今天對伴侶做了讓他非常難過的事情，你會怎麼做？

注意力與觀點的轉換是需要靠練習的。雖然，我們從很小的時候就能感受到旁人的情緒，並做出適當的反應，看電影的時候，也容易受到劇情的感染。不過，那是因為我們全神貫注地去觀察身邊人的表情，或將兩隻眼睛緊緊盯著螢幕的緣故。衝突發生之後，我們常常失去控制自己注意力的能力，多做一點像這樣的練習，我們就比較不容易被情緒拖著走。

Chapter 6

怒吼與沉默

災難四騎士與衝突管理模式

她第一次到平溪，所有的事情對她來說都很新奇，尤其是可以看到彩繪的車頭與古老的車站，充滿濃郁古味的老街，還有一家未來郵局，可以寄信給未來的自己。我們在鐵道上蹦跳，撿枕木石玩耍，在天燈上寫下「永遠幸福」，背對背靠在車站斑駁的木頭柱子上，一面看著天燈冉冉上升，一邊講著天燈的故事。

因為實在是玩的太開心了，一下子就忘了時間，等到我們意識到天變得很黑的時候，已經剩下最後一班列車了。我們都很緊張會不會要露宿平溪，幸好在這個時候列車駛進站了。只是我們不確定這班車究竟是開回菁桐，還是直駛台北。於是我急忙地在月台「追趕」著進站的火車，想去問問列車長。

結果，我雖然得到列車長的答案，卻傷了她的心。

「我剛剛在後面一直叫你，你都不理我。我腳很痛跑不動，你還一直跑……」

「對不起，我沒有聽到……我只是想要確定這班列車有到台北啊，然後叫列車長等我們一下……」我握著她的手道歉，這句話卻好像沒有進入她耳朵裡面。

然後她就沒有說話了，眼神呆滯地望向前方。我試圖上前安撫她，但她一手把我給推開、將身體蜷縮在牆邊，用雙拳抱著胸口，可以看到她指尖微微與列車節奏迥異的顫抖。我一時不知道能做些什麼，讓情況好轉……

某次一位老師在講授普通心理學，我去跟課，剛好談論到情侶間的衝突，老師突然天外飛來一筆地談到他的外甥女跟他很要好，有空的時候會來找他聊天之類的瑣事。

「她長得還蠻可愛的，所以每次來辦公室找我，身邊總不乏一個男伴。有時候我會把她帶到旁邊開玩笑地問她：這個跟上一個是同一個嗎？」

「不過我更想知道的問題是：他們吵過架沒有。不是我愛八卦，因為這關乎到午餐我們要吃多少錢的。畢竟晚輩來找我聊天，不請個一頓午飯怎麼說得過去呢？如果他們的感情是經過幾次爭執的『淬鍊』，現在還能手牽手站在我面前，那這頓午餐我當然請得心甘情願；但倘若他們連吵都沒吵過，嗯……我想還是附近學生餐廳隨便吃一下就好啦！誰也不知道下一次會不會就換了另一個。」

老師這樣說，當然有些誇張略帶戲劇效果，但是有一件可以確定的事情是：衝突是一段戀愛關係必經的過程①，我們在衝突前後漸漸地看到彼此不同的樣貌，調整姿態，並「更新」或「鞏固」對方在我們眼中的印象與看法。

就像小時候做美工，我們想要在一張很大的紙上剪下一塊圖案，通常都是先粗略地繞著圖案剪出一個形狀，然後才沿著圖案的邊緣仔細修剪。剛認識一個人，我們對彼此的看法都還很模糊，而這模糊的看法，常常要等到發生爭吵之後，才會漸趨清楚。

衝突是兩面刃②，**我們透過衝突變得更了解對方，當然，也更了解自己**。在我們過去搜集的資料裡，有的情侶在吵過之後會變得冷淡，越吵越糟，有的則會從爭吵之中體悟、發現原來一直以來都花太少時間關心對方，而變得更加珍惜、體諒彼此。

一般來說，甜蜜情侶間的爭執有時只是一種溝通方式，吵吵之後很快就能相互原諒，言歸舊好；而怨偶間的衝突，卻像是大戰爆發，刀刀見血，次次都像是要瀕臨分手的邊緣。換句話說，關係好的情侶，吵完還能回到原本的幸福，關係糟的可能，每次吵架，都隨時可能分道揚鑣。

不過，羅馬不是一天造成，恩愛的情侶也可能逐漸變成不平的怨偶，在這轉變的過程當中到底發生什麼事情了呢？

災難四騎士（The Four Horsemen of Apocalypse）

「為什麼妳當初不跟他說清楚？」小希才剛坐下，就直接指著小望問。

「要說清楚什麼？我跟他就沒怎樣啊，你還要我怎樣！」小望撥了撥膝上的裙子，試圖忽略小希的問題，開始錄影還不到1分鐘，場面就已經瀕臨失控。

「什麼叫沒有怎樣？你們四個人一起去『宜蘭童玩節』不要以為我不知道……你這個人行為從來沒有檢點過」小希將臉別過去，雙手交叉於胸前，從鼻孔嘆出氣來。

「拜託，我們四個是同班同學耶，你不要疑心病這麼重好不好？」小望眉頭一皺，做出叫對方不要鬧了的表情。但那表情的皺摺裡，蘊含的無奈多過於懇求。

「很好啊！對，是我疑心病重，是我不應該，反正每次錯的都是我。」

「你又來了，要鬧大家一起鬧，大不了不要討論。」接著小望這邊也轉過身去了。有長達一分鐘左右的時間，兩人默不作聲，只是等待時間的經過。最後，小希終於忍不住沉默，轉向小望。

「你這樣讓我很難跟你討論耶！」一邊說的時候，還不忘叉著腰。

但小望這邊沒有任何動靜，就像是剛剛小希說的話未曾出現過一樣。

「喂，我在說話妳有沒有在聽？喂、喂！！」這次換小希皺起了眉，拉長了聲音。

「嗯。」小望小聲地應和了，聲音裡充滿了費解而複雜的情緒。

「嗯什麼嗯，我在跟妳說話耶？」小希又重複了一次類似的話。

「嗯。」而小望也重複了一次一樣的話。就像是影片跳針一樣。

「平常不是最會大聲，最愛對我吼嗎？怎麼，現在變啞巴了？」

「我不想跟一個只會無理取鬧的人討論。」小望終於說出一個完整的句子。

「對！對！對！我最會無理取鬧，你最優秀，你最理性，反正你是高材生，我什麼都不是，你當然不屑跟我討論。」小希將眼白上翻，嘴角只有一邊緊閉，將頭側一邊，一副不耐煩又嗤之以鼻的樣子。

這兩個人還有救嗎？長期從事婚姻研究的約翰．高特曼博士（John Gottman）可能會長嘆一聲，搖搖頭。高特曼在一個優美的湖畔蓋了座愛情實驗小屋，遺憾地是不少前去拜訪他的，都是面臨破碎，亟需挽救的婚姻。這些怨偶到了實驗室之後，高特曼博士會請他們像前面的例子一樣進行簡短地互動，可能是溝通或討論一件彼此的心結，或是簡單請他們描述在婚姻生活幾年中經歷的一些事情（Oral History Interview）③。驚人的是，他可以藉由這樣短短15分鐘左右的訪談，推算這對夫妻是否會離婚，準確率高達百分之90以上[1]。他是怎麼辦到的？

高特曼博士發現，首先，如果一對情侶爭吵時像剛剛的例子一樣，有一個「嚴苛的開頭」

（Harsh Startup），這場討論大概不會有好的結果，只會不歡而散。接著，另一個可能大家都有的經驗就是：「翻舊帳」（Flooding），不針對彼此所爭吵的事情「本身」表達看法，反而是像「召喚垃圾車」一樣地把你過去所有的罪行傾洩而出，那些你以為他早已釋懷的曾經，他記得鉅細靡遺又是萬般扭曲。最後，也是最戲劇化的一個徵兆，是這些怨偶們會出現所謂的災難四騎士（The Four Horsemen of Apocalypse）④：**批評，防衛，沉默，與鄙視**[2]。

悲劇的開始：批評（Criticism）

在前面的例子中，小希開口的第一句就是興師問罪。這種感覺就像是被地痞流氓拉著領口逼供一樣，就算你想承認或有任何其他想法，也都難以啟齒——因為，**倘若我們真的回答了對方，似乎某種程度上就是承認自己屈服於對方的權力之下**。這樣被壓著說話的時候，當然誰也不願意低頭——於是就製造了一個「嚴厲的開頭」，讓討論變得咄咄逼人。

另一項明顯的特徵，就是災難四騎士的先鋒「批評」。在關係裡爭吵是常見的，在我們搜集的幾筆資料中顯示，台灣的情侶平均每週爭吵一、二次是很正常的，只是在這些爭吵中，**有些情侶是對事不對人，有些則是帶著「敵意」對伴侶進行人身攻擊**——這就是高特曼所謂的「批評」。例如：貶低你的人格、將一項負面特質加諸於你、將你看為頑固而不可能改變的等等。

人身攻擊式的「批評」，效果有兩個：首先，在理性上，**話題被帶往與爭執事件無關的其他事情上，使得這場爭辯難以聚焦和達成共識**。下面就以台灣的大學情侶喜歡吵的議題之一，「約會時間」為例[3]：

「我就說你是一個說話不算話的人，所以你剛剛才會遲到。」（加諸負面特質在對方身上）

「哪有，上次明明是我比較早到好不好」（討論的事件被轉移到上次遲到）

「屁啦，那是因為我在等我媽媽下樓耶。」（事件被複雜化）

「那之前約在六張犁聚餐你不是也遲到嗎？還說我」。（加入新例證）

「我每次遲到最多10分鐘，你遲到都是半小時起跳的耶。且男生本來就應該等女生好不好。」

（加入新的爭吵點）

「等等、等等。誰說男生一定要等女生的？法律上哪一條有規定嗎？還有遲到10分鐘就不算遲到，遲到半小時就叫做說話不算話？這是什麼邏輯啊？」（討論到這邊已經進入哲學思辯的層次了……）

「對啦對啦！你最會辯了，腦袋好，我講不贏你可以了吧。」（一方放棄討論）

看到這邊你可能會發現一件事情：他們甚至沒有觸及「為何這次會遲到」的問題核心，而是一直環繞在其他過去事件、人格特質、背景價值觀等等，無助於討論的事情上。討論一旦失焦，就會使一方不願意再繼續兜圈子。

另一項批評的效果，是「威脅到聽者的自尊」。我們很難跟批評自己的人進行和善而冗長的談話，尤其當他對我們產生威脅時候、或強力感覺到自己被拒絕的時候（Being Rejected）⑤，我們會本能性地做出疏遠、保護自己的舉動——防衛。

深沉的反擊：防衛（Defensiveness）

高特曼博士說，這是最常接在「批評」之後出現的二號騎士。在剛剛的例子當中，遭受到批評者很容易產生自己是「被告」的錯覺，而下意識地進行防衛，例如：提及過去對方也曾犯同樣的錯誤（你之前也遲到）、質疑對方的用辭或價值觀偏差（這樣就叫做說話不算話？）；接著對方也會感受到自己被質疑，同樣地舉出例證（你都遲到半小時）、加入新的論述（男生本來就應該等女生）進行反駁——**這意味著雙方有更多可以爭論不休的「燃料」**。**於是，一場「魔鬼對話」就此展開**⑥。防衛騎士使用的武器之所以能讓爭執延燒，是因為它**使得雙方都不再「聽見」對方說什麼，只顧著抓彼此話中的把柄，試圖駁倒對方**。這個時候，任何一個人關注的焦點並不是讓問題獲得解決，而是要如何堅守自己的論點。**當情侶雙方不能站在同樣位置的時候，所有的努力都是事倍功半的。**

別開頭，不想說：沉默（Stonewalling）

這是最讓人感到無助的一個騎士。一般來說，這種騎士只會在兩種情況下出現：**當我們不知道該怎麼辦，不願去正視伴侶的話給自己造成的感受，或是害怕跟對方說話的時候**。我們可能會選擇離開現場，著手做其他的事情（看電視，吃東西），將伴侶的話當耳邊風，就像前面小望對小希做的事情一樣。

有句話說：「與愛相反的並不是恨，而是漠然。」**沉默如岩則「成功地」讓你的伴侶受到忽視，有一種不再被關注的感覺——可是，「關注」（Caring）卻是我們進入戀愛關係裡，最核心、最希望獲得的一種溫暖感受。**

心理學家常常能很有效地讓實驗參與者心情變差，常見的是欺騙他們智商很低或對他們發洩負面情緒。還有一種方式，就是「忽視」。比方說，你跟兩個人在進行傳接球的遊戲，但是，在你將球傳出去之後，另外兩個人都不會把球傳給你，而是自顧自地相互傳著玩——也就是說，你在這場遊戲中澈澈底底地被忽略了⑦。被一般人忽略你都覺得難受了，試想，如果對象是你親密或摯愛的人，你的感受是什麼？

沒錯，若前述幾個騎士依序出現，你將會**連續地經歷到自尊威脅、被批評與被忽視，也就是說，你會非常地不快樂，甚至懷疑起自己在伴侶眼中是否一文不值——但這還不是最糟糕的情況。**

騎士之王：鄙視（Contempt）

中古的騎士通常需要一位領導者，這位領導者往往是強中之首，在眾英雄中還能脫穎而出。而在災難四騎士中，殺傷力最大的就是「鄙視」。情緒研究專家保羅・艾克曼（Paul Ekman）指出，「鄙視」是人類數種基本的情緒之一⑧，典型的鄙視表情是眼睛往斜上方看，露出眼白、冷哼一聲、將一邊嘴角往上抬、臉頰上出現淺淺的凹度，以及用嘲諷的語氣說話，表達出「反正我再說什麼也沒有用！」的無望感等等。高特曼博士特別強調，**只要常常出現這種「鄙視」的表情，通常這段關係也就不保了。**

為什麼呢？因為鄙視是嫌惡的一種[4]。你可以回想一下，通常你都在什麼時候做出嫌惡的表情呢？可能是不慎吃了一口你很討厭的菜、飲料裡出現不尋常的酸味、有人放屁，路過垃圾場或臭氣沖天的雞圈、看到有人隨地吐痰、在寧靜圖書室中聽見有人發出極大的噪音等等——總之，就是當我們視覺、聽覺、味覺或嗅覺受到強烈負面刺激的時候。因此，對伴侶做出這類的表情，通常只表達一種意思：「我不想看到你，聽你說話，甚至不想聞到你的味道。」

比這個更為傷人的是：**當伴侶露出鄙視的表情，你會感覺到他遠離你了，他站在與你不同的高度了**。鄙視是一種階級區分，不論表現出此情緒的人是否有意，接收到此情緒的人會有一種「他不屑與我為伍」的感受。我們或多或少都是為了拉近彼此心的距離而開啟一段戀愛，但這種「反向作用力」會讓彼此覺得心灰意冷，很難繼續留在這段關係中努力。

根據高特曼多年經驗，如果這四位騎士在兩人的伴侶關係中相當「活躍」，每次爭吵必定出現，挽救可能為時已晚。一般來說，女性最常使用「批評」，男性較容易「沉默」；「鄙視」則是兩性都可能出現的非語言情緒表現。

如果常出現的是「防衛」或「沉默」兩位騎士，及時地一起去尋求外援或共同諮商，可能還有機會挽回一段破碎的關係；反之，如果你的伴侶常常「批評」或「鄙視」你，這可能牽涉到他小時候許多不被重視的深層記憶，則可能須要先分開進行個別地諮商。

不過，高特曼博士是猶太人，他的研究也在美國執行，我們第一次看到他的實驗結果時的第一個念頭是：我們也是這樣嗎？

吵架時，你會怎麼辦？各種面對衝突的方式

圖一：情侶衝突處理方式

在試著回答這個問題之前，我想還是先簡單回顧一下，真正吵架的時候我們有哪些可能的做法[5]。一般來說，基本的衝突管理模式有四種[9,10]：整合、謙讓、支配與逃避（請參考圖一）

整合：同時顧慮自己與伴侶的目標，與對方共同研究，以找到雙方都能接受的解決辦法。這裡舉一個學妹提供的切身經歷：她跟男朋友約好一起共進午餐，男友想吃灑上濃濃起司粉和羅勒葉的義大利麵，但是她想吃高中母校對面巷子裡一家懷念已久的乾麵。最後她們**決定將兩種麵都外帶回家吃**，不但雙方都可以滿足需求，還可以一邊看兩個人都很喜歡的足球賽轉播，這就是一種整合的做法。**整合的好處是雙方都達到了大部分目的，但美中不足的是沒有人100%地滿足了需求**。

謙讓：這是指其中一方比較注重關係維持，先滿足對方的需求，覺得自己委屈一點無所謂。畢竟並不是每次的爭吵都能找到雙方的妥協點，有些時候只是「理想中」的情況。

在我們收集的一些資料中發現，真實的狀況可能是這樣——男生說義大利麵要趁熱吃，還要用白色的大盤子裝著，看起來才美味，而且，在店裡吃還可以無限制地享用濃湯、麵包與他最愛的帕馬森起司粉；女生雖然也想坐在古色古香又逸散著舊時代氛圍的騎樓小店裡，讓慈祥的阿婆送上熱騰騰的乾麵，再配上一碗清甜的貢丸湯，可是她知道男朋友是非常固執的人，所以她決定中午可以先陪男朋友去吃，之後，再另外找一天獨自去拜訪阿婆。

這是我們常常用來避免爭執的方式之一，當我們面對一些自己並不是很重視，但對方卻視若生命的事情、對方在這段關係中權力地位比較高①，或是想要維持和諧不要吵架，我們就會傾向採用謙讓忍耐的方式，暫時以對方的目的為主。

支配：這是指其中一方較注重自身目標，並努力使對方接受自己意見的做法。事實上，根據學妹的說法，這才是她常用的方式。她男朋友很疼她，尤其她又有一種「為了山珍海味可以跋山涉水」的個性，雖然她的男朋友也喜歡嘗試不同的食物，但每當兩人意見分歧的時候，學妹的話總是占上風。比方說，學妹如果想吃古亭附近一家烤包子，她就會義無反顧地要求男朋友，陪她一起去排一小時長長的隊，為的只是感受包子飽滿的湯汁在嘴裡化開來的滋味——儘管她男朋友可能覺得到隔壁的蚵仔麵線攤，隨便吃一吃就好了。

當自己在這關係中掌有較多權力、比較注重自己的看法、或是真的很想要某樣東西、很想達成某個目標的時候，我們就會使用支配的方式——只是，如果什麼事情都只關心到自己的需求，支配而壓倒性地處理問題，長期下來將有害於關係。

逃避：當一個人既不肯定自己，又未顧及伴侶感受，避免與對方討論彼此的差異或感受的時候，就表示他正在採用逃避的方式來處理問題。但在台灣，**逃避的原因可能更為複雜。有時候我們用逃避的方式處理一件事情，並不表示我們不重視對方，而是因為我們「太重視」對方，不想起衝突，又不知道從何啟齒，事情就這樣一直拖著**。

前來參與實驗的朋友曾描述過一個例子。她的男朋友很不喜歡她在早午餐店（Brunch）打工的同事，她很想跟同事們一起去小琉球玩，但又怕說出來男朋友會生氣，只好當作沒有這個邀約，拖到臨行前三天，才在不得已的情況下跟男朋友坦白。男朋友聽到了果真暴跳如雷，除了知道女朋友要跟一群自己討厭的人出去過夜很不開心，更不解為何女朋友不願意坦承說出來，硬是要逃避拖延。

其實，在強調和諧觀的華人的社會中，逃避可能蘊含著一種「隱性」的退讓⑨，**當我們不想要冒犯對方，不想直接與對方槓上的時候，我們總是會試著把事情先擱著，讓時間來沖淡一切**。須要注意的是，雖然暫時地逃避，能讓自己和對方都有一些和緩的空間，但終究還是得面對問題——而且，躲在龜殼裡的我們忽略了對方正在苦苦等著我們的回應。畢竟，比起傷害，對方一直逃避的不確定感更讓人感到焦慮和難耐⑪♥8。

你可能曾經在報紙或網路上，看過類似的調查：「……研究發現有46%的男女，在爭吵的時候會採用整合的方式……」，可是嚴格來說，這樣的描述方法並不完全正確。**事實上，一對情侶不會只用一種方式來化解衝突，而是會依據情境做出不同的選擇**⑫。

比方以剛剛學妹吃烤包子的例子，可能會讓你對學妹形成一個「霸道蠻橫又有公主病」的形象，但真相是：學妹只有在「吃」的這個方面特別在乎。大部分的時候，她反而是很隨和、很容易跟大家打成一片的，不論是一起出遊、一起工作、或是一起辦活動，她都非常關心每一個人的感受

——除了吃以外的事情，她幾乎都是採取退讓的姿態。

例如：她的男朋友很喜歡旅遊，對於一些景點、拍照的角度與時間總是特別的要求與龜毛，常常一張照片要拍個五、六遍，有時候她都覺得煩了，卻還是耐著性子等他——因為他知道，對方也曾在自己固執地要吃東西的時候，默默地在一旁等候。因此，每次規劃出遊就是兩人合作無間的時刻，男生安排行程中多樣化的景點，女生整理景點與景點之間，有哪些有名又好吃的美食，彼此在不同的面向形成一種微妙的平衡。

我們的吵架方式

回到一開始的問題，台灣的情侶們都是「怎麼」吵架的呢？我們另外找了一群人，問他們和伴侶發生衝突的時候，都是怎麼解決的。以一週平均吵架兩到三次的情侶為例，參與者們「聲稱」大約有35%的時候他們會用「理性的方式溝通」，有30%的時候，自己或伴侶有一方會先行退讓，20%的時候雙方會各退一步，另外還有7%的時候會直接冷戰。幾乎沒有人說他們會「惡言相向」地互罵或「出手出腳」地互打[6]。

這邊之所以用「聲稱」這個詞，並不是因為我們不相信實驗參與者的說法，而是他們的伴侶可能不覺得他們正在進行「支配」或「退讓」。

雖然大部分的時候我們總是說，自己在面臨衝突的時候，通常都會考量雙方意見，做出最理性的決定，但真實的情況是：年輕女性大都承認男朋友「讓」自己稍微多一點，或是對方常常逃避不願起衝突；男性則是覺得女朋友在衝突發生的時候比較強勢[9]、常常堅持要講清楚[7]。但是，我們的研究也發現，如果兩個人對愛情抱持著相似的看法，比較能用正向、積極、不逃避的方式，共同面對與處理衝突[13]。

戰勝災難四騎士：開啟正向溝通的四把鑰匙

如果你過去總是用不當的方式來處理衝突，如果你一直以來都太在乎對方的需要而犧牲了自己的權益，如果每次爭吵，你都是先逃跑、不想處理的那一個，有沒有什麼方法，可以協助你走出這個困境？在許多諮商與溝通技巧的書籍中，都提到有效的溝通或面臨衝突的技巧，在這邊列舉一些供大家參考：

自我覺察表達法（Self-awareness and Expression）

其實，學著去發現（Aware）與說出（Express）自己確切的需要（Learn to make specific complaints & requests），是促進溝通最重要的方法。很多時候溝通之所以無法順利進行，並不是雙方沒有「談」的動機，可能是情境迫使彼此對自己的需要不清楚，花了好多時間繞在一些不重要或是兩個人都不在乎的事情上，但是真正困擾著雙方的癥結卻一直沒有討論到。

有一次喝完喜酒之後，我陪朋友去停車場拿車，在搭電梯之前，他接到了女朋友的一通電話。

「你為什麼沒有問我要不要一起去？」

「是我朋友的喜酒，我跟她其實沒有很熟，我怕兩個人去占用兩個位置不好意思，所以我就……」

「你是說帶我去，你會不好意思？」

「不是、妳誤會了啦。你為什麼每次都把事情要往奇怪的地方想呢？」

「我奇怪？明明是你奇怪吧！明明是你有錯在先！」

「喂！我錯在先？我只是沒帶妳來而已，搞清楚那是誰的朋友好嗎……」

結果，這通電話持續了將近半小時，弄到停車場的伯伯都要下班了，他才匆匆地掛了電話。你覺得上面這段溝通中，到底出現了什麼問題？

其實從旁觀者的角度來看，我們可以發現或許是女主角太過缺乏安全感；他可能是一個焦慮依戀者（這在第九與第十章會再詳談）；有可能是男主角為了避免爭執，或是為了想草草結束吵架趕快去拿車，沒有看見女朋友真正的需要……姑且不論原因為何？如果你是當事者，正在氣頭上，要如何讓對方知道你想要的是什麼？

在一些情緒表達的課程上，治療師同常會讓個案學習使用「ＸＹＺ表述法」⑭。這種做法是用一句話完整地說出三件事情：ⓐ對方的行為Ｘ、ⓑ造成的情緒Ｙ、ⓒ自己的需求Ｚ。這句話說出來會是像這樣的格式：「**當Ｘ發生時（或是你對我做了Ｘ），我感覺到Ｙ，而我真正需要的是Ｚ**」。

上面的例子裡，如果套用ＸＹＺ表述法，事情或許就不會這麼糟糕。例如：女主角可以試著這樣說：

「你沒有邀我一起去參加喜宴（X），我很失望（Y），我以為你到哪裡都會帶我去的，可是你卻自己一個人去了，讓我一個人守在家看電視……我真的蠻想跟你一起去的……（Z）」

這樣表達雖然不是很明確，但如果敏感一點的男朋友聽到，可能就可以猜到她只是需要人陪伴而已，討論就有機會被導向比較正面的地方。

不過，XYZ表述法是需要靠練習的，我們不是每次都「願意」說出自己的感受，甚至常常連自己的「感受是什麼」、「需要是什麼」都不是很清晰。經由一次次的練習，感受（Y）與需求（Z）的部分可以被說得更清楚、更明確。例如：

「我不介意你一個人去喝喜酒，我只是覺得有種被拋棄了的感覺（Y）」

「我本來希望晚上你回來之後，可以陪我一起看金曲獎頒獎典禮（Z），可是你卻不在、也沒有跟我說，所以有點沮喪（Y）」

「你沒有邀請我一起去（X），讓我覺得很不安（Y）。我擔心是不是你又有很多事情瞞著我（Y）。其實我也沒有很想去，只是想知道你在哪裡而已（Z）。如果你事前跟我說你要去參加婚禮（Z），我會覺得好過一些。」

發現了嗎？有些時候我們有很多需求（Multiple Need），也有些時候這些情緒感受和需求是要經過述說之後，才會變得比較明朗。所以，一開始練習可能會有一點不自然，甚至無助於降低衝突的溫度，但如果你持續地練習，對方比較能清楚知道你要的是什麼，更重要的是——你自己也會變得比較知道你真正要的是什麼。

如實反映法（Validate Your Partner）

「唉！那如果對方常常不知道自己要的是什麼，在吵了好幾個小時、只好在雙方都睡眼惺忪之後才迷迷糊糊地草草結束，該怎麼辦？」某次我跟朋友分享上面談到的自覺與表達法，他哀怨地嘆氣說。

通常這個時候，我們會建議你當一面鏡子，反映出對方的真實狀況、情緒與需要。身為對方最親密的愛人，這個「鏡子」的功能重要至極，而扮演鏡子最簡單的方式，就是把對方說的、你聽到的，用你的話簡短地說一遍。在上面的例子裡，當伴侶說：「你為什麼沒有問我要不要一起去呢？」你可以回答：「你想要陪我一起去嗎？」或是進一步同理她：「因為我沒有問你要不要去，所以你很難過？」

另一種情形是對方說了一長串的抱怨或責難，你可以試著「摘錄你聽到的重點」。如果，這個練習很困難，你也可以先試著回應或重複他那一大段表達中的「最後一句」，將「肯定句」變成「疑問句」，像這樣：

「從以前開始你就只會想到你自己，我都……（這裡可能是一長串的抱怨與翻舊帳）……你不覺得你很自私嗎？」

「你是說這段時間裡，我讓你感覺到我很自私？」

如實反映法看起來有點蠢，也有些不太真誠，好像應聲蟲一樣只是把對方說的話重複一遍，卻有三個重要的目的：

ⓐ讓對方感覺到你是有在聽他說話、你是在乎他的。

ⓑ確認你的理解是否與他所想表達的相符。

ⓒ你的問句會讓他願意把話進一步說得更清楚一些。

其實說這樣的話，最主要是「協助你自己進入對方的情緒語言裡」，感受他的委屈。溝通的過程中有許多阻礙，會讓溝通難以順利進行，例如：情緒（如憤怒或無力感）、環境（是否有一方在趕時間、討論的場所有沒有其他的人）、以及心理掙扎（擔憂被責難、被拒絕）等等，透過這種方式，逐步澄清，才不會浪費時間一直圍繞在不是重點的議題上打轉。

正面優先法（Shift to Appreciation）

另一個溝通上常用的技巧是「以正面先回應對方」。爭吵的時候，我們最常出現的感受是對方傷害了自己、自己沒有被看見、自尊受到威脅等等。自尊是一段良好關係的重要基礎，因此，我們可以用「肯定對方」做為句子的開頭，創造一個「暫停的空間」安撫對方受傷的自尊，讓他比較能聽進你想說的東西。

下次，當你和伴侶意見相左的時候，你可以試試看這些開頭：

■你說的對，但是……

■我同意你的說法，只不過……

■我知道你一直以來為我做了很多事情，我也很感激，可是現在……

■我希望自己也能像你一樣懂事，可是……

■你還是這樣的體貼、為我著想，但這一次我想要自己決定……

我們在吵架的時候，總是告訴對方：「我是對事不對人。」不過，當我們一開口就說出伴侶的不是，很容易讓氣頭上的他，錯誤地將「行為」與「人格」畫上等號，讓他覺得「反正你就是討厭我嘛！」（但，事實上你只是不喜歡他這件事情的做法）或者「你就是不希望我管你啊！」（但，你只是希望「有時候」能有自己的空間）。

正面優先法所締造出來的暫停空間，是先肯定對方長期以來良善的「人格」或「價值觀」，這是我們一直願意跟對方在一起不分離的原因；然後再說出自己的看法、或對某個「特定行為」的感受或期待。

在這裡我們也可以做一個小實驗，感受一下這個方法的效果。

如果對方跟你說：「你做的這件事情讓我感到很不舒服……」，你會繼續生氣，還是會反省、聆聽自己到底是怎麼傷害了對方呢？

如果把這句話換成：「我真的很愛你，可是，你做的這件事情讓我感到很不舒服……」你的感受和反應會不會又有所不同呢？

改變的起點

許多自助的書籍都會教導類似於前述的方法，每次我讀著讀著，心裡總是會產生一種納悶是：「這些方法真的有用嗎？如果真的有用，為什麼還是有這麼多人，深陷於負向循環的溝通中呢？莫非這些災難四騎士，是無法被擊垮的？」

在與幾位臨床心理師討論之後，我們發現了三個重要的事實：

- 首先，這些遭遇到問題、買書來看的讀者，不見得真的會去「實行」，所以，他們一直沒有任何改變。如果你也身困其中，請放下書本，去嘗試。沒有做，讀再多也沒用。
- 再者，他們可能真的有身體力行，但是過去的習慣與腳本（Scrip）[9]繼續羈絆著他們，使得他們的改變非常緩慢，甚至還可能在幾番辛苦之後退回原點。
- 最後，戀愛是雙方都須付出行動的，如果只有一方努力改變，另一方還是維持負面的因應方式，我們很難期待這段關係能真正走向光明。

改變本來就是困難的。如果，你和他的關係一直被衝突爭吵所充斥，一位心理師給的建議是：**從小地方展開，並邀請對方一起改**。

(1)從小地方展開

要馬上覺察情緒、表達需求、反映伴侶甚至肯定對方的優點，都是很不容易的事情。不過能立即做的事情是：先列出目前你處理衝突的方法偏向哪些（請回去翻翻前面的四種衝突處理方式），或是在什麼樣的情境下，你傾向使用哪一種方法。

例如：對方只要一生氣，你就會逃跑離開避而不談，但是如果對方沉默不語，你就會感到罪惡，走向前去安撫他，那麼「生氣」或「沉默」就是你的「情緒鍵」[15]，按下這個鈕，可以促發你特定的情緒或行為。接著，問問看自己，有沒有更好的方式可以處理這個情境？上面提過的幾個方法對你來說很困難嗎？有沒有可能先做一點小改變？

比方說，每次都逃避衝突的你，下次對方生氣的時候，不一定要給對方一句「正面肯定」或是「反映」他所說的話，畢竟一直以來你承受各種委屈，要做到這樣可能不太容易。不過，你至少可以做到的是**「留在原地不要離開」**，如果連這個也無法做到，你可以把標準降低，改採**「事後找時間跟他討論」**，而不是一味地不去面對，如果討論對你來說也很困難，你還是可以**「用紙條或簡訊」**的方式先做一個開始，至少讓對方先覺得你重視這個問題。如果這些你都做不到，那麼就找一個**「朝向目標，而且目前你可以做到」**的方法，然後再一步一步邁向理想的策略。總之，唯一的重點是「每次的你都要和先前有一點不同」，而這個「不同」的多寡，則可以依照你的能力去決定。

(2)邀請對方一起改

過去許多人際關係的研究者都主張，**一段只有一個人努力維繫的關係是無法延續的**[15][16]**；就算真能延長，也到不了當初彼此約定好的地方，只剩下懊悔、為難與不安而已**。你需要做的事情是，讓對方也開始重視這個問題，並且願意和你一起面對。如果你們的狀況很嚴重、伴侶又不願意付出或做任何改變，那麼你還是有兩個選擇：尋求專業協助（例如：伴侶一同前往諮商），或離開這段關係。

不論遭遇多麼艱困的衝突、多麼難解的結，你可以哭泣、可以沮喪、可以暫停、可以讓自己冷靜什麼都不做，但是請別忘記：你永遠擁有許多不同的可能與選擇。

自我覺察是會慢慢進展的

在衝突這把兩面刃之中，你可以從刀面反映出自己的匱乏與對方的需求，也可能因為銳利的鋒芒而傷害到彼此。溝通是讓刀刃鈍化、刀面拋光的方法。

只是，**真正的溝通是要「量身訂做」的**。心理學可以提供一些改善溝通品質的方法，也可以告訴你在統計上，有哪些策略有害關係、哪些話語可以滋養感情，但是——沒有一本書可以教導你絕對適用、保證有效的溝通方式。因為每段關係都是如此的多變和不同，你必須靠時時摸索、反省、修正、討論，才能找到適合彼此的方法——而一段能豐富你生命的關係，絕對值得你為彼此的相處，用心付出。有一天你會發現，在這段彼此付出的旅途中，已經逐漸培養出自我覺察能力，也能察覺伴侶的需求。

最後，讓我們回去看看章首的故事。你覺得他們處理衝突的方式是「正確」的嗎？或者說，衝突的處理有對錯可言嗎？有哪些部分是值得學習的？有沒有可以改善的空間呢？如果有，又要從哪裡開始、要從誰開始呢？

註解

❶這裡僅呈現較保守的估計值，也有些網站或諮商中心聲稱是96%、98%等等。

❷高特曼也談到許多肢體語言（Body Language）所代表的訊息。

❸雖然二十年前有一項研究曾指出台灣人的時間觀比西方國家更為謹慎，因為我們都不好意思讓人家等，通常傾向早到⑰。但以這些約會情侶的資料看來，或許在二十年後的今天，新一代青年有逐步變得比較愛遲到的趨勢。

❹艾克曼指出，跨文化的自然表情有喜（Happy），怒（Anger），哀（Sadness），懼（Fear），驚嚇（Surprise），與噁心（Disgust）。艾克曼針對這六大基本表情做了更細緻地分出了幾種情緒，鄙視（Contempt）是噁心類別之下的分支之一。

❺國外的研究對情侶衝突的處理劃分方式各有不同⑱，例如：有些研究者區分出四類：逃跑（Exit，離開衝突情境），表達（Voice，說出自己關注的事情），忠誠（Loyalty，癡癡地等待問題的回應），或忽視（Neglect，採用被動攻擊或迴避戰術），但大抵上與文章內的分類模式相仿，這邊便不再做細部比較區分⑲。

❻這裡加起來之所以不是100%，是因為有些人說他們「幾乎不吵架」，還有些人是勾選「其他」，並且沒有詳述所謂「其他」的內涵⑳。

❼這並不意味著男性就一定比較和善、愛逃避問題，女性就一定擅支配、常堅持己見——只是「他們的另一半」大都這麼認為。另外，這邊描述的僅是平均值，在實際的情況中也必須把個別差異列入考量。

❽這裡用一個簡單的例子，來說明為什麼不確定會比被拒絕更難熬：期末考剛結束，關鍵的通識成績，將主導著三位臨時抱佛腳的同學是否會被二一退學的命運。其中，小花已經拿到了該科成績，驚險過關；小毛沮喪地走向行政大樓辦理離校手續，因為他已經看到成績單上的紅字；小菁的老師因為還在國外，成績還沒改好，讓她的心情忐忑不安。試問，今天如果三個人都抽中夏威夷五天四夜來回機票，隔天就要出發，你覺得誰「最不可能」拿著機票去度假呢？答案是小菁，因為他一來不像小花有「好好慶祝」的理由，二來也沒有小毛「出去散散心」的藉口，不確定的成績讓她身陷困境，寸步難行。

❾腳本（Scrip）是認知心理學上的一種用語，指過去的經驗使我們對於某些事情有一定的預期。有些腳本可能是大家約定俗成的一連串程序記憶，比方說「到餐廳用餐」的腳本可能是進餐廳→點菜→上菜→吃飯聊天→付帳→離開；另外也有些安全感較少的人會因為過去傷痛／爭吵的經驗，對伴侶有負面的腳本㉑。例如：一個缺乏安全感的人，腦內的小劇場可能是：約會遲到→必然會發生爭吵→對方一定會負氣離開→說了某些話要緩和但一定又會激怒對方→……這些腳本雖然不一定會發生，但因為它們過去常常發生，在當事人的腦袋裡占有很重要的地位，甚至會影響他的言行。

延伸閱讀①–㉑相關內容，請參閱大真文創出版公司網站http://www.bigtrue.com.tw/about-love/research/。

Chapter 7

習慣了，怎麼辦？

用新方法來經營關係

「嘿，你怎麼了，怎麼都不講話？是不是心情不好？」從坐下來，到開始用餐，她就只是盯著桌上的白色瓷盤，默默地切著盤子上面的小羊排，一口一口地吃著。

「沒有啊，只是今天胃口比較好嘛，呵呵。」她說，好像費盡力氣才擠出微笑，在笑容褪去之後，疲憊感又像回潮的浪，立刻湧上臉來。

「可能最近剛忙完公司評鑑，比較累吧。」她補充地說，聲音裡卻藏著一點不安。

「喔，這樣啊。如果心情不好要跟我說喔，我們一起想辦法。」我說。

「嗯！」她作了一個簡短地回應，罩在我們四周的聲音就瞬間變得清晰了起來。

隔壁桌的刀叉聲、小孩的哭鬧聲、服務生不小心碰到客人的肩膀頻頻地道歉、熱戀中的情侶不停拌嘴等等聲音，一一傳到耳裡。

然後我繼續埋著頭吃飯，她兀自拿起咖啡望向窗外發呆。

這已經不是第一次了……這段時間以來，約會的時候她幾乎都在看別的地方，做自己的事情，偶爾才會跟我說話……我變得很難才能逗她笑……放假也不知道帶她去哪裡？她會覺得跟我在一起很無趣，我能了解，畢竟都在一起這麼久了，能去的、能玩的、能送的、能一起經歷的，都已經做過了。

東區四十一樓的景色，在這樣悠閒的下午裡面應和著陽光，這段時間我跟她的相處方式一一映在落地窗玻璃上。輕航機從落地窗右上方的天空滑過，劃下一道長長的飛機雲。看著這樣晴朗的天空，我問自己：「我們的相處，為什麼會從最初的無話不談，變成現在這樣的一語不發呢？」正當我想說些什麼以打破這樣的沉默時，她先開口了。

「你覺得我們繼續這樣下去，好嗎？」

許多在感情裡受過傷的人，最討厭聽到的一句話就是：「沒感覺了。」雖然第三章我們曾經談過感覺的形成與消退，但是並沒有仔細說明，我們該如何才能「力挽狂瀾」阻止感覺像退潮的海岸線，漸漸裸露出佈滿垃圾與醜陋不堪的沙灘。當初看對眼的時候，天雷勾動地火，每一次的約會都像是要去看一部期待已久、剛上映的電影一般興奮不已。那時我們總是能給彼此帶來許多快樂，但是交往久了之後，新奇感不再，我們有時候甚至不知道，自己究竟為何「需要」跟身邊的他／她在一起，或是在腦海裡浮現一種懷疑：「一個人會不會還比較自由？」

雞肋式的戀愛？習慣的兩個面向

人類是矛盾的動物，熱鬧久了想要獨處，孤單久了又想要人陪伴，畢竟親密和自主都是人類的基本需求①。有時候，我們甚至會懷疑自己是不是只是習慣有人陪伴，而不是真正需要這段關係。事實上，第三章提到的心理學家史騰伯格曾編纂的愛情量表中，就有一題是這樣問的：「我不太清楚是真的還喜歡他呢，還是只是習慣跟他在一起」②（你可以往前翻一翻）。

當愛變成習慣、當需求變成負擔，是不是也表示兩個人的緣分已盡、變成食之無味、棄之可惜的雞肋式愛情？

其實，我們可能都誤解「習慣」了。根據神經與學習心理學的一些研究，習慣是我們人際交往與探索世界的必經過程。以聯誼為例子，相識是兩個不同的生命體，逐步邁向相互了解的過程，一開始的時候我們當然要花很多時間去適應、去學習跟新朋友相處的方式，了解對方的說話風格，所以每次約會總是充滿驚奇；我們會試著調整自己、讓自己變得更討人喜歡、精心策劃每次的聚會和出遊，以期待在廣大的人海中凸顯出自己的「基因優良」③。

可是，我們不能一輩子都這樣，因為只醉心戀愛，可能會搞到我們無法完成學業或工作。正常的情況下，認識越久，見面的頻率漸增。以台灣的大學生情侶來說，平均每週要見面三、四次④，這其中還有一些班對是天天見面的，如果每次要見面，都得擔心對方的評價（例如：這次抓的髮型或搭的裙子好不好看），或是花一整個晚上計劃隔天的約會地點，我們會變得沒有時間做其他的事情。所以大腦的習慣化是必然的，它讓我們能騰出更多心理空間去維持正常的生活，將注意力放在別的事情上，對社會做出一些貢獻，而不是光把時間燃燒在談戀愛。

但是習慣的確有壞處：**我們會因為習慣，而開始覺得跟一個人相處變得無趣起來**。從孩提的時候起，新的刺激就比較能吸引我們的興趣。發展心理學上相當有名的一個實驗是：我們給一個小寶寶看一張圖片，前幾分鐘他會對那個圖片很感興趣，可能會踢踢小腳或擺出笑臉，隔了一下子，他就覺得無聊了，直到下一張圖片出現，他又開始踢踢腳、呵呵笑——這就是習慣化（Habituation）⑤⑥的過程，也就是我們常常說的「喜新厭舊」。

從小地方開始製造浪漫

如果已經「習慣了」對方的陪伴，開始覺得有點無聊，該怎麼辦？有沒有什麼方式可以改善之味的相處模式？不少坊間的書籍會告訴你，「製造浪漫」是積極維繫關係的有效方法。

例如：著名的魅力改造補習班「五四愛情學苑」的艾瑞克（Erik）曾在書中提到一個例子，他從家裡的小花園摘了一朵玫瑰花，在順道接女孩下班的時候，偷偷放在她的包包裡，如此，她們就多了一個浪漫話題。當女孩問起：「為什麼會有花呢？」他就可以故作帥氣地回答：「喔，早上出門的時候看到我家小花園的玫瑰花開得很漂亮，就順手摘了一朵給你。」⑦

這樣浪漫的行為和台詞或許在剛認識交往時，確實是引起對方興趣的有效手段，在交往之後，浪漫還有效嗎？研究顯示，就算是交往很久的「老夫老妻」，也能從小小的浪漫中獲益⑧。

前陣子，我在一個插畫家「小熊娃娃」的網誌上，看到她描寫了一個甜蜜的小故事❶。小熊娃娃是一個很細心又很粗心的女孩。細心的地方在於：她會留意身邊許多小趣事，然後寫在便利貼上，用漫畫來跟大家分享；粗心的地方則是：因為做事情常常少根筋，丟三落四地鬧了很多笑話。她的男朋友船長是一個喜歡收集模型玩具的大男孩，雖然常常裝做漠不關心的樣子，但其實很愛、很呵護小熊娃娃這個可愛的女朋友。

事情發生在小熊娃娃剛去一家精品店打工的暑假，這家店裡充滿各種可愛到犯規的布偶、飾品，以及看起來完全無用處卻讓你無法不買的雜貨小物。才上班沒幾天的小熊娃娃很心虛，因為顧了一天店卻連半個客人也沒有，外面雨那麼大，當然也不可能跑到路上露出大腿說：「人客呦，快進來看看！」之類的，於是鬱卒地坐在櫃台前發呆，等著船長帶著傘來接她。

船長一進到店裡，就假裝成顧客對著一些娃娃們摸啊看的，然後默默地問：「那個小姐，請問……我女朋友今天心情不是很好，我想要買一隻娃娃送她，讓她心情好一點。不知道妳有沒有推薦的禮物呢？」

身兼店員以及船長女朋友雙重身分的小熊娃娃，聽到船長這席浪漫的的發言，感動地心裡癢癢的，連忙掩飾住臉紅和不知所措的表情，指了她渴望已久的一隻刺蝟娃娃，努力忍住不要笑場地說：「那……那隻刺蝟，她一定很喜歡。」

這個故事的結尾並沒有什麼船長和小熊娃娃，自此後過著幸福快樂的日子，那隻刺蝟娃娃也沒有變成他們的定情之物，但是我們可以從這個小故事中發現，**即使是在一起很久的伴侶，也可以透過一些巧妙的方式，讓對方感到窩心與浪漫——只是需要多花一點心思。**

一點一滴地儲蓄幸福

我們在進行愛情實驗的時候，總是在問卷的最後祝福所有受試者：「感情增溫」。我曾經問學姊說，到底要怎樣才能夠真的做到「感情增溫」呢？學姊提到一個「幸福撲滿」的概念，她說**感情就像是一個撲滿，每次的衝突或爭吵，就是一次大失血，所以我們不能只是顧著花錢，也要懂得「儲蓄幸福」**。這四個字看似容易，具體而言究竟要如何實行呢？下面跟大家分享我們先前整理過，一些讓彼此的感情持續增溫的方法⑨。

(1)有品質而短暫的約會

你是否有過在他身邊，卻想快點結束約會回家休息或做其他事情的經驗？每天，我們都為了讓自己與身邊重視的人過好一點的生活，像工蟻一樣忙碌著。在「兩點一線」的生活之外[2]，好不容易抽空出來約會，任憑誰都希望這個約會是充滿歡笑與浪漫的。

德國暢銷作家史蒂芬．克萊恩（Stefan Klein）[10]整理了許多認知神經科學的文獻，指出大腦的作業系統是「有條件的」趨樂避苦：在沒有壓力的情況下，我們會不斷地渴求新樂子；在壓力重重的時候，我們可以壓抑這些欲望，先完成重要的事情或解決壓力源，晚一點再去做快樂的事情，而且**光是這種期待就會讓我們感到開心**。

大腦設計這樣的享樂系統，對於約會有什麼影響呢？一個重要的影響是：當約會冗長而無趣味的時候，我們便很容易將注意力分散到其他地方，想著要完成卻還沒有完成的事情，或是比目前更有趣的事情。為了進一步說明這個現象，下面跟大家分享兩個朋友親身經歷的「肉粽物語」。

故事一

「約她出去的那一天，她有些奇怪。她說她想吃肉粽，今年端午節都過了，她卻還沒吃到肉粽。我問她說，想去哪裡吃呢？她沒有回答我。我以為她心情不好，問她說要不要去走走，她勉為其難地說了聲好。我開車載她到碧潭的河堤邊散步，一路上她臉色越來越難看，像肚子痛一樣。後來，她說她想趕快吃點東西。我們路過一家小吃店，她連招牌都沒有看就進去了。感覺她好像心裡掛念著一件事情一樣。後來我才知道，她隔天有一個報告要交，可是她只做到一半，其實她可以早點跟我說，我們可以約別天……」

故事二

多年前一個寒冷的夜晚，雖然時序已經逐漸接近端午，但周遭的空氣不知為何仍冷得讓人打哆嗦。女朋友期中考念到一個段落，打電話來說她想吃粽子，像是油飯那種中間包著好大顆蛋黃的那種。可是那時牆上的鐘已經是午夜12:30，這麼晚根本沒有一家粽子店有開。

我到她宿舍樓下去接她，然後陪她到台科大附近一家超級大的便利商店，非常幸運地，那陣子在做粽子促銷，鮮食區還剩下兩顆不同口味的粽子，而且還是台灣有名的油飯公司製作配送的。她像是女孩看到Hello Kitty一樣難掩興奮的臉色，但立即又開始擔心起熱量來：「這一顆吃下去七百多卡耶？」俗話說，男朋友的第二項天職就是當女朋友的垃圾桶（這裡泛指物理上與心理上的）[3]，我只好認命地說：「吃不完的我吃吧！」

我的話還沒說完，她就把兩顆粽子都拿起來與沖沖地拿去結帳。三十分鐘之後，深夜長與街的街燈下，就多了一個吃完兩個粽子蛋黃與配料的滿足女孩，與一個吃下兩個粽子分量糯米的哀怨男孩。不過，看著她臉上懸著開心的酒窩回宿舍繼續念書的樣子，內心還是充滿另一種形式的滿足。

看完這兩則故事，你有什麼樣的體會呢？美好的約會不需要長，而要如及時雨，適時地出現、短暫的美麗總是更令人回味。

那麼，怎樣才知道自己是不是在對的時間約他呢？有幾個可能的方式：如果你們剛認識或交往不久，可以從他朋友那邊打聽，看他最近忙不忙；如果你們已經是老夫老妻了，應該對他的近況與一週的行程表瞭若指掌。不過最簡單的方式，就是「直接問他」。

即使再忙，我們也需要忙裡偷閒，一個重要的事實是：**辛苦工作後的短暫休息，往往比連續的玩樂更讓人印象深刻**。去年我們實驗室，曾經請受試者來分享一些有關他們約會的美好經驗，其中當然有不少是所謂的「計劃性出遊」，但是有超過六成的人認為，最美好的經驗通常是在下課或下班後，一起去吃一頓好吃的晚餐。這頓晚餐甚至不需要是昂貴的餐廳，也不需要冗長的前菜，可以是夜市、小吃，或是在兩人家裡親自下廚，一到兩個小時內就能營造出幸福的感覺[4]，而其中的祕訣就在掌握好時間，以及將注意力放在對方身上[5]。

(2)「我們」的觀點：舊地點，新體會

我認識一位相當浪漫的國文老師，她是那種可以站在校園的圍牆外，凝視著牆上的紫籐搖曳風姿，整整一刻鐘的人。我一直記得她在一個微醺的午後，和著習習的自然風跟我們一群大男生說的一段話：

「一條街弄，一個巷口，一角花牆，甚或是一片不起眼的小冰店，只要一個地方駐守了一些曾經的回憶，就會變成你生命中一種特殊的存在。」

戀愛剛開始的時候，夜裡羞赧著接吻的那個街角，餘暉中靦腆牽手的那個巷弄，誤會冰釋後擁抱著落淚的那盞路燈下，都充滿著無法言喻卻又不可取代的回憶。經過這些地方，走過這些角落，都會勾起許多屬於兩人美好的曾經，如果彼此過去的關係都大抵還算美麗，歲月會協助把傷痛的部

分都弭平，使我們在回首來時路的時候，容易看見美好的那一面❻。

正因為「事件記憶」（Episode Memory）是構築一個人「自我」的重要因素⑪，當我們回到過去共同擁有的那些足跡，用承載了多年歲月滄桑的布鞋，踩在彼此曾經留下的每一步腳印時，多少都會想起過去兩人是多麼緊密地在一起，這些一起做過的事、逛過的街、吃過的小吃，都是「只屬於彼此」的事情。在增進親密感的同時，也讓舊地重遊，顯得更為浪漫與溫馨。

加州大學柏克萊分校的班傑明．席德博士（Benjamin H. Seider）曾邀請一群中老年夫婦，請他們談談過去的人生中一起經歷的一些事件，並觀察兩人在溝通時使用的字詞。席德發現，在溝通時使用較多「我們」字詞者，有較多的正向情緒行為（如幽默），較少負向情緒行為（如蔑視和憤怒）。他指出，「我們」的思考方式，反映一種內在的心理表徵（Mental Representations），這種表徵促使個體將自己納入兩人「在一起」的關係⑫。因此，用這樣的觀點回憶、記錄過去的美好的事情，容易讓我們回想起在以往的時光裡，彼此是如何甘苦與共，患難相依。

牽起對方的手舊地重遊，很容易就能在大腦裡再現那些溫暖回憶。想起過去兩人在哪裡買過冰淇淋，一起用很小的湯匙，你一口我一口地吃；想起曾經在海邊一起對著夕陽許願，讓他的肩膀靠在自己的肩上；也想起某天他匆匆地提著宵夜到你家樓下，找你一起去散步的光景。這些過去的「一起」與「我們」，都可以被重新實現、經歷，再次用心感受。

(3)更新彼此的約會基模：開啟你的內在感官

第六章曾稍微提到腳本（Script）這個概念，這裡再簡單地複習一下。想像你今天跟男朋友到一家高級餐廳用餐，會有哪些可能的「事件」等著上演呢？

典型的約會腳本大約是：他從衣櫃裡勉強挑出一套還算可以看的衣服來接妳，你從下午就開始梳妝打扮，但還是不小心晚了十分鐘出門。到了餐廳，迎面撲來強烈的空調氣味，他先報上他的姓，兩位，然後服務生會引領你們到預定的位置，在高級的杯子裡注入八分滿的水，給你們看菜單。接著就是幾乎所有人都會背的流程：點餐、前菜、主食、甜點、飲料、付錢、離開餐廳、謝謝光臨。這種「約會基模」（Dating Schema）有一個好處，他讓大家都很容易行事，不需要花大腦；但另一項特點是：**當基模被打破的時候，我們就會產生各種情緒**。

試想，今天如果他遲到了一小時呢？或者，下起滂沱大雨，把你的妝都淋花了？又或者，到了餐廳才發現，他根本沒有事先訂位又大客滿，讓你們只能站在路邊吹風吃沙子？**過去習以為常的事情如果不如預期順利地完成，就會造成情緒的波動**。每天都會做的重要小事如果「損壞」了（比方說摩托車無法發動），除了會影響你一天的作息，也會讓你有不舒服的感覺。

當然也有好的「意外」。例如：用餐時，店家說當月壽星當場接吻的話，可以獲得法國高級氣泡紅酒一瓶、他從外套裡拿出鑽戒來跟你求婚、或是從挑高的落地窗邊昇起了貼著「我愛你」的氣球等等，但我們不能總是期待好的結果發生。

一般而言，改變約會基模會讓我們有異於平常的感受，只是這個感受可能是愉悅的，也可能是很糟的。我們總喜歡在特殊節日的時候給伴侶製造驚喜，又擔心玩笑開得太過火，或是達不到預期的效果。

道格．費爾茲與陶德．坦普（Doug Fields & Todd Temple）很久以前曾寫了一本《Creative Dating》，

其中有相當多有創意且令人噴飯的約會點子、49種我愛你的說法、省錢的晚餐、一擲千金的約會、從A到Z的禮物等等⑬，只是，其中有些方式不但無法讓伴侶驚喜，還會因為與伴侶的基模相去太遠，而招來伴侶的白眼。比方說，費爾茲曾建議，偶爾可以試試露天演唱會時不要買票，直接坐在場外聽，這個建議固然有趣，但可能得考量伴侶的個性是否能忍受瘋狂！

有沒有「安全又有趣」的約會呢？一般來說，約會基模不外乎逛街、逛夜市、吃飯、唱歌、或看電影。你可以發現，這些約會方式大多都聚集在都市裡，而且都有一個共通點：相當耗費注意力。看電影的時候，注意力集中在螢幕上，逛街或夜市的時候，把注意力集中在形形色色的店家或食物上，只有吃飯的時候例外——當然這是指你能閉上眼睛，細細品味和咀嚼，享受食物美味的話。

其實，的確有一些約會的方式比上述的「基模式約會」更為物超所值。同樣是花錢，美國康萊爾大學的特拉維斯．卡特（Travis Carter）與托馬斯．奇洛維奇（Thomas Gilovich）發現，和伴侶一起旅遊、度假、看美景、品嘗美食這些「經驗消費」（Experiential Purchases），比把錢拿去買昂貴的3C產品的「物質消費」（Material Purchases）能得到更多、更久的快樂⑭。為什麼這些活動可以締造幸福感呢？卡特等人的解釋是，「經驗消費」比較沒有可供比較的標準（你覺得上次去海邊比較好玩，還是一起去騎單車好玩？），可是「物質消費」很容易被比較（這也就是為什麼你買了一支新手機之後，很快就喜新厭舊了），而越多比較，也就越多失望。

此外，或許神經系統也扮演了不可或缺的角色。人體內的自律神經可以分為交感神經與副交感神經，交感神經活動時我們會提高注意力、心跳加速、血壓上升、體溫升高、呼吸變快；相反地，副交感神經活動時讓人能夠放鬆休息、修復細胞、進入睡眠等等⑮。

現在，你試著重新回想那些在都市內進行亟需注意力的約會活動，到底都是讓哪一種神經運作呢？

人的身體和心靈一樣，需要不同的活動來調劑，所以在安排約會的時候，盡可能地穿插一些分散注意力的行程，如泡溫泉，登山健行，海邊玩水等等。發現了嗎？這些分散注意力的活動，大多都是跟大自然有關。

換言之，約會就像是用餐一樣，我們不能老是吃油膩的肉類，也不能總是把時間花在都市裡。有時在餐點中添加一些蔬菜水果，反而襯托出肉質的鮮美。約會亦同，例如：在行程中安排動物園一遊，或搭乘貓空纜車等等親近大自然的約會，都可以讓我們心情放鬆，活化副交感神經。以台北為例，一個可能的行程安排如：北投溫泉→士林夜市→草山觀星。

當然，你也可以跟他一起到擎天崗的草地上牽著手躺下，試著傾聽彼此內心的聲音，關注周遭的蟲鳴鳥叫，這將會是一種完全不同的體驗。在約會中進行這樣的練習，用你的掌心去感受他的體溫（雖然你們常常牽手，但你曾認真感受過他手心的溫度嗎？），用你的鼻息去親吻草地，仰望無垠的藍天或星空，都可以在你們的約會當中留下美好的一頁。

卡特在後續的研究中也指出，這些開啟你感官體驗的活動之所以能讓你感到更多幸福，是因為在享受的過程中，你會「感覺」到自己、碰觸自己的身體部位、更貼近自己。草原上的風撫摸著你的臉頰，並不因為你是誰、你賺多少錢、你的地位為何，而只是因為「你是你」；他的手傳來了暖暖的溫度，不因為你買過什麼給他、不因為你是她第幾任情人，只因為他現在愛的人是你。這些無條件的接納和感覺，都是我們貼近自然、貼緊生活、握緊彼此的手之後，才能有深刻的感受，但是這些感受本身，同時又不需要理由。

與身邊的他、與大自然一起遨遊，或是閉起眼睛啜飲一口濃湯，將使你更靠近你真實的自我，在這段經驗裡面，你不需要偽裝、不需要勉強，你可以做你自己不會被責難，脫下沉重的面具不需擔心被看穿，這就是為什麼和伴侶一起用餐、造訪自然，是把幸福灌溉得滿滿的一種好方法。

(4)用意義感構築美好回憶

不論是快樂或悲傷的經驗，只要我們為它安上了一層新的意義，就足以讓我們感到安適幸福。幾天前一個學妹問我說，情人節快到了，到底要送什麼禮物比較好？學妹是一個很用心在經營感情的人，她曾經自製過影片、禮物書、照片書、手工卡片等等各式各樣的禮物送給男朋友，無奈她把可以用的招數都用完了，呈現一個「江娘才盡」的狀態。我建議她可以錄下「愛男朋友的一百個理由」來送給他，畢竟我們在受到心愛的人鼓勵稱讚的時候，會感覺到自己是被重視的，進而在內心昇起幸福的感動。

一位實驗參與者也跟我們分享他最美好的一次約會經驗：

「印象最深刻的是我們一起去看《神隱少女》……主要並不是因為音樂多好聽、畫面多精緻，而是在看完之後，我們討論了許多有關世界和平與環境保護的看法，也交換了一些意見、價值觀等等。我很欣賞他一直是一個有夢想、勇於去改變現狀的人，跟他在一起這段時間，我好像漸漸能夠獨自去完成一些以前我沒有勇氣做到的事情……那天的討論，也讓我們兩個人的心都更靠近了一些……」

上面談的這些例子，都是構築意義感的方式：讓對方覺得他與眾不同，跟你在一起是有所成長的，而不是只是吃喝玩樂，打屁閒聊而已。

另外一個故事是發生在我的香港朋友小佐身上：

「你看，這隻很醜很黑的叫小小佐，這隻漂亮可愛的叫小啾啾」某一次我們從夜市回來，她還沒脫鞋子，就興奮地去廚房拿裝醬瓜的玻璃瓶，仔細地洗淨後，放進兩隻剛撈到的金魚，然後趴在桌上，用兩隻大大的眼睛，目不轉睛地盯著他們看。

「為什麼我的那隻比較黑啊？」我經過她身邊倒水時，不服氣地問她。

「因為你本來就很黑啊，又黑又髒，哈哈哈！」她向我擺了個鬼臉做出小豬的表情，然後轉過頭去繼續關心她的魚。

從那天開始，照顧那兩隻小魚就變成我的工作了，每天要幫牠們換水，餵牠們飼料。然後，晚上她回家就會做例行檢查、睡前還會隔著玻璃給那兩隻小夥子各一個晚安親親。剛開始照顧牠們時，我還有些不情願，畢竟這不是跟我老闆威脅我「如果辦公室裡的那棵竹柏死了就別想領薪水」一樣嗎？

可是養了幾個月，小啾啾肚子朝天的那天，我竟然比她還要傷心……

像小佐和他女朋友這樣，把夜市裡撈回來的金魚取上兩個人的名字放在客廳養、或是一起種一棵植物並記錄它的生長、一同縫布娃娃、交換日記[7]、每次約會的時候輪流設計一個遊戲，都可以增加相處時的樂趣；我們可以用這些方法改善「只是相約吃飯」，或是那種「你看我、我看你」卻不知道要聊什麼的約會。

這些活動的目的，**都是要把彼此的重要性「編織」進回憶裡**。我曾經看過一個婚姻治療法，治療師請兩個年紀加起來快60歲的哀怨夫妻穿上特製的魔鬼氈衣服，用彼此的臉共同夾著一顆塑膠小球，匍匐前進將球投入十公尺外的洞裡。整個過程就像是綜藝節目一樣，趣味橫生、摩肩擦踵、笑聲糗態不斷，參與的伴侶都是已經對婚姻感到沮喪無趣，甚至瀕臨離婚的人，但是透過這樣的活動之後，他們發現已經很久沒有跟對方進行**親密的身體接觸**、**看著對方的眼睛**、**聽對方說話**、**溝通**、**一起完成一件事情**等等。而這些，都是能增加感情的溫度，讓他們重新認識彼此的方式。在治療結束後，大部分的參與者也一步步開始重建他們的關係。

以退為進的方式：體驗孤單

分享了這麼多創新、感情增溫的方式，好像意味著我們想要逃離「習慣」的魔掌。其實，我們並不一定要「對抗」習慣化，也不一定要讓自己每天都有新發現——事實上我們也做不到⑯。

在這章結束之前，我想要用一封信，帶大家再次回顧習慣的兩個面向。

「兩年來，習慣你總在睡前給我一通晚安電話、習慣在入睡之前從話筒的另一端聽見你的聲音、習慣在闔上眼睛告別今天之前，對著手機上的簡訊笑臉說再見、習慣假日的早上跟你一起揉著惺忪的睡眼去吃早餐、習慣在回到家打開電腦之後，第一件事情就是去逛逛你的臉書塗鴉牆……

後來，我們開始覺得每天熱線有些太多了，因為，我們彼此都有事情要忙，偶爾也會忘記要打給對方；你去新的地方工作以後，常常要留下來加班，假日都睡到中午，我們變得很少再像以前一樣，一起去吃早餐。有一天傍晚回到家，我發現自己第一件事情不是去看你的臉書，而是逛網拍。這時我才赫然驚覺，這段時間裡面，我們是如何從熟悉彼此、到習慣彼此的陪伴、一直到習慣於這些陪伴不再像當初一般頻繁。

我不再像一開始一樣期待你的電話、不再因為要跟你見面花好多時間打扮，雖然睡前我們還是會聊聊天，但總是簡短地說幾句就入眠。有時，我真的好忙好忙，我也會假裝躺在床上、哄你說我們一起睡，掛上電話之後，又去做自己的事情了；有時，你加班到深夜，我便傳封簡訊給你說我要睡了，然後就沉沉睡去。變成老夫老妻之後，我們花在彼此身上的時間變少了，出去約會的時候也大多是靜默多過於嬉鬧。當初的怦然變成今天的習慣，雖然早就料到會這樣，只是，變淡的速度比我想像得還快出許多。

在你出發去拉薩的那一個禮拜，一連好幾天沒有你的消息。每天夜裡睡前，都覺得好像少了什麼東西一樣。我跟自己說，之前不是也有好多天的晚上是自己入眠的嗎？這樣地自我安慰，還是無法讓我不想念你、不為你擔心。早上起來泡麥片的時候，看見小茶几上的兩只對杯，你的那只就倚在我的旁邊，更讓止不住的寂寞持續發酵著。好想問你，在那邊吃的好嗎？生活還習慣嗎？會不會水土不服？突然，有一種想緊緊抱住你的強烈感受。

已經很長一段時間沒有感受到你在我身邊是多麼的重要、已經長久以來習慣於你的陪伴、也曾經因為漸漸淡化而乏味的陪伴，思考是否值得與你繼續走下去……可是這一週你的出差，也讓我深深地感覺到，那些我平時感覺不到的東西……」

這封信是我身邊一位朋友，在她男朋友出發前往大陸進行考察時寫的，本來想要寄給他，卻連對方住在哪裡都不知道，只好任這封信躺在抽屜裡。寫完這封信之後，她發現自己其實是很需要對方的，即使已經過了蜜月期、即使已經沒有當初那種濃得化不開的愛意，但彼此的相知、親密，仍然是不可取代的。所以，如果你有一天真的覺得有一點膩了，也嘗試過用上面的方法卻仍然無效，那麼或許是時候讓兩個人分開一些日子，或許獨自旅行、或許看看風景，但最重要的，**是體會對方不在自己身邊的感覺**。過去研究發現，倘若一段關係的本質良好，短時間的分離會讓彼此更為思念，而這樣的思念有助於維繫兩人的感情（Maintaining Love），這個「小別勝新婚」效應⑰⑱大家都懂，卻常常忽略我們還有這樣的妙方可以使用。

當關係面臨問題時，有些人總是積極地想趕快用一些方法解決改善，可是最後他們會發現，越是努力，似乎離目標越遠。這時候給彼此保留一些空間，反而能為這段關係騰出更多的可能性。就像知名親職作家穗波所說：「**有時候將時空的距離拉遠，反而能將心理的距離拉近。**」⑲

珍惜那些願意陪在你身邊的人

「習慣愛」了以後，一方面我們會覺得兩個人的關係不再像之前一般多采多姿、令人心動了，但另一方面，當這段關係有所變動的時候，我們仍然會面臨相當多的不適應、難過、寂寞，甚至是懊悔等等。最後你會發現，習慣其實是一種「信任」。它可以帶來一種安全感，一種輕鬆自在的感覺，讓我們能夠無所防備地跟對方相處，兩人可以很長時間不說話也不覺得尷尬，我們可以在伴侶面前摳腳，睡相很差，甚至對身邊的他生氣發飆，因為我們知道就算不假裝，對方也不會拋棄我們。而這些，並無法在一段「充滿刺激驚奇」卻又「擔心對方評價」的新關係中獲得。

「**如果你覺得某人變了，或許你這段時間以來，並沒有好好的關心過他。**」一位朋友曾在他的臉書上有感而發地說。感情是一天一天累積起來的，無趣也是。沒有任何「一天」的喜怒哀樂可以主導一段關係的成敗。一段日子過後，評估自己在這些時光裡整體的關係滿意度（Relationship Satisfaction），多少可以成為自己在這段關係裡，抉擇去留的重要參考⑳。

我們需要做的，只是多放一些心思在對方身上，多花一點時間經營關係，並給予雙方成長學習，體驗孤單的機會。也就是說，我們除了需要像園丁一樣細心地呵護，也需要讓花有足夠的時間、空間孕納陽光、沉澱養分，這朵花才能開得漂亮、開得久。細細經營加上空間給予，或許我們也能打破枯燥的習慣模式，聽見，花開的聲音。

角色扮演

在臨床心理學上，治療師常採用的一個方式是「角色治療法」──治療師與個案一起建構一個他想成為的人，然後一起寫好一個劇本，在一週之內，他要盡量地去模仿那個人的思考或想法來行動。

在戀愛心理學中，史騰伯格也將愛情的類型分成四十多類，其中有些愛情如老師與學生、母親與孩子、姐姐與弟弟、以及前面曾經提到的園丁與花朵等等㉑，而許多心理師慣用的戲劇治療，也同樣強調角色的扮演與情境的模擬。

角色扮演的功效是：我們可以從扮演的過程中去探索、去碰撞，發現不一樣的自己，看見或碰觸自己原先害怕的東西。在扮演的過程中，彼此可以互相扶持，讓雙方在探索的過程中不會受傷。如果兩個人相處已經一成不變，何不利用角色扮演的方式，為關係注入新的活力？

只是這個扮演要如何實行呢？以下簡單地列出四個步驟供大家參考：

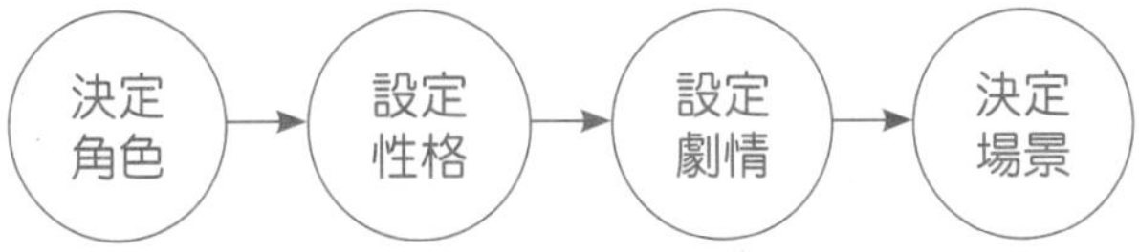

①決定角色

就像玩線上角色扮演遊戲，第一件事情就是創立角色一樣，真實地進行角色扮演的時候，選擇角色也是很重要的。比較好的情形，是將兩人的關係設定為「對等的」，比方說王子與公主。

②設定性格

除了角色之外，也要幫角色設定個性，第一次玩的時候，最好選擇跟自己個性差異比較大（而且具有你喜歡的特質）的比較好模仿，例如：做事情扭扭捏捏的你選擇果決勇敢的王子，一向霸道的她選擇溫柔婉約的公主。

③設定劇情

如果編纂故事很難，第一次練習的時候可以參考一些童話故事，例如：羅密歐與茱麗葉，哈姆雷特或三隻小豬等等，先照著故事演，再進行改編。須注意的是，不論劇情怎麼變，雙方都要對彼此的個性設定有共識並且努力堅持，也就是說果決勇敢的王子不可以因為怕事變成溫柔愛撒嬌的王子。

④決定場景

這需要一點想像力。你們可以在家裡玩，比方說把二人設定為兩位江戶時代劍客的話，可以把床鋪想像成拱橋，在房間以枕頭對決；也可以在捷運站或公園的花台玩，她撐著下巴念著茱麗葉的經典台詞：「羅密歐，羅密歐，為什麼你是羅密歐呢？」如果是三隻小豬的故事，當然少不了先到夜市大吃一頓啦！

註解

①圖文版的非常可愛，詳請參閱http://www.wretch.cc/blog/z314159

②引自網路作家kiss486的網誌㉒：兩點指的是公司（或學校）與家裡，一線就是連接這兩者之間的那一條路線。用來指稱工作之外就是宅在家的無趣生活。

③雖然沒有明確證據支持，不過實驗室的夥伴曾半開玩笑地說，男朋友的第一項天職可能是「司機」。我們曾收集許多徵友、徵婚的廣告，發現幾乎所有的男性都會提及自己的交通工具（汽車或機車），而部分女生也會要求對象應該具有「司機這項技能」。不過，這並不代表「運輸」或「財富」本身在所有女生心目中都是不可或缺的。或許運輸過程裡的身體接觸（機車），或置身於同一個密閉空間中（汽車）的親密感受，才是更重要的。

④關於幸福的故事，請參考第十二章。

⑤當我們一直看著對方眼睛的時候，通常表示我們相當在意那個人。視線是一種心理距離的重要表徵，在人擠人的捷運上，我們會將視線別開，或是閉眼裝睡覺，以彌補自己和陌生人過於親近的距離㉓；同樣的，如果約會的時候他看著你的時間很多，你會不由地覺得，他很在乎、很關心你的感受。我們在第十章會再深入談這個概念。

⑥不過如果你的另一半是不安全依戀的人，那又另當別論了喔㉔。詳情請見第九章。

⑦我們現在大多利用臉書（Facebook）或推特（Twitter）簡短交換自己的心情，但如果是非常私密的事情想要天天跟伴侶分享，有沒有更為安全的方法？這邊推薦一個非常棒的網站Ohlife.com，申請一個伴侶共用信箱，系統會每天寄信提醒你們該寫日記了。或許你會覺得很麻煩，但研究發現常常彼此分享生活的喜怒哀樂生活點滴、提供情感上的支持、互訴秘密㉕，可以讓自己快樂，也可以讓感情持續加溫、增加親密感，是一項相當值得的投資。

⑧本章提供的所有方式（包括後面練習的部分），是「平均而言」能讓大部分情侶感到有趣的做法，但在施行之前，還是盡量與伴侶討論過比較恰當，因為在這之中，很可能存在著許多個別差異。例如：他可能是焦慮依戀者，天天黏在一起最好，短暫的約會反而讓他覺得，你是不是不愛他了；或者，她很討厭爬山，因為她不喜歡蚊蟲與流汗的感覺，可能就要找涼爽的天氣、擦點防蚊液等等。如果你想知道更多有效增進親密的方法，歡迎參考筆者的網路文章《幸運草的溫度：四個維繫愛情的方法》㉖。

延伸閱讀①－㉖相關內容，請參閱大真文創出版公司網站http://www.bigtrue.com.tw/about-love/research/。

Chapter 8

退一步，海闊天空？

關係中的犧牲與忍讓

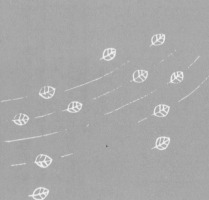

記得那是在一個寒流籠罩的晚上。結束一天雞飛狗跳的工作之後，我像是被鹽水侵襲的蚌殼，雙手交叉在腋下，將外套連同風衣緊緊裹住身體，半低著頭走回家。一月的細雨伴隨著寒氣，像是鋼針打在臉上，尖刺的痛感幾乎讓我有臉上即將凍出鮮血的錯覺。我守著身體裡殘存的芯，最後一點溫暖，一心只渴望快點回到家，洗個舒服的熱水澡，然後在客廳的躺椅上一邊發懶一邊吃泡麵。

「能幫我下碗麵嗎？」到家之後，我一邊像剝洋蔥一樣，一層一層地脫下風衣、外套、和背心，一邊舒展著被過多的水氣滲透進來變得沒有知覺的腳趾，又冷又累又餓，只能用最後一點力氣跟她說。

「可是……我想出去吃耶……」她身上的套裝也還沒換下來，臉上有些為難的表情，使我的心情更是五味雜陳。一想到等等出門，又要面臨西伯利亞式的寒風及針狀的雨絲，甚至還有冗長的點餐與等待，心裡殘存的一點溫度就如同殘燭般不堪一擊。

「明天再出去吃吧，我今天好累了……」還是耐著性子回答她。

「不要，我想今天吃。我等你等了很久耶！」她說。

「我又沒有叫你等……而且我今天只想待在家……」每次都是我還就她，我希望這一次，決定的權利可以握在我手上。可是，我的話才說到一半，她就轉身回房，大力地將門關上。那巨響迴盪在寒冷的空氣裡，刺耳尤其。我心底一沉，難道不退讓的代價，竟是一夜的冷戰？

人說相愛容易相處難。在關係裡，誰沒有爭執與衝突呢？誰不曾為了另一半犧牲退讓呢？縱使衝突讓人傷心難過，意見不合仍要有一方要犧牲退讓。你有沒有認真想過，為什麼你願意讓步？為什麼在每次激烈爭執撕破臉之後，總是不爭氣地先低頭？為什麼每次說好不再原諒對方，還是默默地在心裡為他留下一塊地方？你讓步之後，對方就開心了嗎？就算他開心了，那我開心嗎？讓步對我們的關係真的有所幫助嗎？或者，這只是假象和平的無限迴圈，總是駛不到幸福的終點？什麼樣的讓步是健康、有利於關係的？什麼樣的退讓只會讓自己被委屈所掩埋，對關係無益且有害？

在這一章將會分兩部分來回答這些問題，第一部分先從「犧牲者」的觀點，討論我們為什麼而犧牲（犧牲的動機）、兩種不同的犧牲概念（犧牲的知覺）、以及退讓的關鍵。第二部分則從「要求者」的觀點，說明哪些線索會讓我們開始「不情願地」退讓，進一步討論那些不健康的退讓模式以及走出負向循環的方法。

犧牲者的觀點：我們為什麼願意退讓？又為何不願意再繼續退讓？

還記得兩個人剛開始認識、相處的模樣嗎？最初，我們因為相知相惜，彼此吸引而進入一段關係，我們願意為對方犧牲一切，事事以對方優先，容忍對方的脾氣、包容對方的任性、願意在他或她難過的時候，放下手邊緊急的工作，先安撫或傾聽他的感受；看到對方落淚生氣的時候，自己的喉嚨也會像被軟木塞堵住一般地不舒服；見到對方破涕為笑的時候，我們心裡也會跟著一起溫暖起來——儘管這個笑容是犧牲自己的一些需求換取而來的。**簡單地說，因為我們的心跟對方是繫在一起的，所以為了對方臉上的幸福，願意讓自己承受一點辛苦。**

不過，隨著交往的時間漸長，雙方似乎開始在意見不合的時候掙扎、在需求衝突的時候爭吵、在讓與不讓之間來回蹉跎。雙方試圖從讓與不讓之間找到一個平衡點①②。雖然很多兩性溝通書籍都教導我們應該互相包容、彼此尊重、學習用較為正向的方式來處理兩個人之間面臨的問題，但是究竟要退讓多少、犧牲多少、才不會把自己的一部分也丟失掉？我們也漸漸開始擔心自己一再的犧牲，究竟是在延續這段關係，還是在燃燒自己？

(1)「想在一起」與「害怕失去」——兩種截然不同的犧牲動機

長期進行親密關係研究的艾蜜莉（Emily A. Impett）及她的同事認為，這要看犧牲的動機為何！他們透過兩項長期的實驗發現，大學情侶認為最常為彼此犧牲的事情，是雙方「課業」與「遊玩」時間的平衡。接著他們用複雜的統計模式，找出為關係犧牲的兩種初始動機：「促進型動機」（Promotion）與「避免型動機」（Prevention）。這兩者將主導著「這次犧牲」本身，究竟是有益或有害③。下面的故事可以進一步說明這個概念。

從交往的第一天起，我就知道他是一個很愛喝酒的人，或者更確切地說，是幾近酒精中毒的程度。他白天在內湖的科技公司上班，工作時間常常超過十二個小時，平日下班後就跟同事到附近的熱炒店喝酒，我經常是被call到店裡面，半攙扶地把他帶回家。

比喝酒本身更糟的是，他喝醉之後像是完全變了一個人一樣，對周遭的人動手動腳、罵天罵地，幾乎把所有的人都罵了進去，淨說一些難聽的話，我在一邊只能像小媳婦似的替他幫大家陪不是、處理他吐得亂七八糟的嘔吐物、叫計程車並回家替他擦身體、換掉髒衣服等等。隔天早上起來，他就像是失憶一樣，對前一天喝醉時說過的話、做過的事一點印象也沒有。

有一次，他在清醒的時候跟我說：「下次我再喝醉，就不要管我。」可是我怎麼放得下他？有好多回，我想跟他討論喝酒的事情，他就大發脾氣，說我不懂他在公司壓力有多大。我很怕他生氣，幾次之後便不敢再跟他提起這件事情……

有一次他醉倒在路邊，他的朋友都離開了，我只能勉強撐起他那比我重將近一倍的身軀，將他拖進計程車裡。在車裡他一如往常的抱怨他的上司，我默默地不發一語，眼淚不爭氣地滴在後座的踏墊上。他用含糊的話問我怎麼了，我只是擦擦眼淚搖搖頭說沒事。然後，他又沒來由地生氣，舉起手就要打我……但在看到我的臉之後又像是認出我似的，將拳頭轉向計程車司機，威脅他開快一點，然後一直在嘴裡呢喃著說他很愛我，但我都不能了解他的苦……可是我想說，我想要的不是這種愛，不是這種每天半夜都要握著棉被的一端等待對方、等待他朋友打電話來請我去接他回家，永遠不知道今夜自己的枕邊人會睡在哪條馬路邊的這種愛。

我是一個非常需要人關心的人，我們做了很多努力才能一起租一間小套房，在同一張床上入睡。他清醒的時候也總是很溫柔地回應我，哄我睡覺，說故事給我聽，對我很好很好，好到每次我有一點想要離開他的念頭，都會責怪自己傻的地步。但我實在不知道是否該像現在這樣忍讓下去，縱容他繼續喝酒？究竟是因為我真的很愛他？還是只是因為我害怕失去他？害怕再次回到一個人？

因為，已經投入這段感情很深了，儘管現在的生活方式和我想像的相差很大，但我一直期待能有轉變的機會，只是隨著同樣的事情一再地發生，這樣的期待與希望，過了某個時間點之後，就只能變成「假如」或「要是」。隨著對他懷抱的憧憬越來越少，失落和無奈也越來越多……

這個例子裡面，她的犧牲忍讓行為就是源自於「避免」動機。長期以來對男朋友喝酒的不滿，讓她像是一隻被困在籠裡的小貓一般，想逃跑離開卻又擔心會因此而終身飄零，想改善關係卻又覺得無力，只能用不具威脅性地爪子攻擊鐵製的籠子；一次又一次的忍讓妥協，為的只是換取隔天溫柔的撫慰；許多個夜晚忍著睡眼惺忪等待電話、甚至得搭車扛對方回家，只是「害怕」辛苦築起的幸福，會因自己稍有不慎而崩塌破碎。為什麼她會把自己逼到這樣的窘境？

親密關係的轉變

在感情裡我們常有一種錯誤的認知，好像世界上只有他適合我、只有她最懂我。尤其在感情的初期，我們希望獲取對方的肯定④，希望對方給自己鼓勵，看到自己表現好的一面。就好像小時候自己畫好一幅歪七扭八的畫，就會興沖沖地跑去拿給父母看一樣的那種心情。

因為對方是我們的「重要他人」（Significant Others），平時他一個關注的眼神比起其他人都還重要，生日時候收到的禮物當中，也最在乎他送的那一個。伴侶，就是這樣一個特殊的存在。

不過，「關注」與「關住」常是一體兩面，我們需要對方關注的程度，往往也與我們被對方「關住」的程度成正比。以色列學者米庫林瑟・馬利奧（Mario Mikulincer）與他的同事們多年的研究指出，我們越是焦慮、越是需要對方關心自己，就越是讓自己被這段關係所綁住，在其中面臨的拉扯與挫折也越多⑤。

隨著我們涉入一段關係越深，將對方納入變成自己的一部分，彼此共享的部分越廣⑥，對方的一舉一動也就越能影響我們的生活。於是，有些人對自己感情的態度從「追求幸福」，漸漸轉變成「避免衝突」；從「感情加溫」變成「至少別淡掉」，從「一起到老」變成「不要一個人過就好」……如果你每次的犧牲都是抱持這樣的態度，那這段關係也變得岌岌可危了。因為事實上，**沒有誰是另一個誰的孤單解藥，也沒有誰是另一個誰的寂寞救贖，如果不斷地退讓犧牲只是為了延長你停留在關係中的時間，那麼真正的幸福會離你很遠。**

關於犧牲的矛盾問題

倘若，委屈地犧牲，只是因為我們採取不恰當的避免型動機，我們似乎只要稍微調整、說服自己一下就可以了。例如：每次又面臨到是否該做出讓步的抉擇時，問問自己，到底是為了讓這段關係更好、促進彼此的幸福，還是一直擔憂害怕會失去對方。聽起來這樣就可以做出「健康的決定」了——可是事實上，並沒有這麼容易。很多時候，我們在還沒考慮清楚自己為什麼而犧牲之前，就「下意識地」做出退讓了。為什麼會這樣呢？

許多學者認為，那是因為我們已經在這段關係中投入了太多，對彼此已經有所承諾，而承諾正是增進與維持關係的重要因素⑦⑧。如果一個人想要維持跟對方的關係，做出犧牲幾乎是必經的歷程。畢竟兩個人是相當不同的個體，在相遇之前經歷不同的童年、擁有不同的朋友，在乎的事情不同，不在乎的事情也不同。然而進入一段親密關係之後，這些差異處就得像是和麵糰一般，只有彼此調合退讓，才能走向相同的方向。

在這樣的前提下，心理學家們發現一件有趣的事情是：**退一步並「不一定」總是能海闊天空**。自由大學的保羅·梵·蘭格教授（Paul A. M. Van Lange）連續作了六個研究一致地指出，在關係中願意為伴侶犧牲，有助於提升關係滿意度⑨。但，弔詭的是，丹佛大學的莎菈．惠頓（Sarah W. Whitton）研究則發現，覺得自己在戀愛中犧牲越多的人，反而對關係越不滿意⑩。例如：缺乏安全感、怕失去關係的人，常常抱怨在戀愛時不斷地犧牲⑪，可是，他們並沒有比較快樂。為什麼會有這種矛盾的現象呢？讓我們先來看看這則故事。

我與他交往將近六年了，最近他正忙著準備國家考試。我知道考上公職對他來說很重要，對我們的未來更重要，所以在他準備的期間，我也都盡量不打擾他，即使很多次我想出去玩，我也考量到他要念書便作罷。我的男朋友是個沒什麼自信心的人，他常常會將「哎呀，我這麼笨一定考不上！」或是「好煩喔，念這麼多都記不起來，不要念好了。」掛在嘴邊。其實我聽了心裡很難過，因為我知道那是他的夢想，我希望他能達成，也努力協助他達成，但他動不動就講這些令人洩氣的話，著實讓人覺得又氣又無奈。

有一次我到他家一起做報告到很晚，索性睡在他房間，臨睡前他在床邊告訴我，這次，他考的三科都搞砸了，不想再考了，也不想再念了。他將棉被拉到胸口、關燈準備睡覺的時候，我終於忍不住，偷偷跑到房間的角落，蹲在那邊默默地哭了。因為擔心會吵醒他爺爺，我只能憋住聲音啜泣。他看我不發一語，問我怎麼了，我將自己這段時間以來的感受告訴他。接著是一陣死寂似的沉默，這沉默對我而言比什麼都還要難忍受，靜到連耳膜都會痛的地步。

「我、我只是很擔心你，一想到你要放棄就覺得很焦慮又無力……我只是想要有人抱抱我，哄哄我……」我終於打破沉默開口抽抽咽咽地說。

他也一邊敘述著自己是多麼懊惱、不爽著自己的懦弱，但是，還是在床上一動也不動。過了一段時間他都沒有過來抱我，但我最終決定結束任性，拉下臉來回到床上鑽進他身旁的被窩裡，因為我不希望贏了這場戰爭，卻輸掉了他。事實上，當我發現自己竟然能做到這樣的讓步的時候，瞬間覺得自己好像長大了。

後來，他也在被窩裡哄我，並承諾我會好好準備，不再說喪氣話。「我從來不知道，你把我的未來看得這麼重要，」他用拇指擦去我汪汪的淚水，我聽了很感動，但淚水還是無法停止……

(2)兩種犧牲的差異：願意犧牲與知覺犧牲

在這個例子裡面，女主角**由衷地想維繫這段關係，真誠地擔憂伴侶與彼此的未來，她也能體諒伴侶準備考試，心理壓力也很大**，於是在態度上做一點退讓，不想以自己的情緒為難他、並試著拉下面子去跟他和好。

這種犧牲的模式，就是蘭格教授研究裡談到的「願意犧牲」傾向（Willingness to Sacrifice）。它對於整個關係的品質是有幫助的——而且，當這樣的犧牲一出現，對方通常也能察覺到，並給予正向的回應、一起做出調整（adjustment），就像案例裡的男主角，一開始雖然表現得很糟，但在伴侶先釋出善意結束任性（劃線處）、說出自己的需求之後，他的態度也軟化了下來。

反之，倘若你常常「覺得」自己在這段關係中，總是扮演犧牲的角色，感受到自己常因為顧慮對方而「委屈」，則偏向於「知覺犧牲」（Percieved Sacrifice）。這樣的犧牲不但讓自己難受，對方也會因為感受到你其實是「很為難」地做了一些讓步、感受到你的不情願，心裡也很不舒服——而這就是惠頓教授研究理所發現的、對關係無益有害的犧牲。

你發現了嗎？蘭格教授與惠頓教授的研究之所以做出相反的結果，有一個很大的差異在於，「讓步」是否「自願」與「真誠」[9,12]。如果你的退讓犧牲，是出於心甘情願，以愛為出發點，那麼大部分的情形裡，這樣的犧牲對於關係都是有所幫助的；但如果你一天到晚總是「覺得」自己一直在犧牲奉獻、甚至和朋友頻頻抱怨，那麼你所受的那些「委屈」，可能只會讓你「越委越屈」。

任職於香港大學的亞歷山大．高根（Aleksandr Kogan）進行的研究或許可以為這個部分的討論做一個小總結。他和先前提到的艾蜜莉教授進行了一項為期14天的情緒研究。他們請69對情侶在兩週內記錄每天的情緒、犧牲的次數、犧牲時的心態等等，發現一件重要的事情：**如果你在犧牲的當下不夠真心，那麼很可能沒辦法使兩個人都開心**[12]。相反地，如果你的犧牲是真誠（Authenticity）、不求回報的（With Communal Strength），在犧牲的當下其實你是很快樂的（With Positive Emotion）、很滿意這段關係（With Satisfaction）、也比較容易感受到伴侶感激與讚賞的心情（Perceptions of Appreciation）。

因此，下次你在面臨進退維谷的犧牲抉擇時，你可以在這些心理學家的研究基礎上，做出更為健康的犧牲決定——問自己下面這些問題：

ⓐ**艾蜜莉——你是因為害怕失去這段關係才讓步嗎？**
ⓑ**蘭格——你是不是「自願」做出這樣的讓步的呢？**
ⓒ**惠頓——做出讓步以後，你是否常常覺得委屈、時時和朋友抱怨？**
ⓓ**高根——你是「真心」地想要讓步嗎？你是否不求回報，而不是斤斤計較？**

我們須謹記一件事：在親密關係中，兩個人的情緒是「禍福與共，互相羈絆」的⑬。也就是說，如果我們希望藉由自己的一些退讓，換取對方的快樂的時候（這樣我們也會感到快樂），同時也須要考量，這樣的退讓自己是否能承擔，是否真的心甘情願，**畢竟自己因退讓而產生的情緒，同時也會影響到伴侶的心情**。這也是為什麼**不甘願的退讓，最終會讓雙方都不開心**。

要求者的觀點：為什麼不甘願，卻還是不知不覺退讓了？

如果單單從犧牲者的觀點，我們很容易忽略了一件事情——**對方的所做所為，其實也會影響我們的決定**。很多時候明明自己有一些堅持，卻仍在不知不覺中就把這些堅持渡讓給對方了；明明告訴自己這是最後一次再忍受他的行為，卻發現這個「最後一次」，總是變成「倒數第二次」；明明在坐下來好好討論之前，都已經想好計劃，設定了停損點，但是每次討論的結果，卻總是讓對方越了自己的底線，像往常一樣地吃虧。為什麼會這樣？我們都知道，真誠地犧牲有助於關係的幸福，可是為什麼有時候我們即使不甘願，卻仍不知不覺地退了好多步？暢銷作家兼心理學家蘇珊·佛渥

（Susan Forward）會告訴你，那是因為你被「勒索」了⑭。

蘇珊發現，在某些關係裡面，犧牲並不是雙向的，扮演退讓角色的，總是同一個人。典型的情況像這樣：

「寶貝，我明天想去參加高中同學會喔！」她說。

「妳怎麼現在才告訴我？」他聽了立刻放下手邊的事情，轉過來看著她。

「對不起，之前事情太多，忘記跟你說了。」她說著，話語中充滿著驚恐。

「你怎麼可以這樣！每個周末我都空下來陪你，結果你竟然要去陪別人！你現在是要我一個人在家嗎？你太自私了吧？每次都只想到你自己……」（施壓）。

「寶貝，別這樣嘛！不然我們一起去？」（退讓一步）。

「誰要去你的高中同學會！你自己去好了，反正你朋友最多，我都沒朋友。」（進一步施壓）。

其實這是我一個朋友的故事，她最後還是留在家裡陪他的男朋友，沒有去同學會（又退讓一步）。雖然對她的同學很抱歉，而且，她自己也很想出席見見那些老朋友，但是一想到自己竟然要因為參加一場同學會，背負起自私的罪名，又想到如果真的把他丟在家裡，他好像真的會很孤單，只好忍痛割愛。她很愛他，所以她留下來陪他——看著他打整夜的電玩——而且類似的情況重複地發生：**需求產生衝突→對方用語言或行為進行威脅→為了維繫關係，只好自己犧牲讓步。**

無條件的無限退讓

蘇珊指出，親密關係中如果長期出現這種「一方用語言或行為迫使另一方改變決定」的現象，那麼就構成所謂的情緒勒索（Emotional Blackmail）。在這樣的關係裡面，通常會有一個「勒索者」與一個「被勒索者」。勒索者利用被勒索者的弱點、在乎的事情，用直接、迂迴、威脅或各種方式，逼著被勒索者就範。

怎麼知道自己是不是被伴侶勒索了呢？你可以問自己下面這些問題：

□如果你不照他的話做，他就會威脅你、讓你難受、甚至結束關係。

□如果你不照他的話做，他就會告訴你他很可憐、被忽視、你不愛他、不再重視他了、不再像以前一樣對他好了。

□如果你不照他的話做，他就會說你是自私絕情的人，只想到自己。

□不論你付出多少或退讓多少，他總是要求更多，就像一個無底洞。

□他常常說：「只要你在＿＿＿＿退讓了，我就會承諾你任何事情。」但實際上，他卻常常開空頭支票。

□通常都忽視你的需求、「預設」你一定會讓步。

（整理自Susan Forward（1997）. Emotional blackmail. Triumph Publishing Company, HarperCollins Publishers, Inc., USA）

如果上述這些問題裡面，你有一半以上的答案都偏向「是」，那麼你在這段關係裡面一定是委屈重重、苦不堪言的。可是，為什麼在這麼難過的情況下，還有人願意繼續讓步、讓自己身陷勒索？這是因為勒索者用了一些技巧，讓被勒索者產生三種情緒：

ⓐ讓你感到一連串的恐懼（Fear）。

ⓑ因為想要消除這些恐懼，覺得自己有一種需要滿足對方需求的義務（Obligation）。

ⓒ如果自己不做退讓的話，好像是千古罪人，會承受巨大的罪惡感（Guilty）。

於是被勒索者在不知不覺中，掉入了不情願、卻又不得不犧牲的圈套。

蘇珊將上述的三種情緒縮寫為迷霧（FOG），指出在經歷情緒勒索時，被勒索者就像身陷五里霧一般，摸不清究竟是誰對誰錯，也忘記自己真正的需求、底限是什麼。特別的是，這些勒索並不是在每段關係裡都用相同的方式出現。蘇珊舉出了四種類型的勒索者：

施暴者（Punisher）

他們會直接訴諸語言的暴力，說出「若你不……那我就……」的句子，例如：「如果你現在離開，就不要再踏進這個門！」、「如果你跟我分手、我一定不會讓你好過」，或是請你在**兩個你都不想要的選項**中選擇（其中一個是他們的目的），如：「要不你就陪我去，不然我們就永遠不要見面！」、「要不就聽我的，或是乾脆明天就都不要出門」。

另外，還有一種比較被動的施暴者是採用消極的沉默、冷戰、不合作等方式逼對方滿足自己的需求，例如：一整天不跟對方說話、打電話都不接、原先約好重要的事情都不出現，甚至留下一句氣話、說要分手就避不見面等等，於是、你為了和諧，只好讓對方一些。

自虐者（Self-Punisher）

他們擅長用傷害自己的行為（或用語言「告訴」你，他將會傷害自己），來讓你於心不忍，怕他們真的會做傻事，進而達到他們的目的。如「沒關係、你今天不回來，我就不吃不睡一直等你」或「你走啊！明天你就會在社會新聞版上看到我」等等。這些人會使用前面第六章談到災難四騎士中的「防衛」技巧，把過錯都怪到你身上、告訴你「都是你害的！」、「錯的都是你，我一直都是無辜的受害者」等等。因為對方是你所愛的人，你不希望你的決定傷害到他們，只好順從他們的期待。

悲情者（Sufferer）

相較於施暴者，這種人更為難纏。因為他們總是演技高超，哭哭啼啼、一把鼻涕一把眼淚地說你不關心他、他們同樣也會使用防衛的技巧，讓你知道「你做了什麼好事」。和自虐者不一樣的是，被勒索者常常需要花很多時間陪伴和安撫，才能知道悲情者想要的是什麼。我們總是不希望深愛的人難過，更怕自己是讓對方難過受苦的元兇，所以最後往往會軟化原先的堅持，照他們的意思去做。

欲擒故縱者（Tantalizer）

人總是趨樂避苦的。如果說前面幾種勒索者利用的是我們「避苦」的心理，這種勒索者用的正是「趨樂」的操弄手法。他們傾向用正面的誘因或讚美來讓你逐漸上勾，比方說「如果你今天晚上留下來陪我，我就買你喜歡的那件和服送你」、「依你的品味，應該不屑跟那種人一起出去吧？」、「我知道像你這麼聰明的人，應該知道要怎麼做比較好吧？」等等。這些說法首先建立了一些對自己的美好想像、或是對未來的盼望，讓被勒索者不想打破這些美夢。可是，當他們一次又一次地讓步之後，就會發現對方的承諾常常沒有實現，那些誇獎通常也只是為了達成他們目標的甜言蜜語罷了。

當情緣變成壓力源

雖然，不一定每一個人都會遇到上述四種「惡魔情人」，但是衝突發生與拉扯的過程中、在「退讓抉擇」與「堅持原則」的掙扎裡，多多少少都曾經歷類似情緒勒索的影子：要求（Demand）、抵抗（Resistance）、壓力（Pressure）、威脅（Threat）、順從（Compliance）與舊事重演（Repetition）。蘇珊指出，這六個階段就是讓許多人「不知不覺一再退讓」的基本模式（圖一）。

還記得上面提到的「參加同學會」的例子嗎？她的男朋友先是要求她留下來陪他（雖然是用較隱晦勒索的方式），雖然她一開始有做一些抵抗，但最後還是不敵對方給與自己的壓力與威脅（你去啊，反正我沒有朋友），所以只好順從他的決定——而且下次還會重演這樣的劇情。

為什麼我們會全面退讓？

俗話說一個銅板不會響，兩個銅板響叮噹，**如果不是被勒索者的成全，這樣單方面的退讓模式也不可能一再上演**——也就是說，你自己也得負起一些責任。研究指出，一段親密關係的成敗主要由關係中的「雙方特質」與「相處模式」來決定⑮⑯，從這樣的觀點來看，情緒勒索之所以能成功，最主要涉及三個因素：勒索者的技巧、被勒索者的過往、以及這段關係的重要性。

在勒索者的技巧方面，前一段已經談論了許多，但這邊要特別補充的是，**很多時候這些勒索者**

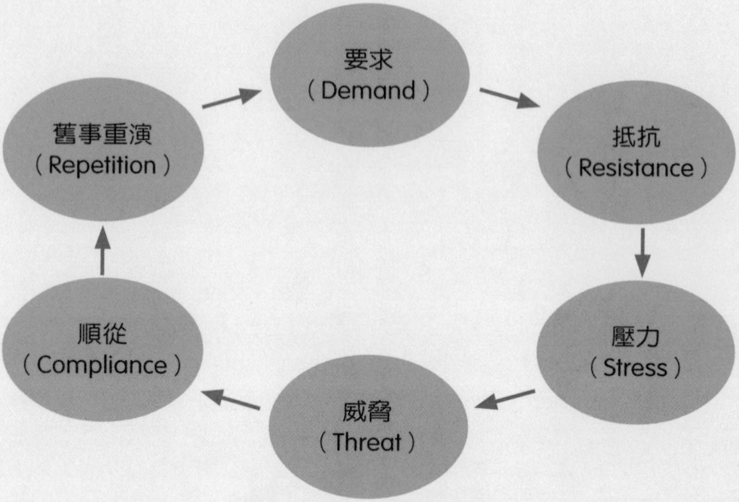

圖一：情緒勒索的循環

可能根本不知道自己正在進行勒索。所以當你告訴他們，你被威脅得喘不過氣來，他們可能會反咬你一口，認為你才是挑起爭端的人。他們之所以使用這樣不健康的方式來經營關係獲得自己需要的東西，是因為**在他們過去的經驗裡，這樣的做法是「有效」的**。例如：小時候他們發現會吵的孩子總是有糖吃；長大之後，如果父母不給他們零用錢，他們就會以哭泣或憤怒的方式[1]來面對——事實上，最終他們也常常獲得了想要的東西。例如：他們可能在過去的戀情中，偶然使用分手來威脅對方讓步，沒想到對方真的就乖乖聽自己的話，也順從他們的要求。這些人，可能是下意識地學會這些技巧，更可能不知道自己一直以來都在操作著這些技巧，但無論如何，他們的情緒的確騷動著身邊的人，並迫使伴侶滿足他們的需求——你要提醒自己，不知道、沒有意識，並不能合理化持續勒索。

在被勒索者方面，蘇珊發現有一些人特別容易「被勒索」。這些人可能有以下這一些傾向，使得他們無法拒絕要求、或習慣於犧牲奉獻。

□「需要」感到自己是被需要、被認同的
□無法棄身邊的人於不顧
□怕別人生氣或哭泣
□極度缺乏自信
□希望維持和諧
□總是將自己的需求擺在最後
□常把別人的責任攬在自己身上等等

上面這些，通常是共依存症（Codependency）個案[2]、界線（Boundaries）不明者[3]、或安全感不足（Insecurity）的人會具有的特徵。蘇珊指出，這些特徵我們身上多多少少都有一些，其中有的特徵更可以協助我們維繫人際關係。但是，如果一個人會因為這些特徵，而讓伴侶對他予取予求，那麼他就很可能是「被勒索者」的高危險群。

為什麼這些人那麼容易被勒索呢？他們共通的特色就是：**生命裡有一部分匱乏了，需要被補足**。他們非常需要別人的肯定、需要別人看見他們的重要性、需要和伴侶維持良好的關係。**追根究柢，他們跟勒索者一樣，需要愛，只是他們用「無限給予」的方式來換取伴侶的愛**，填補自我價值

——可是，他們大部分的時候都無法如願以償。

最後，並不是所有的人都有資格勒索我們。**只有那些占據我們生命中重要地位的人，才能動搖我們最根本的堅持**——而你的伴侶，通常都具備這樣的條件。就像我們在前面幾章所談到的，當我們決定要邁開腳步踏進一段親密關係的時候，同時也把一些喜怒哀樂的權利交在對方的手上——**不論是在一起的時候，或是離開這段關係以後**⑰。整體而言，「情緒勒索」其實就是勒索者利用一些手段（例如：負面情緒或誘因）激起被勒索者的情緒（恐懼、責任感、罪惡感），被勒索者為了減緩這些情緒，只好做出不情願的退讓。

站穩腳步的方法：從這裡開始，拒絕不健康的退讓

有沒有什麼方法可以減少這種「不情願退讓」出現的頻率呢？這章提到的一些書籍都花了相當多的篇幅談論這些可能性⑭⑱，如果你有這樣的困擾，建議你參考這些書籍，或是向心理師尋求協助。這邊也提供一個最主要的方法是：確定好兩人之間的「界線」，包括情緒與身心上的界線❸。

在情緒的界線上，**他可以生氣、可以大發雷霆、哭得呼天搶地、甚至威脅你他要自殺**，因為他是你重要的愛人，你的情緒多少會隨著他起伏，**但是並不代表他能夠隨意地「操縱」你所有的心情**。

記得某位教授在演講的時候，曾談到一個「情緒遙控器」的概念，他問在場的聽眾一個問題：「你會把你家電視機的遙控器給你的鄰居嗎？那麼，為什麼你要把自己情緒的控制權交給別人，讓他們的情緒來主導你的悲喜呢？」

其實，我們的情緒並非時時都會受身邊的人影響。就像前面所討論的，大部分的時候，情緒只會受重要的人影響，而且是他們「特定」的語言或行為。

例如：當對方說出「我很生氣」、或是「你去死」，對你來說可能效果都很有限，你可能會覺得不舒服，但不會因為這樣而被勒索、改變自己原先的決定；但是如果對方說的是「你不要管我」這五個字，你就會開始焦慮擔心、開始盤算要不要讓步、甚至放棄原先的計劃。

為什麼這五個字對你有用？從心理分析的觀點，可能在你過去的經驗裡，這些五個字都跟負面的結果連結在一起：小時候你曾經聽過類似的話，而且，之後真的沒有人理你，所以這些字和「孤單」就扯上了關係。或者，你可能曾經跟一個很愛的人在一起，他說了這句話之後就消失無蹤、杳無音訊，於是這些字就沾染了「被拋棄」的影子——因為你不想再次經歷孤單、不想再被拋棄，所以當你聽到這五個字的時候，就會像觸動你身上的緊急按鍵一般，讓你不得不提高警覺，做出改變。

我們都有不同的過去，每個人的情緒鍵也有所不同，**找出自己的情緒鍵，是劃出情緒界限的重要關鍵**。

背負著故事的人

一位心理師說，**我們都是帶著自己的故事進入一段戀愛之中**。每段戀愛都像是不同的劇本在上演著，在生命的親密劇本中，我們會根據彼此的需要，調整自己扮演的角色或台詞。只是這樣的調整，有時候會太多，有時候會不夠，有時眼睛裡都只看見對方的需求，卻把自己逼得無路可走，有時只顧及自己的渴望，卻讓對方飽嚐委屈，在這兩種情況下，不論是任何一方的退讓，都無法通往海闊天空的地方。如果下次你再面對無法止步的退讓，或是對方穿越你的界線要求你時，請謹記一句話是：

一味迎合對方的短暫和平，常常只是掩埋住更多的問題，反而會為關係種下更多傷害的種子。

火山口的祝福

前幾天，我在火山口慢跑的時候，看見一對老夫婦，沿著山路的一邊，小心翼翼地走著。老爺爺在走前面戴著灰色帽子，棉質白色運動衫搭配銀灰釣魚背心，步履蹣跚；老奶奶穿著非常亮眼的黃色T恤，臉上洋溢著「啊！這裡空氣好清新！」般的笑容。路邊一株櫻花開得低調而迷人，我停下來拍照的時候，聽見這對老夫婦在後面一路拌嘴的聲音，他們正為彼此的衣服顏色爭論著：

「丟嘎你供霧這麼大，麥穿安捏你就不聽。這樣車若來，多危險。」老奶奶操著非常道地的台語，講話的時候差點讓人以為是從鄉土劇裡面走出來的阿婆。

「鶴啦、鶴啦（停頓許久）。可是都已經來了，俺有在看路，免你共（又停頓許久）。我不喜歡穿那種奇奇怪怪的顏色。」老爺爺則是滿口山東腔，更厲害的是，還用山東腔講台語。

看見他們兩個說話的樣子，不知道為什麼有一種很親切溫暖的感覺。

「你鄒（走）前面。」老爺爺鎮定地說，從口袋拿出手電筒。

「麥拉，這樣後面車來看不到你。我行後壁（我走後面）。」老奶奶說。

山風吹著淡紅的櫻花瓣微微抖動著，霧夾著溫泉管線所噴出的硫磺蒸氣擴散在空氣間，兩個年邁的身影穿過這麼灰白，隱約從彎道離開我的視線，我站在原地感受著風從我臉頰吹過去，汗水滴到鎖骨的感覺，細細品味倆老的對話。

個性迥異的兩個人，一個性子急一點，一個固執一些；一個講台語，一個操著山東腔。他們都不勉強對方改變，卻都有意無意地，為對方改變了……我一邊跑一邊思索著，想起一位老師說的一段話：「我想，一對夫妻走到後來學到的事情是：承認對方的缺點，並接受大概改不了多少了的事實。可是就算這樣，還是很愛他，離不開他，因為這麼多年來，他照顧你這麼多，有時候反而覺得，他的那些缺點反而是最可愛的地方。因為他有這些缺點，你才能在他的生命裡，替他做一點事情。」

跑步下山的時候，我還頻頻想回頭看看老爺爺和老奶奶，雖然他們已經離我好遠好遠了。突然之間，我頓悟到一件事情。

或許，他們互相讓對方走在前面，只是希望自己的視線裡，有對方的身影。

註解

❶如果你想知道伴侶的負面情緒對我們的行為怎麼能造成如此巨大的影響，可以參閱《哭泣與生氣的祕密：關係中的爭執與情緒》一文⑳。

❷日本心理學家伊東明，在其成名作《愛，上了癮：撫平因愛受傷的心靈》一書中，曾詳細地介紹共依存症的個案類型、形成原因、與治療方式，有興趣的讀者可以參考之⑱。

❸不可諱言的，界線的設立是我們終其一生都需要學習、調整與面對的問題，對於親密的愛人，原則的堅持與界限維繫更是困難。亨利．克勞德與約翰湯森德兩位心理師合著的《過猶不及——如何建立你的心理界線》㉑，逐步說明各種界限的設立方法與堅持、練習的步驟，是我身邊許多臨床心理師推薦的好書。唯一美中不足的是，該書籍仍然採取部分基督教的觀點進行書寫，若對宗教有所排斥的讀者，可自行篩選受用的部分來閱讀。

延伸閱讀①–㉑相關內容，請參閱大真文創出版公司網站http://www.bigtrue.com.tw/about-love/research/。

Chapter 9

擁抱不了的安全感［壹］

戀愛與依戀系統的運作

「你根本就不懂我。打從我們在一起那一天開始，你就只想著你自己！」他臉上的憤怒像是堆積的炭土，咆哮的同時也粉碎了最初的堅持。

「反正我講不贏你。」她默然地低下頭啜泣，臉上的表情像是四月梅雨季的柏油路面，陰鬱而凝重，紅通通的鼻子滿載著無盡的委屈。

窗外的一對情侶正在機車上爭執，男方最後乾脆放棄討論，一聲不響地走掉。我和他隔著便利商店的玻璃屏息聽著，看著。那爭吵的餘音像潮汐般斷斷續續地隨自動門的開關推進店裡，而心裡隨之起伏的浪潮，也未曾停息。

「嘿，可不可以答應我，生氣的時候不要這樣對我。」我細細地問。

「喔，好啊！」他一邊啃著大亨堡，一邊回答。

而我，也傻傻地相信——直到他在街上轉身離開的那天。

我問自己，在愛情裡我們真正向彼此索求的，究竟是什麼？

我們曾經

針對台灣最大BBS站PTT的熱門看板男女版(Boy-Girl)進行一項調查，從2010/9/26到2011/5/20共計有16,815篇文章，也就是說在這兩百三十多天中，平均每一天有72.48篇在討論著時下的男女關係與戀愛，這當中還不包括推文或潛水不發言的版友。

我們實驗室的幾位夥伴內心升起一個問題是：這麼多人花這麼多的時間在討論兩性之間交往的問題、互相交流意見、尋求版友安慰，究竟為的是什麼？

愛情的力量：我們到底向戀愛索求什麼？

讓我們回憶一下本書一開始給大家的一個問題：愛情到底有什麼樣的魔力，我們又為什麼需要談戀愛？進入一段親密關係之後，我們又獲得了什麼呢？

台大心理系一堂社會心理學課程中，剛回國的Jenny Sue老師給我們的一個答案是：「**因為愛，給我們力量**」。

例如：我原先不敢吃青椒的，但是，因為你在我身邊苦口婆心地勸我，我開始敢吃一些了；我原先都睡到中午才去學校的，但是，因為約了你吃早餐，我開始早起了；我原先都不念書的，但是，因為要教你、要和你一起考上，我開始每天泡圖書館了。

電影《愛在心裡口難開》裡面，飾演馬文的傑克．尼克遜(Jack Nicholson)是一位孤僻難搞的作家，神經兮兮又患有強迫症(Obsessive Disorder)，不論在任何地方他都要嘴賤地批評一下身邊的人，幾乎沒有人能跟他長時間相處。可是，在餐館遇見單親媽媽卡羅（Helen Hunt飾演）之後，他們逐漸願意面對彼此生命的缺憾，讓自己一天一天變好。

劇內最動人的一段，莫過於馬文看著卡羅的眼睛，對她說：「我原先都不吃藥的，但是因為妳，我開始按時吃藥了。妳讓我想要成為一個更好的人（You make me want to be a better man）」[1]原先我們不敢做、不願做、懶得去做的事情，都因為有一個人願意陪伴，支持，鼓勵我們，讓一切變得沒有那麼困難了、好像有些事情變得可能達成了。因為，伴侶提供我們一個安全天堂，一個我隨時可以依賴的地方，我們開始願意去嘗試、去探索、去發現自己更多新的可能①。這就是愛情的力量。

從兩人剛墜入愛河之後，這股力量就開始逐漸發酵。例如：美國加州大學聖伯納迪諾校區（California State University, San Bernadino）的凱利．坎貝爾（Kelly Campbell）博士與他的夥伴曾調查了一千四百位25歲左右的年輕女性，發現「熱戀情侶」比起「進入長期關係、熱情消退」的伴侶們，有更高的創造力②。如果你跟他已經交往很久了也不用擔心，縱使你的伴侶無法讓你更有創意，他仍然可以安撫你的情緒——如果你愛他的話。

美國維吉尼亞大學（University of Virginia）的詹姆斯．科恩（James A. Coan）和他的夥伴發現，長期交往的伴侶也有另一種「力量」。他們做了一個相當著名卻又有一點點殘忍的實驗，邀請女性受試者躺進功能性磁造影機（Functional magnetic resonance imaging，FMRI）裡面，並施予電擊，觀測他們腦部的活動狀況。受試者分成三組：握伴侶的手、握陌生人的手、以及沒有握任何東西。結果發現，被電擊時握著老公手的受試者，比起其他人感到較少的壓力，下視丘（管理情緒和壓力的腦區）的活動量也較少。而且，如果夫妻關係越好，此效果越明顯③。更有趣的是，科恩發現如果妳很愛妳老公，但是被電擊時他竟然不在身邊，竟然淪落到要握別人的手，你的大腦會感到更多的情緒與壓力。

愛情裡的起起伏伏

如果愛情一直都是這樣正向就好了。讀了這本書前面幾個篇章之後你會發現，親密關係的本質似乎就是愛恨交織。戀愛是世間最大的動力，**兩個人相倚的肩膀就可以撐起無限的重量，相向的背脊卻也足以架起一個世紀的孤寂**。我們當然感謝對方帶給我們的新視野、新觀點，熱戀期的正向情緒也的確讓我們更有創造力、有一個人在我們身邊一起走過艱辛，痛苦也會多少減輕；但是不可諱言的，**許多人在愛情裡過得並不快樂，其中更有些人，雖然在感情裡痛苦萬分，可是並不願離開**。為什麼會這樣？讓我們先來看看下面這些對白。

「我們難道不能好好講話嗎？為什麼每次講電話講到最後，就一定要吵架？」

「為什麼每次我沒接到你的電話，你就要像瘋子一樣地打十幾通？」

「又為什麼，每次你在電話裡發神經的時候都鬧要分手，但當我見到你的時候，又好像一切都沒事了？」

這些對話熟悉嗎？是不是曾經出現在你的生命經驗、或身旁朋友的戀愛故事裡呢？我們不禁納悶，如果在一起這麼辛苦，他們為什麼還要繼續待在這段關係裡面？事實上，在文首提到的BBS調查中我們也發現，男女板上許多感情間的問題是重複地被提出、重複地被回答；而且，**求助者也重覆地「不採納」身經百戰板友們的建議**。就像每次打來跟你哭訴的朋友一樣，在你面前說男朋友對他多不好，幾天後你又看到他們笑盈盈地摟在一起了。

如果愛的正向力量這麼大，為什麼我們總是在對方的言語和起伏中掙扎？如果和一個人在一起不能得到我們想要的歡愉，為什麼我們還要苦苦與她相依？如果感情裡的問題都有前車之鑑，為什麼我們總是反覆向朋友前輩詢問，卻未曾真正有所改變？這些現象不是很奇怪嗎？

英國兒童精神病學家約翰・包爾畢（John Bowlby）、發展心理學家瑪莉・安妮絲沃斯（Marry Ainsworth）、親密關係研究者辛蒂・海珊（Cindy Hazan）與飛利浦・薛佛（Phillip R. Shaver）或許會齊聲跟你說：這些現象一點也不奇怪，一切都是「依戀系統」（Attachment System）的作用④。下面我們將依序介紹他們的研究與理論，並試圖回答上面的諸多問題。

原始的害怕：幼兒時期的依戀系統

什麼是依戀系統呢？在孩提時代，如果我們感到不安，會希望有一個人陪著我們，因為我們還很脆弱、還沒有足夠的能力，去抵抗這個世界大大小小的威脅。如果，母親就真的在身邊，而且可以給我們關注，回應，與支持，我們就能解除緊張，並感到安全與自信，然後更願意去探索這個世界、玩遊戲、和別人聊天、唱歌、甚至打架等——並且，在從事這些活動的時候，我們也會回過頭來看看，媽媽還在不在。這就是依戀系統最開始的運作方式：有一個母親做為安全堡壘（Secure Base），我們就可以感覺到自己是安全的，這種與母親的連結感，讓我們可以面對世界的威脅，探索生命的可能。

但是，母親不可能永遠都陪在我們身邊。如果，我們在玩耍的時候，這個時候媽媽突然離開了一下，我們發現媽媽不在了、通常會感到驚慌大聲哭泣或吵鬧。包爾畢認為，這在演化上是一種適應性的反應，因為我們可以想像，當母親不在幼兒身邊，孩子會面臨多少可能的危險。大聲哭鬧，可以提升自己存活的機率——只是，有些孩子不懂得將哭泣停止、還有些孩子，不但沒有哭，還裝做若無其事。

安妮絲沃斯做了類似的實驗來驗證包爾畢的假設⑤。她設計了一個情境空間，要求母親離開一陣子，並讓孩子有機會跟陌生人獨處。結果發現在母親離開時，大多數的小孩的確會出現哭泣、焦慮、驚慌、或大叫等引人注意的情緒或動作，但是當母親回來之後：

1. 有大約60%的小孩會主動上前去找母親，也會因為母親的安撫，情緒漸漸和緩下來，甚至出現笑容（happy when mom return）、繼續與人互動、玩耍，這些人就是所謂的安全依戀（Secure）的小孩。

2. 也有20%－30%左右的孩子，在母親離開時哭得異常慘烈，等到母親回到身邊之後仍然繼續哭鬧、不接受母親的安慰、情緒難以平復下來，好像在跟母親控訴：「你怎麼能這樣對我！」甚至會生氣丟玩具、鬧彆扭。這就是焦慮－抵抗型（Insecure-ambivalent）的小孩。

3.最後，有些孩子在母親回來後表現出一附不在乎的樣子，看著地板或玩具發呆，好像在說：「沒關係你走啊，我不需要你、自己也可以玩！哼！」他們避免與母親有身體或目光上的接觸，屬於焦慮－逃避型（Insecure-avoidant）的孩子，大約占10%－20%左右。

4.後續的研究裡還發現第四種孩子，大約占1%－12%左右，這些孩子在母親離開或陌生人出現的時候並沒有特定的因應方式，混和地出現疑惑（confuse）、焦慮（anxious）或沮喪（depress）等情緒，稱做不一致型（Disorganized-disoriented）[2]。

安妮絲沃斯靠這個「陌生情境」（Strange Situation）實驗一舉成名，許多課本、期刊文章、甚至是科普書都會引用她的實驗。

不過，做為讀者的你，在這個實驗裡面，發現了什麼？這又跟我們先前所討論的怨偶難離、深陷痛苦的感情裡卻屢勸不聽有什麼關係？答案是，幼年的經驗與我們成年後的愛戀，存在密不可分的關聯。

在長大以後：四種成人依戀風格

丹佛大學（University of Denver）的辛蒂・海珊與菲利浦・薛佛指出，「**我們一生中尋找的愛戀對象，實際上是童年時期與父母相處經驗的再現。**」

小時候我們對父母的依戀形態，會延續並影響成年時期的戀愛關係。海珊與薛佛以前述的依戀系統為基礎，提出著名的「成人依戀理論」（Adult Attachment Theory），將人分成數種不同的依戀風格，並藉以解釋我們在戀愛中遭逢的風風雨雨⑥⑦（在閱讀以下的依戀風格之前，我們強烈建議你先完成章末的測驗）。

安全依戀者（Secure Attachment）：

這些人在童年時得到父母足夠的照護，父母也敏感並悉心地回應他們的需求，因此培養了足夠的安全基礎。在對生活的價值觀上，他們覺得世界是安全的、他人可信賴的；在戀愛的互動上，更願意做自我揭露、信任伴侶、溝通時能適切地給予回應、同理、傾聽、考量並敏感於伴侶的需求；在衝突的解決上，能建設性地處理衝突、整合雙方的意見、願意與伴侶合作一同面對問題；在對自我的認識上，覺得自己是可愛的、有價值的、友善的、也喜歡自己。

這些安全依戀者，傾向維持較穩定滿意的關係、感受到較多正向情緒、能與伴侶產生支持性的互賴，並且相信長久的親密關係是可能的⑧。

焦慮依戀者（Anxious Attachment）：

如果童年時期的需求沒有受到滿足、父母並未提供妥善照護（例如：常常一出去就不知道什麼時候才會回來），就可能變成焦慮依戀者。

生活在這種高度不確定的環境，使他們產生心理上的矛盾，一方面希望與伴侶發展穩定與支持的關係，另一方面又對穩定的關係缺乏安全感，擔心伴侶有一天終將離自己而去。而更諷刺的是，在這樣的複雜狀態中，他們的關係通常「真的」如他們所擔心的，大都不穩定。在對生活的價值觀上，他們覺得世界是不安全的、他人是複雜、不值得信任、難以理解的；在戀愛的互動上，他們也相當喜歡自我揭露（甚至到了過度親密的程度）、容易戀愛（或常常聲稱自己戀愛了）、容易過度涉入一段關係，而在涉入之後，又強迫對方付出與自己一樣多、強烈地想占有對方，卻擔心對方不會付出真心，也因此時常與伴侶發生衝突、容易產生焦慮、害怕、忌妒、憤怒等情緒化反應；在對自我的認識上，覺得自己是不好的、沒有價值的、不值得被愛的。

也因為他們相信真愛是很罕見的，只好不斷地要求伴侶給予承諾、有時甚至只關注自己的需求、忽略對方的需求。這些焦慮依戀者的關係滿意度較低、情緒反應兩極、在關係中面臨許多衝突與矛盾，想要親密又怕被拋棄。

逃避／排除依戀者（Avoidant-Dismissing Attachment）：

與焦慮依戀者一樣，這些人小時候一樣沒有得到父母足夠的愛、也同樣怕被拒絕，不過他們發展出另一種依戀風格。在對世界的認識上，轉而覺得其他人是不好的、不可信任的、認為伴侶是不可依賴的、是故一面逃避，一面避免深愛。不相信愛情、不相信有長久維持下去的關係，也因為如此，他們害怕親密、害怕給予承諾、逃避社會互動，即使是在痛苦的時候也習慣一個人渡過。

在自我認識方面，他們討厭自己、覺得自己沒有價值、不屑與其他人來往。這些人傾向投入「非社會性的活動」，例如：參加聯誼、社團或朋友聚會，因為他們不想要再被拒絕被傷害、不願面對眾人離去、不願發生討論是否要續攤時沒有人邀約的窘境、不想參加聚會時，連一個可以說話的人都沒有等等……為了「預防」這些情況發生，他們乾脆就不赴約、藉口自己很忙或不出門，反正先拒絕別人就不會被拒絕。他們否認親密的需求，寧可自己一個人比較自由，認為一個人的生活就可以過得很好了，根本不需要戀愛！

一般來說，依戀成型之後，會促使我們遵循一種內在運作模式（Internal Working Model），在這個模式裡，我們會評估自己是不是被愛，被喜歡，被在乎的，然後逐漸形成比較穩定的自尊。幼時爹疼娘愛的人，容易變成安全依戀者，對自己與世界抱持較為正向的看法；反之，如果是從小就父母「雙忙」，嬸嬸遺棄叔叔不理，肚子餓自己挖奶粉吃、上廁所自己用尿布擦屁股，很可能產生兩種想法：「一定是我長得不可愛」或「這世界都是壞人」。

前者戒慎恐懼，發展成焦慮依戀，處處巴著人不放，無止盡地索求著伴侶的愛，深怕錯過任何被關注照護的機會[9]；後者則裝做滿不在乎，發展成逃避依戀，認為反正這世界上不存在真正的愛，所有的感情都是有條件的，覺得對方想要的時候理你，不要的時候把你丟一邊，所以還是愛自己比較實在。

像日本戰隊特攝片，總會在最後出現神秘的第六人一樣，依戀理論在風行幾年後也衍伸出一種新的依戀類型：「**矛盾依戀**」。簡單的說，這是**一方面覺得自己不可愛，另一方面也覺得這世界的人都不可信賴的類型**[10][11]。這些人他們活在極度的不安中，而他們的伴侶也因此活在提心吊膽的陰影下。有時候他們狂打電話找另一半，有時候又不接電話搞失蹤，還有時候像是在演連續劇一般跟伴侶說他割腕倒在血泊中，而真正心慌去找他的時候，才發現他好好的坐在電腦前逛網拍。**因為他在找尋一種能讓對方將注意力放在他身上、但又不想表現出自己好像很需要被關心的方式**。畢竟他們相信世界上不存在恆久的愛情，再多的關心有一天也會失去，過多的在乎只會換來更多的痛苦，但是，又不甘願一個人這樣過一生，於是在兩種不安全的行為中擺盪，生命被不安全感所支配。

深深地依戀，卻也害怕他消失不見

除了安全依戀之外，剩下的三種依戀風格，都是屬於「不安全依戀」（Insecure Attachment）。當這些不安全依戀者感覺到自己被所愛的人拋棄時，會產生兩種危機反應：焦慮（Anxious）或防衛（Defense）。焦慮的情緒會促使他們將目光都聚焦在對方身上，怕對方再次離他們而遠去；他們也可能表現出逃避的行為來進行自我防衛，不與對方說話或斷絕聯絡，把自己隔絕起來，以避免自己再受到傷害。這種兩反應傾向，像是不散的陰魂一般，一直從幼兒時期跟隨他們到成年——只是隨著社會化的過程，他們對伴侶的焦慮或防衛行為也變得精緻了。

以焦慮依戀者而言，小時候他們利用視覺搜尋媽媽在哪裡，找不到用喊的，喊了如果沒有效就用哭的；現在他們學會打電話給對方，打不通再打，再打不通就傳簡訊或APP、到他臉書上留言、留訊息、留網誌，當一切方法都失效之後，還可以到他家樓下堵他。他們用盡各種方式降低自己的焦慮，卻也因此讓愛人更為困窘、難堪、不知所措。

逃避依戀者在面臨關係中的困難時，可能選擇另一種方式，就是避免任何接觸，避不見面，切斷任何溝通與聯繫。但是大部分的不安全依戀者，並不會只熟悉一種因應方式，更多時候，他們像下面的例子一樣，在接近與逃開間掙扎，給自己帶來痛苦，也讓伴侶無法應付。

「我打給他好多通他都沒有接。所以他再打來的時候我也不想接他的電話。而且，他越是焦急地打，我越是不接。我後來想想，或許並不是因為我不愛他，而是因為我想要藉由『呈現出』我的不在乎、不跟他接觸，來告訴自己『我才沒有那麼容易受傷呢！』也或許，我只是在測試他有多麼愛我……我知道他可能會很納悶地想：不是急著找我嗎？但當我回電話的時候，卻又不理我？實際上，他可能不知道，我還是一直盯著手機螢幕看，最後也常常還是忍不住，佯裝賭氣地接起了電話……我真的不想這樣……可是我控制不住自己。」

和幾個夥伴在討論上面這個案時，一位心理師提到王菲的一首著名歌曲《我也不想這樣》，作詞者林夕敏銳的人性觀察，非常貼切地描述不安全依戀者這種反覆無常的內心糾葛狀態，一句「我也不想這麼樣　反反覆覆　反正最後每個人都孤獨」，戳中許多人不敢說出的心聲。

不安全感的來源與改變的契機

從古至今，不少大眾媒體、文學作品，都曾提到這些不安全依戀的糾葛，焦慮與逃避間的掙扎。但是，這些痛苦的來源究竟是什麼？我們又該如何擁抱這些痛苦、在愛情中與之共存？

一直以來，我們抱著不同的期待進入戀愛，大部分的人也在愛裡面得到力量、變得更好，但的確也有些人過得很糟。他們因為過去的一些傷痛折磨著自己，也折磨著對方——這些傷痛與不安全感可能源自於親情的缺乏，也可能是源自於上一段感情。

「從跟他分手之後，我再也不相信愛情了。如果說這世界真的存在永恆不渝，那為什麼當初他信誓旦旦地說要疼我、愛我、許我一個未來，卻在我最失意難過的時候拋下我離開？你要我怎麼敢再放手去愛？」

「我原先不是這樣子的。自從他那一次劈腿之後，我變得好害怕、好害怕看不到他的時候。我知道這樣很不好，我也知道我應該要相信他，但是信任這種東西，在失去之後就很難找回來了。」

過去許多研究者整理了許多影響依戀風格的因素，發現有兩項非常關鍵：先天的基因、氣質（Temperament）⑫與後天照顧者（或伴侶）給予的回應（Responsiveness）⑬。雖然先天的因素和個人的氣質決定了一部分，可是過去的回憶與創傷、當前伴侶如何對待也是很重要的⑭。一次刻骨銘心的分手，兩回雨中無盡的等候，幾段浮動不安的感情，都可能是讓原先乖巧溫順的他，變成一個懷疑自己、不信任別人、害怕被拒絕又不甘寂寞的不安全依戀者。

但這也意味者一種改變可能——你如何經營與對方的關係，將影響著彼此的依戀風格⑮⑯。事實上，對方「當前」的依戀客體（也就是現任的男女朋友），是最能影響、改變他依戀風格的人。**在一起的兩個人，就是塑造彼此依戀風格的過程**。成人依戀跟幼兒時期的依戀還有一項重大的差異是：你**同時是「尋求照顧者」，也是「提供照顧者」**。換言之，他常常人間蒸發，可能讓你沒有安全感，但你的灰心冷漠，也會讓他感到不安。國內外的研究也發現，伴侶的依戀風格、面對衝突的處理方式、兩人在一起的時候究竟是如何相處的，都在在影響到這段關係的健康⑰。

整體來說，過去的依戀研究揭露了三個親密關係裡的現實：

1. 不安全依戀者會帶來許多相處上的困難。
2. 這些困難，可能源於基因氣質，也可能來自彼此過去背負的故事。
3. 但改變永遠是可能的。

抱緊我：重新弭平最初的傷痕

每個人心裡都有一塊容易破碎的領域，在大多數的時候我們選擇將它藏起來，這一種防衛方式讓我們能在險惡的社會中生存。但是，當我們遇到真正深愛的他，這道心防便會悄悄地被解放，因為我們內心有一種渴求與希望，希望眼前的對方能填補並治癒過去的傷痕。於是，我們將這最脆弱的一塊交付在對方手上，如果對方體諒並擁抱我們，這樣的傷口便會逐漸癒合。相反地，如果對方不懂得該如何安慰，反而不經意地刺痛它，那麼就會像在傷口上灑鹽一般痛不欲生，我們也會重新將自己的心上鎖，或以攻擊的方式報復對方。

因此，如果你的伴侶是焦慮依戀者，請別再抱怨他總是覺得電話講不夠、見面次數少、一天到晚嚷嚷想你想到瘋掉。因為，他們總是站在生命中脆弱的那一端，等待著幸福的救援；總是在你不在身邊的時候，過度地想像與誇大自己的孤單；而你，可能是世界上少數能填補他安全感空洞的人，他願意付出生命的全部，等待你適時的關懷，你也應多將注意力放在他的身上，別辜負了他每次對你的期待；如果你的他是逃避依戀者，請體諒他不經意的冷漠與忽冷忽熱的行為，或許他的所作所為只是一種心理防衛，因為過去的經歷使得他害怕關係、害怕親密、害怕你有一天會離他而去。所以，他選擇不去相信愛情，以避免被你的去留所動搖。此時你應該給予適當而不黏膩的關心，如三餐、課業或工作的提醒，減少冗長時間的相處，但增加「短而有品質」的相處機會。雖然關係的改變需要長久的時間，但是當你回過頭看看走過的痕跡，發現這一路走來，都是成長的印記。

那如果你本身就是不安全依戀者怎麼辦？如同前述，大多數不安全依戀所帶來的困境都需要伴侶的陪伴才能有所改善。首先，你可以利用章末的題目測試自己與伴侶的依戀傾向，並與伴侶相互討論、相互了解，並時時鼓勵自己，給彼此信心。**一段良好的關係會協助並帶領你，漸漸脫離不安全依戀的陰影**。

了解問題的源頭，只是一個開始

一位受試者抱著晤談室裡的黃色兔子，一邊嘆著氣一邊說：

「我給她的，好像永遠都不夠。我幾乎每晚都陪她講電話講到睡著，有空的時候就去找她，但她總是說我不夠愛她。我好累，真的好累。她常常說，再這樣下去她會被我逼瘋，但我很想告訴她，會先被逼瘋的，是我。」

在結束這章之前，我想藉由上面這段話做引子，給大家一個小提醒：了解依戀系統的運作模式，並不能直接帶你逃離痛苦，走向幸福；甚至，你仍然必須常常面對、處理自己與伴侶的情緒；

或者，你會像上述這位苦主一樣，持續給予伴侶溫暖，卻始終填不滿她的空虛——但是，這樣的理解還是有所幫助的。

當對方知道你的吵鬧彆扭只是源於自己的不安全，他也比較能體會你的需求，所以向對方坦承你的焦慮就是一種可能的方式。

接著，兩人可以一同探索「他給予的」與「你接收到」的支持之間的差距，並一起縮小這個差距，例如：詢問對方重視的是什麼？自己能給出的又是什麼？這之間有沒有妥協、平衡的可能？

最後，如果一切都進行的不順利，或者每當要好好坐下來聊的時候，就會被自己的情緒所支配，那麼適時的尋求關係諮商也是必要的。目前臨床與婚姻研究者已經發展了不少有關這方面的治療與課程❸。如果你想先靠自己的力量試試看，下一章將會詳細介紹「關懷」與「回應」如何改變兩人的關係，我們又要從哪裡開始練習。

註解

❶這個效果也稱做「米開朗基羅現象」（Michelangelo Phenomenon），我們將在第十一章更進一步仔細討論它。

❷關於各種依戀類型的分布比例，每個研究、每個國家、每個年齡層都多少有所不同⑱。依戀風格的數量、命名也幾經流變，包括從原先陌生情境中的三類、到後續研究發現了第四類「不一致/矛盾型」、接著是成人依戀以自我概念為基礎的四個分類⑪、最後是目前親密關係研究者最常採用的兩軸（焦慮和逃避）分類法⑲等等。如果你對這些依戀研究的歷史演變有興趣，可以上網搜尋《成人依戀理論及研究簡述》，內有詳盡地介紹。如果你對最新的研究有興趣，可以搜尋《重新擁抱安全感》一文，裡面會比較細緻地談這幾年有關依戀的一些研究成果。

❸目前比較多人採用的是「情緒焦點治療法」（Emotionally Focused Therapy, EFT）。

延伸閱讀①–⑲相關內容，請參閱大真文創出版公司網站 http://www.bigtrue.com.tw/about-love/research/。

窺見你的依戀風格

依戀研究大師凱利·布倫南（Kelly A. Brennan）與本章一直提到的薛佛編製了一個依戀風格測試量表[19]，可以有效區分四種不同的依戀風格。

原先布倫南的計分方式較為繁瑣，我們在這裡做了一些簡化：請將下面問題中的「對方」想像成目前與您「最親密的一個人」，這些人可能是您的伴侶、摯友或家人。請仔細回想您和這些人互動時的想法、感受與行為，並按照你對該句描述的同意程度，填入1到6的分數。

從未如此	幾乎沒有	較少如此	有時如此	經常這樣	總是如此
1	2	3	4	5	6

★簡易解測說明★

下頁的左邊的分數加總之後平均，即為「逃避傾向」的分數（y軸），右邊的分數加總之後平均，即為「焦慮傾向」的分數（x軸）。

利用這兩個傾向的分數，在第三頁的座標圖上標示你的位置。例如：逃避傾向是2.1分，焦慮傾向是4.5分，那麼你可能屬於第四象限的焦慮依戀；如果你的逃避傾向與焦慮傾向都是6分，那麼你可能屬於第一象限的矛盾依戀，依此類推。

	我不太習慣向對方表達我內心深處的感覺		我很擔心自己有天會被對方拋棄
	當我親近對方時，我會覺得有些不自在		我不喜歡獨處，總是想一直跟對方在一起
	每當對方想親近我時，我覺得自己會躲開		我渴望與對方非常親密，但有時會把他給嚇跑
	當對方想跟我親近時，我會覺得不自在		我需要對方一再保證愛我
	我不習慣向對方開放地表達自己		有時我覺得自己強迫對方表達更多感情與承諾
	我是個很矛盾的人。有時我雖想要接近對方，但卻總是躲開		若不能吸引對方的注意力，我會感到不安或生氣
	當對方太親近我時，我就會覺得很不安		我總覺得對方不肯表現出我想要的親近
	我不太能跟對方分享內心的想法與感受		若我失去了對方，我會感到焦慮與不安
	我總是避免自己太親近對方		當對方無法如我願陪在我身邊時，我就會覺得沮喪
左列總分		**右列總分**	
左列平均（Y座標）		**右列平均**（X座標）	

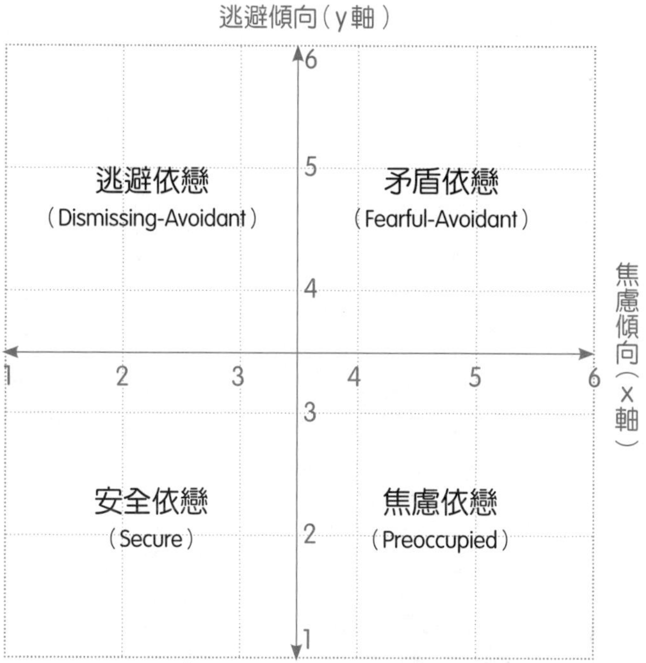

★簡易解測分析★

如果你的點十分貼近座標軸，可以觀察你哪一個傾向的分數較高。若焦慮傾向分數較高者，則稍偏向焦慮依戀；逃避傾向比較高者，則稍偏向逃避依戀。如果你做出來的分數落在原點，可以嘗試一段時間之後再重新寫看看此測驗。當然，也可以印一份給你的伴侶做看看。

各種依戀者的特徵請參閱本章內文。由於這只是簡易的施測方式，並非標準化的測驗，如果你想要進行戀愛研究，請參閱布倫南的原始論文⑲。

Chapter 10 擁抱不了的安全感［貳］

側耳傾聽，真心回應

「你在哪裡？！」電話那頭傳來她急促又帶興師問罪的聲音。

「我在圖書館啦，等一下打給你……」他刻意壓低音量，躲到桌子底下說。

「真的厚？嗯，好吧！」他還來不及回答，電話就被她應聲掛斷。留下一臉錯愕的他，以及幾位用嫌惡眼神盯著他看，同桌讀書的大學生。他只好默默把手機收進口袋。準備打開書要念，無奈書上的字卻一個都進不了他的腦袋。不知道為什麼，總是覺得有哪裡不對勁。

果不其然，幾秒鐘之後，就收到她簡短卻殺傷力十足的簡訊。

「我到今天才看清你是個虛偽的人！我已經無力再說什麼了，原來這一陣子以來你對我的冷淡都是有原因的！」什麼嘛！連簡訊都傳得沒頭沒腦。

一陣頭疼，但是他清楚，這種情形並不是第一次發生。於是他起身將東西收拾，做好今天又沒辦法好好念書的心理準備，在走向停車場的路上，撥手機給她……

被愛、被信任、感受到自己是有價值的，一直是人類最根本、最重要的需求①。我們終其一生都在尋求別人的認同肯定、找一個愛自己的人，也在尋找一個能夠付出全部愛的可能。

可是在前一章我們發現，有些人因為過去的傷痕，使得他們對負面的訊息較為敏感。他們會將伴侶的情緒、小小的爭執、甚至一點點的意見不合，當作一種被拋棄、被拒絕的徵兆，甚至會開始懷疑伴侶是否真的愛自己、真的在乎自己、是否真的永遠不會離開等等。

和這種人在一起是相當辛苦的，甚至可以說是一種挑戰。如果你也有一個像這樣缺乏安全感的伴侶，很容易就能體會到上面這位個案所描述的情形。當對方總是以負面、冷漠、甚至附帶攻擊性的話語來質疑你、質疑這段關係，其實連你也會感覺到意冷灰心。

愛上一個不安纏身的人

「最困難的並不是她常常懷疑我是否還愛她、是否會持續不斷地愛她，也不是她的緊迫盯人、擔憂我是不是背著她還有別人；而是，每次我們在溝通的時候緊緊相鄰的情緒——她總是很快爆發、或顯露出一付全世界都在欺負她的模樣，每次我都要安撫她的焦慮、緊張、失望，真的很累、很累。」章首故事的那位苦主，娓娓跟我道來這陣子他所承擔的那些壓力與酸楚。

俗話說柿子要挑軟的吃，大多數的情況下，我們也會選擇跟一個愛起來不太辛苦的人在一起

——只是事與願違。因為，在剛認識的時候我們常常只憑第一印象或看外表，很少考慮到對方能不能溝通、是不是缺乏安全感、甚至更不可能想像在起爭執的時候，對方氣極敗壞的表情。

在一起之前，我們太倚賴自己的眼睛和感覺，這使得我們在一起之後，需要更多的時間去了解、去同理、去體諒對方的心，調整自己的行為。

情緒是親密關係中很重要的一塊②。大量的研究發現，如果你在一段戀情裡面感受到的負面情緒較多、**每天的溝通都是以爭吵做為開頭，那麼你有很大的機率會結束這段關係**③。畢竟，天涯何處無芳草，為什麼要為了一個人，把自己搞得累呼呼，還要重複跟他保證你的愛是真誠無虞，童叟無欺？

於是，這些缺乏安全感的人，就走入了「自我實現預言」的迴圈（self-fulfilling prophecy）④：擔心對方不愛自己，用負面行為（例如：生氣、哭泣、掉頭就走等等）表達出自己的擔憂。這些行為的確也讓伴侶感到不舒服，當宿怨累積一段時間之後，他們的伴侶受不了一次又一次的質疑、一天比一天繁重的爭吵壓力，「終於」如他們所擔憂、所不希望的，離開這段關係⑤。

可是，我們也發現有些人的確能跟不安全依戀的人維繫很長的戀愛關係⑥⑦，甚至有些人還描述他們跟焦慮依戀的伴侶相處時也有快樂的一面。他們是怎麼做到的？面對伴侶的焦慮與質疑，他們又如何去因應？

新罕布什爾大學（University of New Hampshire）的愛德華．勒枚（Edward P. Lemay Jr.）與卡里．達德利（Kari L. Dudley）進行了三個實驗，結果發現，縱使是面對這些缺乏安全感的人，還是有繼續好好經營關係的可能⑧。他們指出，如果你的另一半安全感不足，我們常用的方式就是「補足」

他的安全感。

說得容易，究竟要怎麼做呢？根據勒枚的建議，補足安全感大略包含三個步驟：**查覺對方的不安、警戒、與情感誇飾**。

(1)查覺目標的「習慣性不安」(Detected Targets' Chronic Insecurities)

展開任何補強或攻擊之前，我們首先要先確認的是：敵人或目標在哪裡？第九章我們曾談到，焦慮依戀者總是長期地感到不安、自尊低落、對關係不信任、需要重複地確認伴侶是否還在、還愛他，才能稍稍地安心下來。

雖然大部分的時候，這些人活在恐懼、擔憂、害怕被拒絕的焦慮中，但並不表示跟他們相處時，總是地雷遍布，危機重重。一般來說，**他們只對負面的、對關係有威脅的訊息特別敏感**——而我們首要任務，就是「定位」這些訊息，找出可能讓對方「多慮」的事件或舉動。

提及伴侶的缺點或其他人的優點

「嘿，你可不可以不要這樣……」她溫柔而小聲地說。她記得書上說，溝通是否成功取決於前幾分鐘的氣氛，於是用比較和緩的方式開場，也希望這是一個正面積極溝通的開頭。

「那樣？你對我又有哪裡不滿了？」但這個希望立刻就被他打破了。

「不是啦，我只是想說，我不喜歡每次我去上廁所的時候你就偷玩我的手機……」她本來想請他不要私自偷看她的簡訊，可是卻說不出口。

「什麼叫做偷玩？玩女朋友的手機不是天經地義的嗎？我不玩你的手機我要玩誰的？還是你裡面有什麼不可告人的訊息？」

「不是，我只是希望你尊重一下我的隱私……」

「如果，妳沒做什麼見不得人的事情，為什麼不放心給我看？明明就是做賊心虛……你看，我的手機還不是都坦蕩蕩地擺在桌上？」

「這不是什麼做賊心虛的問題，而是信任你懂嗎？就像我也不會去看你的手機，是因為我信任你。你這樣我覺得自己都在被你監視、懷疑……你看凡宇都不會看阿寶的簡……」她話還沒說完就被他打斷。

「Shit！我就知道有鬼，妳早就對凡宇有興趣了對不對？妳這麼喜歡他，去跟他在一起啊！」這句話一說出口，她就知道這又是一個無解的結……

焦慮依戀者因為害怕對方會離自己而去，所以任何涉及到自己缺點（例如：偷看手機）、或是談論倒他人優點的語言（例如：凡宇信任他的女友），在他們聽來都相對地刺耳——如果可以，最好不要聽到，如果聽到，他又發現你不是站在他那一邊，他很快就會擔心你是不是要丟下他找更好的對象。這時他們會做兩件事情：辯稱自己的行為是出自於關心（把自己的缺點說成優點），或是貶損你、汙衊其他人（把別人的優點說成缺點）——藉由這樣的方式來保護自己、留住你——雖然這樣常常適得其反，讓你更受不了他。每個優缺對焦慮依戀者來說都是重要至極，也是啟動情緒爆點的第一號地雷。

談到兩個人的關係好壞

不只是針對焦慮依戀者，對於半數以上的情侶來說，像「我們的愛怎麼了？」或是「你覺得我們現在的關係好嗎？」都是許多人都不敢觸碰的禁忌話題（Taboo Topic）⑨。

為什麼情侶之間不敢談這麼重要的話題呢？曾任教於路易斯與克拉克大學（Lewis & Clark）的萊斯利．巴克斯特教授（Leslie A. Baxter）指出，正因為這些話題重要、攸關到兩個人的關係，我們才更不敢觸及。

試問，你什麼時候會認真思索人生的意義呢？大都是面臨失落、失去意義感的時候。同樣的道理，當我們問伴侶：「你覺得這樣下去好嗎？」同時也帶著「我覺得不是很好耶……」的意味，對焦慮依戀的人來說，**挑起這些「關係好壞」的討論並不是一種溝通，而是你「不滿關係」的重要線索**，這些問題的提出就像是握住即將出鞘的刀子，下一幕不是見血，就是兩敗俱傷。

任何拋棄、拒絕的訊息

依戀專家克里斯．福雷里（R. Chris Fraley）與前章出現很多次的薛佛多年前做了一個有名的研究。他們請專業的觀察員站在機場看58對情侶們的分離行為，並請41對一起旅行的情侶當對照組（因為他們不會經歷分離）⑩。如我們預期的，大多數的人會做出擁抱、親吻等許多親暱的舉動，畢竟對方這一走，可能不知道多久才能見面。有趣的是，他們在事後的問卷訪談中發現，不安全依戀的男女會用不同的方式來因應他們的分離焦慮，包括強顏歡笑、逃避對方的眼神、悲傷失落、排斥身體接觸等等（詳見表一）。

表一：不同性別與依戀風格的人在機場分離的表現

	男性	女性
逃避依戀	強忍悲傷不落淚、不表露出難過	減少擁抱、拍肩、安撫等動作。轉身離開想趕快結束分離
焦慮依戀	不願擁抱、不握對方的手、躲避對方的眼神接觸	感到悲傷與失落

※本表整理自Fraley, R. C., & Shaver, P. R. (1998). Airport separations: A naturalistic study of adult attachment dynamics in separating couples. [Proceedings Paper]. *Journal of Personality and Social Psychology, 75*(5), 1198-1212.

雖然他們反應不同，卻同樣顯露出一個重要訊息是——怕分離、怕被拋棄，所以選擇用情緒宣洩或不願面對的方式、或匆匆結束道別。因為對於他們來說，分離的經驗是痛苦的，可能會勾起他們過去不堪的回憶，所以會像小孩一樣有些歇斯底里的舉動。

雖然我們不太可能常常有機場的分離經驗，但是類似的訊息就足以讓這些不安全依戀者擔憂、抗拒。例如：加班到很晚、一段時間沒有接電話、說再見時心不在焉、或是出差一段時間等等[11]。這些都可能會讓他們聯想到「自己有被拋棄的可能」，進而產生負面的情緒或行為。

(2)警戒（Vigilance）

察覺危機訊息之後，下一個步驟是做出「作戰準備」。當對方開始（或即將）出現破壞關係的行為時，先將心情調整到備戰狀態、避免惹惱對方：

還記得第八章蘇珊所談到的「情緒鍵」嗎？對於這些不安全依戀的人來說，也有類似的「不安按鈕」。如果你是一個敏感於對方情緒的伴侶，就會在他們出現攻擊行為之前（可能是言語、情緒、或肢體上的細小動作），搶先一步做好「防颱準備」，給予關懷回應，以避免釀成更大的災情。後面會再深入地談該怎樣做到這樣的回應。

(3)情感誇飾（Affective Exaggeration）

在勒枚的研究中，這是修復關係的最重要手段。情感誇飾是指：縱使你捫心自問，對伴侶的關心、在乎只有三分，但是你在他的面前會表現出五分或七分的樣子。你會刻意避免讓他看到負面的感受，只呈現出正面積極的一面給對方看，讓他「深深」感受到你是愛他、疼他、在意他的。

勒枚發現，我們只要一「嗅到」對方的不安，就會試圖展現「超級多」的關心、體貼、正面訊息，運用這種情感誇飾的方法，緩解伴侶的不安與焦慮——而且真的有效。他的一項追蹤實驗顯示，如果你前一天對不安全的另一半做出「情感誇飾」，那麼他今天的不安感受會比較少。

正如同你所預期的，情感誇飾這樣的招數是需要耗費能量的！勒枚也承認這些辛苦填補對方安全感的人們，**其實是拿自己的快樂來換取對方的安全感**——雖然佯裝非常關心可以安對方的心，但也犧牲了自己一部分的幸福——他們變得比較不滿意這段戀情。試想，如果每天你都要擔心害怕對方會不會生氣、都要小心翼翼地警戒避免誤觸地雷，怎麼快樂得起來？

在填補安全感之外

如果填補對方的安全感這麼辛苦，為什麼我們願意做這件事情呢？每天像是哄小孩一樣替伴侶擦屁股、做安全感的彌補安撫難道不累嗎？勒枚指出其實對於安撫的一方（通常是安全依戀者），他們賣力地填補或演戲，一部分是為了削減心中的不適感受。

「我們會持續地做一件事情或重複一項行為，一定有它的理由——不管那個理由有多荒謬。」一位心理師從臨床病理的觀點為勒枚的研究下了這樣的註解。他補充說，這些看似勞心勞力的行為，一定也為填補者自己帶來一些好處，例如：用五分鐘的安撫避免五小時的爭吵，以不斷強調自己的關心，降低對方對自己「爆發」的機率——雖然這些佯裝，常常會犧牲一些東西。

另一方面，對於不安全依戀者來說，他們也是「食髓知味」。只要表現出激烈的情緒、哭鬧、生氣，伴侶就會停下來悉心聽他們說話、安撫他們。於是，下一次再察覺到威脅關係的訊息，就如法炮製，那麼伴侶又會對他們溫柔地關心。換句話說，這段關係是活在一個負面的循環中，安全依戀者必須源源不絕地給予不安全依戀者關愛，讓他們漸漸脫離焦慮和擔憂的侵襲。

你發現了嗎？**勒枚的這個「安全感填補模型」**（Interpersonal Insecurity Compensation）**雖然普遍，但其實某種程度上更讓人感到不安**——有些填補者有一天會受不了這段關係的折磨，最終走向分手。畢竟，與不安全依戀的人談的戀愛，的確是比較花心思、也比較容易分手。

但正如本章一開始談到的，有些人仍然與不安全依戀的伴侶在一起相當長的時間，究竟是為什麼呢？根據卡里兒．羅絲柏特（Caryl E. Rusbult）的投資理論（Investment Model）⑫，很可能是這些人在這段關係裡面，已經投入的時間心力與成本已經太多了，以至於他們無法抽身。

另一個比較「公平」的答案是奠基於社會交換理論（Social Exchange theory）⑬——因為他們用安全感填補的方式交換到了想要的東西。例如：我一個朋友雖然覺得每次都要安撫焦慮依戀的女朋友很辛苦，但是他就是沒有辦法抵抗她楚楚可憐的模樣，對她來說，擁有一個可愛依人的女朋友就是最大的幸福！

只是不論是哪一種方式、哪一種解釋，似乎都不太健康。例如：紐約大學水牛校區的喬安妮・達維拉（Joanne Davila）教授與他的夥伴花了四年的時間追蹤一些「雖然不開心，卻又不分手」，由不安全依戀者所組成的難離怨偶，發現他們生活在一個「穩定的風險」當中，幸福感也很低⑥。

想像自己，和對方是「一起」的

跟不安全依戀者這種步步為營的相處關係，有時候也會讓一件開心的事情蒙上陰影。某天中午，我接到一位朋友的電話，電話裡的她哭泣不止、字句模糊，說話的內容要很認真才能夠聽得清楚……

「我不要了、不要跟他在一起了……」

「怎麼了？發生什麼事情了？」

「剛剛跟他的朋友吃飯，他們都在聊他現在升主任，以後年薪百萬，前途無量之類的。但是他的朋友們連看都不看我一眼，我只能默默地吃著白飯。一想到我窩在這家小公司一做就是五年，每年都領一樣的薪水，升遷又遙遙無期……我就覺得自己好像是他的拖油瓶。他這麼厲害，幹嘛不去找更好的女孩？」

「傻瓜，因為他愛的是妳啊！」我幾乎是反射性地回答。

「既然是這樣，那為什麼他們一群人有說有笑的時候，他不曾關心我的感受？只想到自己的飛黃騰達，卻把我晾在一邊？」

為什麼會這樣呢？男朋友升遷不是與有榮焉嗎？第二章曾提到，我們總是傾向跟與自己相似的人做朋友，伴侶也與我們常在許多價值觀、看法上都很相似，畢竟這是讓一段關係和諧的重要指標之一。**正因為我們所愛的他跟自己很像，他很容易成為我們比較（Social Comparison）的對象之**一，如果看到他表現得好，自己卻一事無成，常有一種「自己配不上他」的錯覺⑤——尤其是當對方表現好的部分恰好也是自己重視的部分的時候，我們多少會感受到一些自尊上的威脅。

那麼，**究竟要怎樣才能真心地為身邊的伴侶高興呢**？任教於西北大學（Northwestern University）的文帝．加德納博士（Wendi L. Gardner）認為，**如果你能將對方的快樂，也視為你快樂的一部分，他的成功就不再那麼具有威脅性了，相反地你也會感到開心**。

他邀請了五十多位大學生，請他們帶好朋友來參加一項測驗，並在實驗過後請他們猜測朋友和其他參與者表現如何⑭。這個測驗分成兩個部分，一部分是直接關係到大學生自尊的試題（類似GRE考試），另一部分是與自尊沒什麼關係的音樂或電影冷知識。在做測驗之前，加德納博士先請他們讀一段文章，藉由文章的感染力，讓第一組的受試者感受到他們是「一段關係中的一部分」，而讓第二組的受試者覺得只要「孑然一身」就能完成許多事情。

結果發現，「孑然一身」組的受試者竟然「只願意相信」自己的朋友在冷知識上表現得比其他參與者好，並覺得「其他參與者」的GRE成績比朋友好（藉此貶低朋友）。相反地，「關係組」的受試者願意將朋友的優異表現當成是自己的成功，感到與有榮焉，也願意相信朋友在各項表現都比陌生人好[1]。

下次，如果對方表現得不錯，你心裡又有些吃味的時候，想想你跟他一起完成某些事情的光景，重溫兩人一同出遊，一同完成一張大拚圖，一同熬夜到天亮趕報告的回憶，把你自己想成是這段關係中的一份子，就比較能化解忌妒，為對方獻上滿滿祝福。畢竟，他在最開心的時候，第一個想要分享的人是你，而不是別人，是因為他相信，你是能擴大他幸福的人。

存在，卻看不見的關心

整體來說，焦慮依戀者比一般人更需要伴侶的關懷，當無法感受到伴侶是在乎、關心他們的時候，就可能變得情緒失控、懷疑自己的價值、害怕伴侶會離開自己。換言之，**如果你的伴侶缺乏安全感，跟他分享喜悅的當下，要特別注意他們的感受，不然美好回憶很可能變成悲劇**。他們需要大量的安全感，而且這個安全感必須不斷地被強調、被確認，甚至「被看見」。

美國維吉尼亞州威廉瑪莉大學（College of William & Mary）的布魯克·菲尼（Brooke C. Feeney）多年前進行了一個有名的「數字倒數實驗」（Mental Arithmetic Task）。他們邀請伴侶一起參加，請女方到實驗室內先開始實驗，實驗內容是請她盡快地、大聲地從1700, 1698, 1696, 1694……倒數到1300，並同時記錄她的心跳與血壓⑮。所有的受試者都進行兩次實驗，第一次實驗時其男朋友在房內等待並陪伴她們，第二次實驗時，男朋友則在另一棟大樓等候，實驗結束才來陪伴她。實驗者故意將情境弄得很嚴肅、在受試者身上接一些冷冰冰的儀器，像是電影開刀房情節一般令人焦慮。例如：雖然儀器早就準備好了，也已經開始記錄心跳與血壓，但實驗者還是告知參與的女性絲毫不可移動地做在位置上等待實驗開始，而且這個等待還長達十分鐘之久。

在漫長地待結束之後，參與者便被要求開始「竭盡所能」地大聲倒數。一方面倒數本身就是一個高度焦慮的作業，另一方面實驗者又要求速度與正確性，使得整個實驗流程緊張無比（你可以先把書放下，試試看閉上眼睛，計時在一分鐘內從1700每次減2倒數回1600）。

結果發現，雖然第一次實驗時，大家的心跳與血壓都沒有很大的差異，但當第二次男朋友在遙遠的另一棟大樓等待時，焦慮依戀者呈現出比安全依戀者更高的血壓與心跳。這意味著我們面臨壓力時雖然都需要伴侶的鼓勵與支持，**但是安全依戀者可以「感受」到「來自遠方的關心」，焦慮者卻沒有辦法**。

菲尼的實驗帶給我們什麼啟示呢？其實，對於缺乏安全感的人來說，他們要的並不多。他們只是希望伴侶是可以觸及、可以被看見、一直在身邊不會離他而去。所有的猜疑、探問、重複確認，都只是他們用來因應內心不安的方法。

只是我們必須承認，與這些伴侶相處是相當辛苦的。喬安妮．達維拉也建議：**如果你和伴侶的關係已經充滿各種問題，還是得試著尋求協助**。例如：他一再的越界、試探、挑戰種種表達不安的行為已經讓你產生極度的困擾，或者你長期努力未果，但仍希望這段關係逐漸走向光明時，伴侶治療和諮商的介入，都是重要且必須的途徑。但如果你們的情況還不算嚴重、你也想先靠自己的努力改善這段關係看看，或許可以試看下面的方法。

另一條可能的出路：真心回應

曾在第四章出場過的哈利．瑞斯指出，我們可以透過「真誠地回應伴侶」，讓他感覺到自己是被「包含」在這段關係裡面、逐步建立安全的感覺⑯。瑞斯所說的「回應」是指：「互動的一方針對另一方的行為、溝通、需求及期望，所表現出的應對方式」，用白話一點的方式描述，就是「**在替伴侶著想的基礎上，給予關心**」。

說得簡單，但是怎樣才能真誠地回應伴侶呢？瑞斯主張，一個良好而真心的回應涉及三個重要的成份：**理解**（Understanding）、**肯定**（Validation）**與關懷**（Caring）——理解並相信這是伴侶的真實感受，肯定伴侶這項感受的意義，並察覺伴侶的需求、適時給予支持。下面我們用先前舉過的「朋友結婚」當例子：

理解

「那天你沒有陪我去，你知道我有多難堪嗎？」她將他手中的無線滑鼠抽走，逼迫著他不得不按跳脫鍵暫停遊戲。

「可是你不是說，如果我忙的話你可以自己去。拜託，那是妳朋友的婚禮耶，況且我隔天還要期中考，就不能讓我念一下書嗎？」

「看樣子你還是不懂……」話說一半，把滑鼠丟在他桌上，轉身氣呼呼地衝進房間，甩門的聲音像是要把房子給拆了。

有時候我們會納悶，事情有這麼嚴重嗎？如果你這麼重視這件事，為什麼當初不跟我說清楚呢？其實，有時候我們必須接受「要在心裡口難開」的「趨避衝突」（Approach-avoidance conflict）——當開口要求跟閉嘴沉默都各有優劣，我們通常會選擇獲益較大，損失較小的行為——但這並不表示，在選擇之後我們不會出現後悔、抱怨等情緒反應⑰。

我們應該要「理解」的並不是表面的「事實」本身、不是當初對方說了什麼或做了什麼承諾，而是**他為什麼這麼說？說的時候內心的感受又是什麼？**以上面的例子來說，她可能非常希望他能一起去，但是又有幾個理由讓她很掙扎：

- 如果我強迫他陪我去，他會不會生氣？我們會不會因此而吵架？
- 他難得認真，我如果還要為難他是不是太任性了？
- 可是朋友都會攜伴，我一個人去豈不是很孤單？或是誤會我到現在還「滯銷」？

儘管有上述這些考量，不安全依戀的她可能還是會選擇不強求、自己去。她可能期許自己可以不要那麼依賴、多體貼男朋友一些，更重要的是，**她怕說出口要求，會被男朋友討厭、會產生爭吵**——這些對他們來說都是「將被拋棄」的危險因子，所以她最後選擇不強求，或裝做不在乎。

但是，這些顧慮在宴會過後就全被遺忘了！那天的宴會上，左鄰右桌卿卿我我，續攤唱歌時都是雙雙對對，充滿祝賀、幸福的氛圍，發現自己竟然形單影隻，孤獨、懊惱、氣憤等情緒就會一次湧現，成為回去之後大發洩的火藥源。

對於這些缺乏安全感的人來說，他們看事情的比重相當不同，「孤單」、「拋棄」、「獨自」等等都是他們的禁忌詞彙，會被放大看待，所以有效回應的地一步，就是**知道哪些訊息對他們來說是「殺傷力強大」的**（請參閱本章前面「查覺對方的不安」部分），**並真正體諒他們的感受**。

肯定

「妳很奇怪耶！自己一個人去是會怎樣？這麼小的事情，真不懂妳在鬧什麼，我高中同學之前結婚，不是也是自己去嗎？」他衝進她的房間，氣急敗壞地把門打開想跟她理論。

「我那時有說要陪你去啊！是你說這樣要包更多的禮金很浪費……你看，你根本不想要跟我一起參加任何婚禮！」她哭得妝都花了，滿腹委屈地坐在床邊，還擺在桌上的喜帖顯得格外刺眼。

這邊必須注意的一件事情是：**事件是客觀的，但引發情緒的原因卻是主觀的**。同樣是「吃喜酒」這個事件，對他來說只是一場飯局，酒酣耳熱填飽肚子走人就好了，但是對她來說可能是聯絡感情、跟姐妹淘更新「戀愛進度」、甚至是互相較勁的時候。所以，接下來的「伴侶沒出席」這件事情對兩個人來說意義完全不同、激起的情緒也迥異——但是兩方的情緒都是「真實」的——他可能真的覺得「無所謂」，但她也真的覺得「很受傷」。

正因為情緒感受是很主觀的，所以我們必須**肯定對方的感受**。和前面第一項「理解」結合起來就是：我能了解陪同出席對妳來說很重要，也相信當時沒有跟妳一去參加婚宴，妳一定會覺得很孤單——雖然換做是我不一定會有同樣的情緒，可是我肯定你的情緒是真實發生在你身上的。

關懷

「乖啦，下次我陪妳去好不好？還是我去叫阿哲跟倍倍明天就手續辦一辦，這週末宴客，我包個大紅包我們一起去吧？笑一個嘛！我喜歡看妳笑的樣子，妳一直哭我心都痛了！」最後他還是先軟化了態度哄哄她，她則是阻抗了一陣之後破涕為笑，兩個人又甜蜜地抱著睡著了。

上面這個喝喜酒的例子，其實是擷取自某次我們做實驗時一對情侶的小故事，我們很慶幸的是，雖然在前兩個步驟上男主角表現不佳，但最後還是願意付出關心，讓女主角有被愛、被呵護的感覺。一般來說，即使是面對安全感很低、甚至不斷質疑你的關心是否真誠的伴侶，**只要你持續「鍥而不捨」地保證你的愛與付出關懷，還是能讓對方「感受」到你的用心。長時間下來，他也能漸漸增加對你的信任與安全感。**

親密關係的經營核心

如圖一所示，「回應」是讓一段關係能夠長久的核心，與我們前幾章所談到的良好關係指標都有關聯，甚至可以說是這些指標的「基礎」。真誠地理解與回應、提供關懷支持，不僅能化解衝突，填補對方的不安，也能增進兩人的關係。瑞斯也在文章中特別提到，一個能回應你的好伴侶，應該具有下面這些特色⑯：

ⓐ**他了解、接納、贊同那些「對我來說是重要的東西」。**
ⓑ**在跟他的互動中，我感受到他能察覺、回應「真正」的那個我。**
ⓒ**我有被在乎的感覺。當我有需求產生時，他會主動支持或幫助我。**
ⓓ**縱使他不在我身邊，我也能感覺到自己與他之間的連結與溫暖。**

許多自助的書籍都會像這樣寫得正面積極，可是真的有效嗎？瑞斯等人進行了一項日記調查，他請214位大學生選定生活中最親密的一個人，並記錄兩週內跟這個人的互動狀況。例如：跟對方抱怨教授出的考題太難太機車、宿舍的熱水器又壞了、或者與對方分享一部感動的電影、一場動聽的音樂會等等。結果的確發現不管是好事或壞事，如果你的夥伴能真誠地回應你的感受，你會感覺到自己的心與他更靠近、更願意為他犧牲、更願意去維繫與經營關係⑱。

回應好事與回應壞事

在後續的分析中，瑞斯等人進一步的發現一個更有趣的現象：雖然不論是回應什麼事情，只要夠真誠，都能增加兩個人關係滿意度與親密感。但是回應好事與回應壞事又有一點小小的不同——如果你的伴侶積極地回應你的美好回憶，在幾天之後再想起，你會覺得那件事情更美好了。

在一次實驗室的討論中，學長用一句話總結瑞斯的研究結果：「**壞事回應效果小，好事回應遠流長**」。因為在遭遇不幸的時候，周遭不論親疏遠近通常會給予關懷和同情（不相信的話，你可以上臉書跟大家說你出車禍了，然後觀察大家的反應），這個時候伴侶的關心通常會被視為是「應該

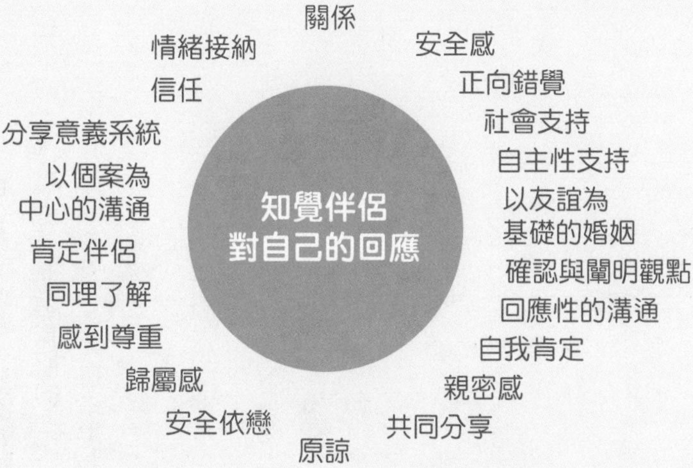

圖一：知覺伴侶的回應，是經營親密關係的核心

的」；相反地，能「真心地為一個人高興」是比較困難的，也因為這樣的真誠回應得來不易，它的效果也更長久、更珍貴。

自力救濟的方式

一位曾和我一起共事的心理師，讀了勒枚與瑞斯的這些研究之後，感嘆地問我說：「難道這些缺乏安全感的人，真的只能透過別人、透過伴侶的肯定和安撫，才能走出焦慮的黑洞嗎？他們無法把自己過得更好，不要讓另一半操心嗎？」

以目前依戀的研究來看，大部分的學者都支持「由伴侶陪伴，一起重建安全感」的說法；許多諮商與治療的課程，也都是邀請伴侶雙方一同參加。事實上，這些治療也得到不錯的成效[19][20]——正如我們在第九章所提到的，不同的伴侶、不同的關係，都將深深影響你的依戀風格，而大體上來說，與安全依戀的人在一起的不安全依戀者，也會逐漸被「感召」，重建對感情、對人的信心。

但是，這並不表示，不安全依戀者的「自力救濟」是不可行的，只是需要時間。對他們來說，「情緒的起伏」是首要必須克服的心魔。目前比較有效調節情緒的方式是透過「感受身體」或內觀（Mindfulness）㉑－㉓，我們將在第十五章再進一步介紹這些方法[2]。

包含著你，也為你哭泣的地方

這兩章我們談了依戀系統的基礎，以及如何在伴侶缺乏安全感的時候，及時注意並給予關心。了解這些，並不代表這段關係此後就可以順順利利、平步青雲；相反地，正因為我們知道許多的限制與困境，所以要花更多的心力去經營。

「嘿，我一直在做夢噢。海豚飯店的夢噢。有誰在那裡為我而哭。我每天都夢見那同樣的夢。海豚飯店形狀非常細長，在那裡有誰為我而哭著。我以為那是妳。所以，我覺得無論如何都必須見妳一面。」

「大家都在為你而哭噢。」奇奇說：「非常安靜，好像在撫慰神經似的聲音。因為那是為了你而存在的地方啊。在那裡大家都為你而哭噢。」

——引自村上春樹，《舞，舞，舞》

或許就像村上春樹所說，我們在生命裡面所期待的，就是一個能夠包含我們的海豚飯店。對於缺乏安全感的人來說，一切都是那麼的不穩定，他們更是需要一個永遠接納、包容、靜靜等待他們，擁抱他們的地方，以及一個能真正懂得他們、為他們哭泣的人。

註解

❶雖然這項實驗找的是親密好友，但在戀愛研究中，同樣也有研究指出，在你表現得較差時，只要你跟你的伴侶夠親密（Closeness），把他放在自我認同之中重要的核心位置（Central Aspect of One's Identity），你還是很能替他高興，自己也會覺得很開心㉔。

❷內觀是一種將注意力放到當下、調節呼吸，並與情緒共在的方式。近期相關的研究發現在調節情緒方面（尤其是負面情緒如憂鬱、焦慮）有相當好的效果㉕-㉗。內觀傾向較高的人，關係通常也更順遂、幸福㉓。有興趣的讀者可以參考幾本入門書籍：喬・卡巴金（Jon Kabat-Zinn）博士的《當下，繁花盛開》，或馬克・威廉斯（Mark Williams）等人所著的《是情緒糟，不是你很糟：穿透憂鬱的內觀力量》。

延伸閱讀①－㉗相關內容，請參閱大真文創出版公司網站 http://www.bigtrue.com.tw/about-love/research/。

他在乎我的感受嗎？

常常覺得說話的時候他都沒有在聽嗎？常常感覺到自己的需求被忽略嗎？伴侶是一個善於回應你的人嗎？你可以試著填寫下面這份小測驗，在每題前面空格填寫1到5的分數。（其中1代表「我一點也不這麼覺得」，2代表「或許有一點點」，3代表「有一些」，4代表「大部分同意」，5代表「完全同意」）。

★計分方式★

計分方式：將奇數題的分數減掉偶數題的分數。

①如果你的分數是正的，表示你的他是回應性很高的人。

②反之，如果兩人的分數接近零分，則表示你們的關係亮起了黃燈，缺乏有效的溝通，遇到問題常常是一方採取逃避，或是一個人在說，另一個人根本心不在焉的狀態。

③如果不幸你得到的分數是負的，表示長期以來他都習慣跟你唱反調，你在乎的事情他常常覺得不重要，你們可能常常吵架，卻又吵不出個結果。建議找一個雙方都有空的時間，認真坐下來面對討論這件事情，或到學校、社區的諮商中心尋求協助。

另外，你也可以將量表中的「他」跟「我」兩個主詞互換，問問「自己」是不是也是一個願意聽伴侶說話的人喔！

本測驗修改自Reis等人⑬在《Basic and Applied Social Psychology》所發表的回應性量表。

填寫1到5的分數
1 代表「我一點也不這麼覺得」
2 代表「或許有一點點」
3 代表「有一些」
4 代表「大部分同意」
5 代表「完全同意」

	1	他願意了解我的感受。
	2	有時候，他似乎對於我的需要無動於衷。
	3	他有認真聽我說話。
	4	我很難向他開口說出我的感受。
	5	我的想法和感受，對他來說是很重要的。
	6	他往往沒有真的「聽到」或「聽懂」我在說什麼。
	7	他總是很敏銳地觀察到我的需求。
	8	他通常不能接納我的感受、不能重視那些我所在乎的事情。
	9	因為他懂我，所以能夠回應我的擔憂。
	10	他常輕易地駁回我的憂慮。
	11	他知道什麼對我才是重要的。
	12	常常聽到他跟我說「那又不會怎樣」或「只是小事而已，幹嘛這麼在意」之類的話。
	13	他在乎我的幸福、健康、還有一些瑣事。
	14	每當我跟他說出我的擔憂時，他總是覺得那些事不太重要。
	15	他了解我，重視我的感受和需求。

奇數題總分 ☐ － 偶數題總分 ☐ ＝ ☐

Chapter 11

為了你成為更好的自己

米開朗基羅現象

從小，我的夢想就是成為一名舞者。小時候媽媽買來的芭比娃娃，我都會細心地替他們換上漂亮的舞衣，然後在鋼琴上把玩著，想像自己就是那個娃娃……只是那時候家裡一直很窮，沒有多餘的錢讓我去學跳舞……直到我上了大學，家裡經濟比較寬裕一些，我也認真地存了一筆打工賺來的錢學跳舞，到今天為止也學了快五年了……

前幾天，我的舞伴去一趟英國，我請他幫我帶一套舞衣回來，當他把衣服交到我手上的時候，我好開心好感動，好像我又離自己的夢想更近一點了，我也好像可以看到，自己在打滿鎂光燈的舞台上舞蹈轉圈的身影……我迫不及待把這件

事跟男朋友分享。沒想到他卻一臉興趣缺缺的樣子，讓我覺得很受傷……

好像，一直以來我所在乎、所努力的事情，在他眼中都微不足道、沒有價值一樣……

「只不過是一件衣服而已啊！」他漠不關心地說，我很生氣，也很無力……

我知道他不喜歡我跳舞。他喜歡看理財的書、研究股票，於是我試著努力培養跟他相同的興趣，也開始規劃和管理自己的儲蓄，只是當他知道我存這麼多錢，為的竟然是去英國念舞蹈學校的時候，他卻相當不能諒解，還笑我傻，說什麼跳舞又不能當飯吃，年紀一大就不能再跳了之類的刻薄話刺傷我……

我心裡清楚地知道，他不但無法協助我完成我的夢想，甚至，連陪我走過去都沒有辦法……每當我練舞到了一個瓶頸無法突破，他也只是跟我說：「一個人要對自己的選擇負責，是你自己要選這條路的……」

「我希望我們能給彼此多一點空間，並不需要為彼此改變。我不曾約束你，希望你也不要把自己的興趣套在我身上……」每次我們為這件事情爭吵，他總是這樣說，然後轉身去看自己的雜誌。我很想跟他說，雖然你不曾約束我，但實踐夢想的這條路上，我真很需要一個給我支持、關懷、握我的手，讓我有勇氣繼續走的人，而不是一個在一旁冷嘲熱諷的男朋友……

曾經有人問米開朗基羅，為什麼你雕出來的雕像都那麼美？他只是笑笑地回答：「其實我沒有雕刻它。我只是把那些雜質去掉，他早就在那石頭裡面了。」①②

林以正老師曾在演講的時候提到米開朗基羅，並問大家一個問題：「那麼，有沒有一個人，可以像米開朗基羅一樣幫我們把雜質去掉，顯現出內在最真實的自己呢？」④在場大家面面相覷，左觀右盼，希望能從別人的臉上找到一些答案。

事實上，這個問題的答案早在十多年前就有人提出來了。美國達拉斯南衛理公會大學（Southern Methodist University）的德利葛塔斯（Stephen M. Drigotas）與他的同事們進行了4個研究，發現越能肯定彼此的理想、越能看見彼此優點的伴侶，有越高的關係滿意度、比一般人更加幸福和快樂⑤。德利葛塔斯認為，這些伴侶就像是「彼此的雕刻家」，看見對方身上最美的那一部分，然後相互影響，幫對方把屬於他生命中最樸實，最美麗的那一塊給激發出來——這就是愛情心理學中著名的「米開朗基羅現象」（the Michelangelo Phenomenon）。

一個人對自己的理想圖像，有些是靠自己「雕刻」出來的。例如：你的志向可能是當一個新銳小說作家，為了達到這個理想，你可能每天閱讀國內外的小說或新聞、報章雜誌，希望從中找到一些靈感，或是精進自己的作品。你所做的這些行為，就是拉近「自己」與「夢想」之間距離的重要方式；你也藉由不斷地看書、寫作，把自己「雕刻」成一位小說家，這就是馬斯洛（Abraham Harold Maslow）所說的「自我實現」的一種過程⑥。

不過，在這個過程中，與其他人的互動經驗也是重要的關鍵，也就是那些「理想的樣子」裡面，可能蘊含部分別人對自己的期待。比方說——

⑴你可能有一個人生歷練豐富的好朋友，在跟他聊天的時候，也能激發你更多的靈感與想像，他總在你腸枯思竭時，提供你湧泉般的情感來源——引導。

⑵或者，你有一個溫暖的家，在你寫不出東西、稿費還沒進帳、每天只能靠泡麵度日的時候，願意收容你，給你煮一碗香氣四溢又配料豐富的家常麵線，填滿你的心和胃——安撫。

⑶又或者，你有一個崇拜的小說家，你把他的書整齊排列在你的書桌前，每當你灰心喪志時，就隨手拾起一本翻翻看看，好像又能從中獲得一些重新開始的動力——激勵。

德利葛塔斯指出，**一個好的伴侶可能是同時具有這三個能力，引導你，安撫你，激勵你，影響你最多，也是在你生命中，能讓你早一步實現理想的夥伴**。當你在雕刻自己的夢想的時候，他像是一隻溫暖的手，包覆著你的手陪你一起度過難關，拉近你與夢想之間的距離。

一開始最吸引你的優點，卻成了每次爭吵的導火線

但是德利葛塔斯這種浪漫的說法，卻仍留下一些問題沒有回答。例如：大部分的我們，在愛情開始的時候，是抱持一點點的悸動與激情，被對方身上的「優點」給吸引，希望自己與對方都能變得更好，更完整。但開始交往一段時間之後，這項「優點」卻又像是針扎似地一直刺痛、損傷彼此的關係，不知道何時變成你眼中的「缺點」了。

「第一次見到他，做事一向粗枝大葉的我，就被他的穩重和體貼吸引。他來我家接我的時候，會把機車斜側一邊，以符合我的身高，並耐心等我坐穩才發動；每天送我回家之後，也會等我開門進家裡，看到我房間的燈亮以後才離開；到餐廳吃飯的時候，他也總記得我討厭、喜歡、還有不能吃什麼……還有我有乳糖不耐症，隨便吃一些乳製品都會拉肚子，許多跟我很好很多年的朋友都不記得這件事，而他總是時時幫我留意，幫我看看食品包裝裡面是不是有牛奶成分，或是幫害羞的我直接問店家，食物中是否有加牛奶等等……。」

「可是從某一天起，我開始漸漸覺得他好煩、管我太嚴、又愛胡思亂想、怪他喜歡在腦內自己上演小劇場等等。有時候我好累，回家躺床上就睡了，沒開燈，他就在樓下一直打來問我到房間了沒；我們一起去用餐，我也嘴饞想吃一點好吃的起司蛋糕，或難得一次到木瓜盛產地，想喝道地的木瓜牛奶，但他總是堅決地將蛋糕退還給店家，不然就將飲料倒掉。他問我，為什麼以前他做這些事情我覺得好貼心、好溫暖，現在我卻說受不了好煩？其實，我自己也不知道為什麼會變成這樣……」

第二章談到吸引力時，我們曾經討論過「互補」總是比「相似」還要複雜。有時候，我們自己沒有的、**一開始最崇拜對方的那些優點**（例如：待人親切，做事果斷、謹慎小心），**到最後常常成為自己最難以忍受的缺點**（例如：重視朋友多於我、絕情、龜毛）。為什麼會發生這樣的事情呢？親密關係大師卡里兒。羅絲柏特（Caryl E. Rusbult）認為，這或許跟心理學中常常談到的三個「自我」（self）有關⑦。

三個「自我」

講到三個「我」，一般人大都會直接聯想到佛洛伊德的本我（Id）、自我（Ego）、與超我（Super-ego），但時代會進步，自我心理學（Self psychology）的研究也不斷地推展。當前一項常被教科書提及的「我」的理論，即紐約大學著名的心理學家席根斯（E. Tory Higgins）所主張的「理想我」（Ideal Self）、「應然我」（Ought Self）與「實際我」（Actual Self）⑧。

簡單地說，「實際我」是「你現在的樣子」；「應然我」，是你覺得「別人希望你變成」的樣子；「理想我」則是你想真正變成，但卻還沒有變成的樣子。

這樣說起來很拗口，讓我們用一個有趣的例子來說明。想像你是好萊塢奪寶冒險影片中的英雄，現在又重返印度一個兵荒馬亂的城市出任務。你按例從背包裡拿出地圖，找出自己在地圖上的實際位置，眼睛望著遠方由雪白大理石建成的泰姬瑪哈陵（Taj Mahal），你知道寶石就藏在那裡，那兒也是你任務的最終目的。

但，在那之前，你由衷地想先去營救，被壞人關在紅城堡（Red Fort）裡的情人，更巴不得救了她之後直接跟她遠走高飛，雙宿雙棲，別管什麼寶石了。遺憾的是，隨著劇情的發展，迫使你需要拿寶石去換你的情人……

在這個例子中，你在地圖上的當前位置即是「實際我」，眾人所期待你去奪取的寶藏所在地泰姬瑪哈陵就是「應然我」，而你真正想解救的愛人所在地紅城堡則是「理想我」。席根斯認為，我們終其一生都在試圖縮短實際我與另外兩個我的距離，也一直在自己的理想與別人期待中求取平衡。

在現實生活中，我們常常需要面臨「理想我」和「應然我」之間的拉扯，最典型的例子是：你想演舞台劇（理想我），好不容易拿到了藝術學院的入學許可，但是家人總是跟你灌輸演戲沒前途，好好念書才是真的，當醫生或工程師才能賺大錢，於是你只好委屈地放棄了學戲劇的機會，努力讀書選擇「大家都覺得有前途」的電機系或醫學系（應然我）——就像拿寶石去交換情人一樣②。

我愛你，因為你讓我變得更喜歡自己

了解這三個我之後，讓我們再把頻道轉回米開朗基羅這邊。羅絲柏特認為，真正的互補應該是建立在「理想我」的相似上⑦。他們邀請187對將要結婚或剛結婚的伴侶進行一項有趣的實驗。參與者成對地被邀請到實驗室，坐在不同的房間填寫問卷，問卷中請他們描述自己的理想或「想成為什麼樣的人」，例如：有些人寫到「完成碩士學位」、「孝順一點」、「做一些公益工作」、「不要再那麼自私」、「多出去走走，不要老是待在家裡」等等。

接著，研究者請他們簡單討論一下前一天發生的事情做為暖身，然後再請他們討論彼此先前寫下的理想。八分鐘的討論結束後，受試者會觀看自己剛剛討論時的錄影帶，並評估分享理想時，伴侶支持自己的程度。結果顯示，當自己「理想的樣子」跟伴侶越像、在互動時越滿意彼此、能用比較良好的溝通方式討論，伴侶也越能支持自己朝著目標前進。在後續的研究中，羅絲柏特進行長期的追蹤更驚訝的發現，**伴侶與自己理想的樣子相像者，比較不容易分手**。

也就是說，如果你的另一半是活潑外向的人，害羞的你也希望有一天能跟他一樣健談，他也知道這一直以來都是你的目標，他便會支持你（即使有時候可能是無意識的），例如：帶你去海邊、人多的地方練習膽量，陪你一起讀許多書籍增加知識與談話的深度，在你表現好的時候鼓勵你，給你大大的喝采，在你失敗的時候在一旁陪伴你，跟你說沒關係再接再厲，這樣的關係當然是幸福滿滿，洋溢溫暖。這一切的起點，都是因為「你想跟他一樣好」。因為，你欣賞他的優點，他感覺到被尊重，被重視，他會很樂意以他擅長的部分協助你、讓你達成這個理想。

同樣的，對方也「想跟你一樣好」，他也看見你身上的優點。例如：他想變得跟你一樣細心，於是你買了一本手帳給他，陪他一起記錄生活的點滴，提醒他做一些標記才不會忘東忘西，他也認真地寫了，到最後甚至做得比你還詳細。你很慶幸有一個人能將你的優點看得如此珍貴，你們看見彼此的改變，逐漸變成彼此想成為的那個人、變得更喜歡自己，而且這條實踐理想的路上，彼此都是扶持自己走向理想的導師——**用自己的優勢扶持對方走向夢想，才是互補真正強大的力量**。

羅伊．克里夫特（Roy Croft）在「愛」這首詩中生動地描寫出這樣的狀態[3]：

我愛你，不只是因為你的樣子，
還因為，和你在一起時，我的樣子。
我愛你，不只是因為你為我而做的事，
還因為，為了你，我能做到的事。
我愛你，因為你能喚出我心裡最真實的那個部分，
我愛你，因為你穿越我心靈的曠野，如同陽光穿透水晶般容易，

我的傻氣，我的弱點，在你的目光裡幾乎不存在。
而我心裡最美麗的地方，卻被你的光芒照得通亮，
別人都不曾費心走那麼遠，都覺得尋找太麻煩，
所以沒人發現過我的美麗，所以沒人到過這裡……

——引自百度百科「羅伊．克里夫特」

兩個無法雕刻彼此的理由

真正的互補，是「對方的樣子也是你喜歡、想成為的樣子」，或是「對方想成為的樣子也和你相仿」，在心理學上我們稱做「理想我相似性」（Ideal Similarity）⑦⑨。

改變與調整自己的這條路是辛苦的，也因為辛苦，我們常常會半途而廢、甚至拒絕改變。這時候如果有一個人支持你的理想，願意和你一起努力、一起前進、在小小成功時由衷地替你高興、在跌倒失敗時給你深深擁抱，你會更有勇氣繼續走、會覺得自己變得比從前更棒了。也唯有這樣，才能像克里夫特的詩裡所說，不斷地在旅途中發現美麗，每一天都從對方的眼睛裡，看見更好的自己。

可是，的確也有一些關係只是假象的互補。例如：前面所談到的「補不了」的關係，可能只是一開始盲目崇拜對方的才華、特質，卻「沒有很想」變成對方的樣子。下面，我們將介紹兩種無法互補、或是無法適當雕刻彼此的原因：

(1)對自己的「理想我」不清晰

「隨著我們在一起的時間越久，我反而越來越不確定我們之間的關係，或者應該說，我漸漸不知道自己跟他出去約會、共進晚餐、一起讀書或出去玩到底是為了什麼？老實說，我不太確定自己究竟是一個怎樣的情人，有時跟他出去逛街買東西，我都不清楚自己到底是喜歡逛街呢？還是只是想陪他？有時候聊到一些價值觀的部分，比方說，對韓國明星或單眼數位相機的看法，我都變得好起伏不定，他問我意見我常常都回答不知道、都可以之類的，我在想，我所讓他看到的我，似乎不是真正的我，可是我又不知道真正的我是什麼樣子？和他在一起很開心，他也對我很好，但是我總覺得少了一些東西，好像一直在原地繞圈踏步，我曾經鼓起勇氣跟他說，我想要一段能夠讓我成長的關係，他回答我說：『現在這樣不好嗎？』唉，其實我也很苦惱不知道如何表達，好像眼前佈滿了一片迷霧一樣。不好意思，描述得很亂，但這的確是我跟他當前狀況的真實寫照……」

上面這是一位研究參與者在做完實驗之後的分享，研究室的一位學姐聽了之後曾經非常納悶：「為什麼會這樣呢？如果按照席根斯的主張，每個人不是有一個「理想我」，然後終其一生都企圖往「理想我」靠近嗎？，怎麼會有『不知道自己的理想我是什麼』的窘境呢？」

學姐花了時間回顧了相當多的文獻，結果驚訝地發現，很多時候，我們根本不知道自己要的是什麼。這種現象在華人社會相當容易發生，**我們從小被教導要善於察言觀色，要顧慮別人的看法，被灌輸要順從父母的期許，到了後來，其實很多人不知道自己究竟想成為什麼、想要什麼、或在追求什麼**。甚至，因為怕伴侶傷心難過或被拒絕，常常委曲求全，勉強自己去迎合討好伴侶的需求，長久下來，磨損掉自己的志氣、暫緩自己的目標、延宕自己想做的事情，甚至開始變得討厭自己。

學姐猜想，會不會就是「我們根本不清楚自己是誰」，所以伴侶也變得無從幫起呢？於是，她調查了108位戀愛中的大學生發現，一個人若對自己認識不清、不知道自己究竟要的是什麼、對自己抱持著矛盾疑惑的看法，通常過得比較糟，要有一段滿意的關係也比較困難⑩。

用前面冒險電影的例子來說，**如果你找不到自己在地圖上的位置，不論是拿寶石或者救公主，都將變得困難重重**。不過相較於對自我的了解，「不確定自己在這段關係中的角色」殺傷力可能更大。如果你在跟對方相處的過程中，對於自己的理想和目標變得更模糊了、變得不知道自己與伴侶的期待究竟是什麼、甚至連自己在伴侶面前呈現的樣子是真是假都不清楚，就算伴侶給予再多的支持與鼓勵，對於關係維繫或提升幸福感的效果也相當有限，這就是所謂的「看似互補但卻補不到」。

也就是說，**幸福是建立在了解自己之上的。而不斷上升的幸福，正是因為對方能不斷增進你對自己的了解**。了解自己是我們終其一生都在進行的課程，而一個專屬於你的米開朗基羅，就是能陪你一起見證這些轉變過程的人。

(2)兩種給予錯誤

「妳知道嗎，我這樣做都是為了妳好。妳不是說一個人在台北很孤單？我在大直附近買了這間房子，妳就搬進來住吧，反正空著也是空著。我有空上台北，就會去陪妳，這樣還不好嗎？妳上哪去找這麼好的男朋友？」他氣呼呼地把門擋住不讓她走，她的身體顫抖著，眼淚就快要落下來。一陣沉默。

「可是，我要的關係不是這樣的。」終於，她開口說了。

「那妳究竟想怎樣？」他歪著頭生氣地問她。

「我、我不知道。每次你不在，我都好怕孤單；但是你一回台北，我又覺得你把我壓得喘不過氣來，我想要有人陪，但是我也想要有自己的生活……」

一位遠距離戀愛五年多的朋友Sherry，將上面她的這段故事分享給我。她的男朋友是一個企業小開，很疼她，幾乎把很多事情都替她準備安排好，房子、貸款、畢業後的出路都已經安排打點妥當，身邊的姐妹都巴不得能有一個這麼棒的男朋友，但是她卻老是覺得缺少了什麼？她知道男朋友是為她好，但是她想像中的生活卻不是這樣。

「我知道我很需要人照顧，朋友都笑我長得一付『惹人憐愛』的樣子，所以從第一個男朋友開始，每個都是很會照顧我的人。這些過往的男朋友們都很疼惜我，給我很多安全感。一開始我都覺得他們很棒，但是每段關係走到最後，我總會問自己：真的能這樣一直下去嗎？一直在別人的呵護下，這樣我什麼時候才能長大？」Sherry皺起眉頭跟我說的時候，大大的眼睛裡卻帶著一股堅定。

從上面的例子中，我們可以發現，縱使一方已經對自己理想中的模樣有些清晰，那麼另一方還是有可能出現「給予錯誤」。第一種給予錯誤，**是不顧伴侶的意見，執意「調教」他變成「自己想要的樣子」**；第二種給予錯誤，**是誤將對方一時的需求視為終生的夢想**。有時對方表面上需要的，只是「你以為」他需要的；有時甚至連他「一直以來以為自己需要」的東西，也不能帶領他通往夢想之地，甚至，還會帶著離夢想越來越遠。

真正適合你的雕刻家伴侶則會「看見你想變成的樣子」（而不是「他以為你應該變成的樣子」，或是「你當前想要停留的地方」），導引你一起往那夢想邁進——**為了做到這個，有時候他們甚至願意跟你作對、規勸你**。

「後來我才知道，我需要的不是一個疼我的人——雖然我過去總是跟這些人在一起，可是最後總是不歡而散……我真正需要的，是一個能讓我學會『不再那麼依賴』的人，這才是我真正想要的樣子。」

後來和Sherry結婚的男性便是相當優質的雕刻家。他看出她真正想要的，不光是陪伴，而是一個獨立的自我。他教導她忍受孤獨，因為，沒有人可以一直陪伴在她身邊；他帶她認識更多朋友，推薦她看一些溝通和自我成長的書籍以培養她的自信；他在她表現良好的時候稱讚她、一起去慶祝用餐，以強化並持續她的行為。他不是一味地只給她索求的陪伴，也不是將自己想要的「她的樣子」投射在她身上，而是真正看到她的理想，一步一步帶她走向自信與獨立。

「雕刻家」的特質

當年我們幾個研究夥伴開會討論米開朗基羅現象的時候，我們聊到一個問題：既然米開朗基羅現象這麼好，究竟要怎麼樣才能讓這個現象開始轉動呢？又該怎樣才能遇見自己的米開朗基羅呢？

我們在場幾個人討論了很久，最後的答案竟然是「碰運氣」？

其實，並非每個人運氣都這麼好，都能遇到自己生命中的雕刻家，就像文首的故事一樣，有些伴侶不但無法支持我們的理想，還阻礙我們對理想所懷抱的一絲希望。那該怎麼辦？其實沒有這麼悲觀，我們還是能做一些事情——例如：「辨認出」可能的雕刻家。

什麼樣的人最有可能具有所謂的「雕刻家」特質呢？非常幸運地，一位朋友Amber在去年的社會心理學家年會中，遇見了阿姆斯特丹自由大學（Vrije Universiteit Amsterdam）同樣研究米開朗基羅現象的弗朗西斯．蓋蒂（Francesca Righetti），他認為所謂的「雕刻家」特質，很可能就是「積極」的特質③。

你可以試著先想像你有兩個「好朋友」，一個相當積極（姑且稱他為阿基好了），一個則是相當謹慎（那麼暫時稱他做小槿好了）。當公司指派給你一個艱難的工作，雖然你有點害怕，但你知道這是達成你夢想的必經之路，再怎樣都得熬過這關，但是心裡還是覺得不踏實、忐忑不安，於是你向他們兩位傾訴，你覺得，會從誰的話語中得到比較多情感上的支持呢？

讓我們模擬看看可能的狀況：

阿基：「老闆願意將這麼重要的任務交給你，當然是因為信任你啊！雖然這次的任務不太容易，但憑你之前在公司的實戰經驗，以及過去累積的實力，我相信你一定會有不錯的表現。放手衝一個吧，我挺你！」

小槿：「這個案子真的是相當棘手耶，之前接到的人也都是驚險過關。我想你可能先看看以前的檔案，看一下前輩們是怎麼處理的，可能比較不會失敗。總之盡量避免冒險，穩當的完成最重要。」

你聽到哪一種話會讓你對自己更有信心呢？

我們接著再設想另外一個情形。當你好不容易終於完成了這個艱難的工作，成果不錯獲得老闆賞識晉升，興沖沖跑去找他們分享。

你覺得，你會從誰的話語中得到比較多鼓勵呢？可能的狀況如下：

阿基：「太好了，這個月升主任，再盡力一些，說不定下個月就升經理了喔！」

小槿：「看到你升遷我也替你高興，可是通常到了一個新職位，也會因為不太熟悉狀況容易搞砸喔……我想，還是小心駛得萬年船啊！」

同樣的，你聽到哪一種話會「覺得」自己更靠近理想了呢？

其實，以朋友而言，阿基與小槿都是值得交的好朋友，因為這兩個人讓我們對同一件事情產生不同的看法，因為有了他們兩個，我們一邊建立自己的信心，一邊也不會因為過度自信而得意忘形。但是如果以情人而言，阿基可能是比較好的雕刻家。你可以試著把上面的兩個情境再重新回想一遍，只是這時候把阿基或小槿想像成你的另一半，在你忙了一天，累趴趴地回到家之後和他分享今天上班的甘苦，你會想要在你身旁的是阿基，還是小槿？

事實上，以未婚的伴侶來說，像阿基一樣對關係抱持著積極的目標，比較能增加關係的信任、和諧、以及滿意度⑪。因為，一般來說積極的人通常會看見事情的正面，而謹慎的人卻常選擇將注意力放在負面的事情上[4]。擁有一個積極的伴侶，可以在你失意時引領你注意到美好的部分（縱使情況真的很糟），並且仍然對你保持信心，在你做對事情的時候，給予你大大的讚賞與真心祝福，而不是掃你的興叫你小心別樂極生悲[5]。雖然有些時候提醒是必須的，但祝福永遠比提醒能帶來更多的正向情緒、更能促進彼此的關係。

從肯定他開始

有次我們研究室討論結束，我跟一位學姐Kendy一起到走廊的椅子坐下聊天。當我們聊到她胖嘟嘟又相當幽默風趣的男朋友時，她臉上的笑容像是夏天陽光底下的向日葵一樣，綻放得好燦爛。

「妳怎麼會下定決心要跟他結婚呢？」我們聊到幾週後她的婚禮。

「有人說結婚靠的是一股衝動，但我覺得不是耶。我從他的身上看到了一些我沒有的東西，一些我一直想要得到卻不知從何開始的東西。跟他走在一起的時候，我覺得很平靜，很安全；當我陷入情緒漩渦的時候，他總是能看到事情光明的那一面，伸出手來拉我一把。**我知道世界上積極樂觀的人很多，但是我只願意握他的手，尤其是在我最低潮的時候……**有一天我問他，為什麼只有他能帶我走出負面的情緒……結果你猜他說什麼？」我本來想回應她，但看她講得如此起勁便不好意思打斷，只是靜靜地點頭。Kendy學姐接著說：

「他說，他也不知道確切的原因。他只知道看著我的臉，就有一種『我一定能克服』的預感。

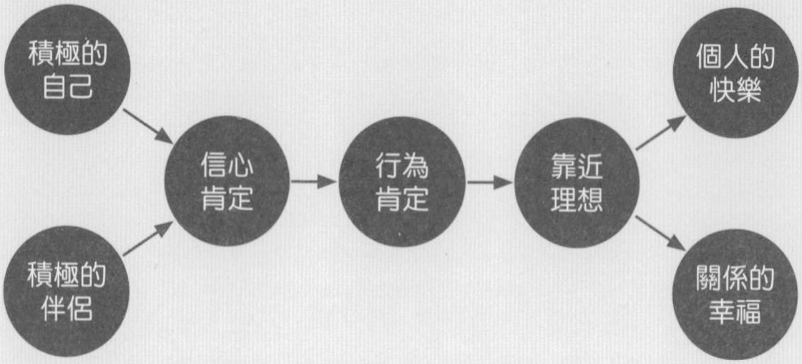

圖一：米開朗基羅現象
（整理自Rusbult, Finkel, & Kumashiro ①與Righetti, Rusbult, & Finkenauer ③）

我聽到他這樣說，驚訝地嘴巴都忘記闔起來了。因為從他的眼眸中，我的確也同樣有一種『我一定可以』的感覺……我想，這就是我們一直在研究的米開朗基羅現象吧！我覺得能遇到這樣的人真的不容易，所以要好好把握。」

這個看似神乎其技的米開朗基羅現象，其實是有跡可循的。就像我們在圖一所看到的，當我們幸運地找到了積極的伴侶之後，我們唯一需要做的就是肯定彼此、相信伴侶是可以達成夢想的。說得容易，要怎麼去肯定呢？具體來說，可以使用兩個諮商心理學上常用的肯定技巧：

(1)特質肯定歸因：將對方優良表現歸因成他的穩定特質

我有一個高中朋友不太愛念書，喜歡寫散文小說。有一次他的文章投稿雜誌雀屏中選，他興高采烈地將雜誌拿給他女朋友看，沒想到她一看到只是酸他運氣好，我朋友也因此難過好多天。

我們都是需要被看見與肯定的，對方也一樣。當對方發生好事情的時候，我們可以選擇將這件好事歸咎於外在不可控制的因素（例如：運氣），也可以歸因於內在穩定的特質（如勤勞與才華）。而後面這種做法，通常能讓對方對自己更有信心。就像你在前幾章所讀到的：真心地肯定對方的特質，往往能帶來意想不到的效果。

⑵具體肯定技巧：舉一些具體的事實，肯定並讚賞他的行為。

一位之前念諮商的學長，跟我們分享了他在學校輔導室實習的經歷。他說國中輔導室常常要處理一些令人頭大的學生，比方說，有一個小朋友難以控制自己的情緒，每天都跟同學打架，一週五天裡面就打了四天，幾乎每天班上都有同學被打得鼻青臉腫。負責輔導他的老師相當有智慧，鼓勵他說：「哈，至少你這週有一天沒有打架，那天做得很棒噢！可不可以告訴老師，那天你都做一些什麼，竟然能控制住自己的脾氣不發飆呢？」

我們都知道要肯定伴侶的行為，要鼓勵伴侶實現他們的夢想，但很多時候我們都使用一些浮濫模糊的語言，例如：「你已經做得很好了，別灰心！」或者「辛苦你了，我一直都有看見你的努力喔！」，這些句子雖然都能表達出關懷，但是都有一個共通點是——**就算是不認識他的路人甲也能說出一樣的話來**。

具體肯定技巧就是**具體地指出對方做的某件事情很棒**值得嘉獎，這種方式會讓聽者覺得被在乎、被關注。例如：「你已經做得很好了，**你的封面設計和與異業合作條款部分都很有創意啊！**很少人能想到這些點子，別灰心！」或是「我一直都有看見你的努力喔！**你昨天快要凌晨四點才到家，睡不到三小時又出門工作**，讓窩在棉被裡的我好心疼……」等等，在「別灰心」和「多加油」以外，再多說一點、再具體一些！

為彼此的幸福負責

總而言之，伴侶若能積極地肯定我們具有達成夢想的潛力，並具體地給予我們鼓勵與支持，我們就會離自己的夢想更近一些，也會變得更快樂，更喜歡與對方在一起，這就是米開朗基羅現象的真諦。需要注意的是，**米開朗基羅現象並不是要我們把對方形塑成「我們理想中」伴侶的模樣，相反地，是把對方雕刻成「他自己理想中」的樣子。換句話說，我們幫助伴侶變成「他想成為的那個更好的人」，伴侶也同樣地幫助我們成為「我們想成為的人」**。

在這一章的最後，我想小小總結一下米開朗基羅現象的幾個重點。

首先，我們發現有些情形下，你的伴侶並不能當一位稱職的雕刻家，例如：當你對自己的理想我都還不確定時、對方只是暫時滿足你的需求時或是對方把「自己的理想」強加在你身上時等等。此外，雖然每對情侶都非常不同，但普遍來說積極的伴侶比謹慎的伴侶更適合當雕刻家。最後，如果你不是一個好的雕刻家，文末也教了大家兩個務實有效的關懷方法：「特質肯定歸因」與「具體肯定技巧」。這些討論與觀察，雖然不一定能帶你找到命中注定的雕刻家，但是或許能提供一些可能的觀點，重新檢視你與身邊伴侶的關係。

看見你夢想的人

每個人來到這世界上，都有屬於他自己的使命，都有應該去實踐，去完成的夢想；我們的心中，都蘊含一塊會發光的火種原，用來照亮自己與別人。只是隨著鎮日的庸庸碌碌與辛苦奔波，我們漸漸遺忘了它的存在，而你身邊的他，很可能就是少數能看見這道曙光，並協助你燃燒、閃耀的人。

曾經在一次演講中說過一句話：「**人因夢想而偉大，有壓力更偉大**」。另一半的夢想與希望，常常是我們甜蜜的負擔。但也因為這些壓力與負擔，我們變得更有勇氣去面對彼此的弱點，互相砥礪，一起找到內心那個最真、最善、最美的自己。

註解

❶改編自本實驗室研究參與者之故事⑫。

❷席根斯認為當我們察覺理想我和實際我之間差距的時候（也就是無法達成理想、無法救出自己的愛人時），我們會感到憂鬱；而當我們察覺應然我與實際我之間的差距時（也就是無法達成大家的期望、順利奪取寶石的時候），我們會趕到罪惡⑧。當然，電影中聰明有智慧的主角通常能化險為夷，一石二鳥。

❸這首詩的出處其實是個謎。有一說是，本詩收錄於2005年《讀者》（Reader）的第九期的第五頁（詩三首），但亦有一些教授，例如：雪城大學（Syracuse University）的琳達．夏爾斯（Linda Shires）指出此詩的作者應該是瑪麗．卡羅琳．戴維斯（Mary Carolyn Davies），伊莉莎白．巴瑞特．勃朗寧（Elizabeth Barrett Browning）或她的老公羅伯特．勃朗寧（Robert Browning）甚至是「佚名」而不是羅伊．克里夫特（Ray Croft）⑦。雖然這首詩的作者出處成謎，但仍是一首處處扣人心弦的好詩。

❹但若是結婚後的伴侶，則是積極（Promotion Focus）和謹慎（Prevention Focus）都有助於他們的婚姻，在學術上我們通常把這二種動機，稱作「促進焦點」與「預防焦點」。在這裡為求理解方便，以「積極」和「謹慎」稱之③；此外，當然也有積極又謹慎的人，更有人把積極與謹慎當作一種可被改變的行為傾向，而非穩定的人格特質。這裡只是列出極端的情形做為舉例，在不同情境、角色需求下，我們仍可能有不同的表現⑬。

❺弗朗西斯．蓋蒂等人也發現，積極的人不但是好的雕刻家，也是一塊好石頭。也就是說，相較於謹慎的人，積極的人更容易達成自己的理想③。

延伸閱讀①–⑬相關內容，請參閱大真文創出版公司網站http://www.bigtrue.com.tw/about-love/research/。

他是你的米開朗基羅嗎？

你是否曾問自己，眼前這個已經與自己牽手走過一段路的他或她，真的是適合陪你走一輩子的對象嗎？一段好的戀愛關係會帶你上天堂，但相反的，伴侶如果無法支持你的夢想，將會比待在地獄還要痛苦。下面是實驗室所翻譯修改德利葛塔斯等人研究中所採用的量表簡短版⑤⑩，你可以藉此測量一下你的他，究竟是不是你的米開朗基羅喔！

★請先利用下面的題項，花幾分鐘思考★

「我想變成什麼樣的人？」

- 在個性上，我想變成一個更＿＿＿＿＿＿＿＿＿＿的人
- 在能力、技能上，我想多學會＿＿＿＿＿＿＿＿＿＿
- 在工作上，我希望能＿＿＿＿＿＿＿＿＿＿
- 我的夢想是＿＿＿＿＿＿＿＿＿＿
  （當然，可以不只一個）
- 我希望有一天，我可以＿＿＿＿＿＿＿＿＿＿
- 我想像中最美好的生活是＿＿＿＿＿＿＿＿＿＿

接著，請仔細回想你和他互動時的想法、感受與行為，並按照你對該句描述的同意程度，到下頁填入1到6的分數。

從未如此	幾乎沒有	較少如此	有時如此	經常這樣	總是如此
1	2	3	4	5	6

(　　) 1. 他常常會創造一些情境或機會，如帶我去參加活動、探索或給予我任務，讓我變得更好，更喜歡我自己。

(　　) 2. 他讓我成長很多，而且是我想要的那種成長。

(　　) 3. 他常常幫助我，讓變成我想要變成的樣子

(　　) 4. 他誘發出我最好的那一部分

(　　) 5. 他看見我的好

(　　) 6. 跟他在一起，我覺得自己正一步一步更接近自己的夢想

完成之後請將1到6題的分數加起來平均，就是伴侶的「米開朗基羅」傾向。在實驗室過去的研究中⑪，台灣學生平均分數是4分，標準差是0.79分。分數越高者，表示伴侶越能協助你實現夢想，手牽手一起走到目標⑦。

★結果解析★

★3.21分以下：重新思考跟他相處的方式吧！

如果你得到低分，先別氣餒，很可能是他不知道你的理想或計劃是什麼。如果你還沒有跟他聊過你的理想，比方說你未來的職業志向，退休之後想去的地方或做的事情，希望擁有的人格特質等等，建議你先跟他談談之後，再重新回來填寫一遍。如果他仍舊不能支持你的夢想，或你對他的夢想也興趣缺缺，很可能要考慮這段關係繼續經營的意義與可能性了喔。

★3.22到4.99分：你知道自己要的是什麼嗎？

花點時間想想你的未來與目標吧。對方某種程度上能支持你，但可能還不能全然地相信你是個能達成夢想的人。試著運用這兩章談過的方法開始練習，不久一定會有所改變的！

★5分以上：恭喜你找到屬於你的米開朗基羅

正所謂知音難尋，伯樂往往藏於茫茫人海之中。既然找到了一個能夠看見你的優點，陪你一起實踐夢想的伴侶，你更要認真努力地給他肯定鼓勵，也成為他的米開朗基羅喔！

Chapter 12 戴上玫瑰色眼鏡

彼此眼裡的愛情

「妳到底喜歡阿廣哪裡啊？他不是很宅嗎？」好姊妹小彤問我，喝了一口杯裡的冰釀檸檬。從我跟阿廣在一起第一天起，她就不解，阿廣到底是哪裡特別？

「很難說耶。他說話很慢，可是又很有質感。」我說。

「有質感？我第一次聽到人家用這樣的形容詞耶。」

「嗯，我很喜歡聽他說話，即使已經交往這麼久了，每次坐在他身邊，聽到他的聲音，就會覺得很舒服。我很喜歡聽他分享那些老唱片的故事，喜歡跟他討論最新的翻譯小說。有時候，我們坐在誠品敦南店，可以一路讀到快天亮。」

「喔？所以他是文青啊？看他每天都穿夾腳拖鞋配短褲，再加上他的水電工職業，實在是很難把他跟文青這個詞連在一起耶。」小彤眼睛睜得跟金魚一樣大。

「嚴格說起來應該也不能算是文青啦，就只是喜歡晚睡、聊一些與柴米油鹽無關的事情而已。」我說，其實我也不清楚，對自己來說，那種質感是什麼。

「那你們，都沒有吵架的時候嗎？」

「有啊！他生氣起來很可怕的，可是一下子就好了！我們有一次吵架，還把隔壁鄰居都吵醒了，然後他很卒仔地和鄰居賠不是，低聲下氣連聲道歉，好像撞壞人家愛車那樣，表情超好笑的。然後等鄰居離開，轉過來馬上要跟我吵，可是我已經笑倒在地上了，根本吵不下去。結果他就一個人躲在沙發上生悶氣……我記得那次，我在他身邊陪他沉默了一陣子，後來，他悄悄地靠過來，靠在我額頭邊說對不起。我突然覺得，自己很幸運能遇見阿廣。」

小彤離開以後，我花很長的時間去思考她的問題。老實說，阿廣也跟一般人一樣，愛打電動、偶爾喝酒、投入一件事情就會忽略其他事情，但整體來說，他還是不錯的。然後，我突然想起阿廣跟我說過的一句話。

「一個人最特別之處，或許只有愛上他的人最清楚。」

某年的寒假，我們想要知道究竟是什麼樣的回憶，會讓情侶們感到幸福，於是我們邀請了39位有戀愛經驗的朋友，來實驗室寫下一段「對他們而言最美好的回憶」，試圖從中窺知一些端倪。

實驗室裡的幸福愛情故事

「那天他帶我到淡水，因為是臨時起意說要去的，我們什麼都沒有準備，路線也沒規劃，可是卻是讓我充滿甜蜜的一天。我們一起坐捷運，在捷運上，因為前一天趕報告到好晚好累，我的頭側倚在他的肩膀上，迷迷糊糊地睡著了。甚至到了淡水他都不忍搖我起來，還是被站務人員趕下車的。走在淡水的老街上，他一直說我睡覺的樣子好可愛，我們在漁人碼頭又摟又抱的，然後我說我想去十三行博物館，於是兩個人去租協力車……因為是假日，協力車被租光了，我們只好租後方有坐墊的淑女車。坐在後面靠在他的背上摟著他的腰……他不時把左手覆蓋在我的手上，微風輕輕地吹過我們的臉頰，好希望時間就這樣停留在這一刻……」

「其實，是我說要去花蓮的，他把工作都排掉，前一天還趕工到三點多，早上開車來接我的時候，眼睛紅得像兔子一樣，我摸摸他的臉覺得好心疼，他卻一直說沒關係，在車上我們聊了很多事情，他跟我分享他對古典音樂的看法，我很喜歡他的見解、說出許多我不知道的音樂家軼事，那一刻我突然覺得他好有才華……」

❦

「最美好的回憶是跟他一起去大賣場買東西，他像個大男孩一樣蹦蹦跳跳的，看到什麼東西都想要拿起來看一下，然後，問我說今晚煮這個好嗎？煮那個好嗎？我們在裡面嬉鬧，他從背後繞過我的腰一起推著買菜車，然後在我耳邊偷偷親了一下。我覺得我們好像是結了婚的夫妻一樣，又羞又溫暖。」

❦

「寫這個你們可能會覺得奇怪，我印象最深刻的是跟她一起逛夜市的那個晚上。沒錯，是很平常，但是，她因為忙系上營隊的活動，已經好久沒有跟我兩個人優閒地吃晚餐了。那天晚上她掛掉了好多通系上朋友的電話，她說我們難得出來，希望時間都是屬於我們的，我聽了好開心！我們到師大夜市買好吃的臭豆腐，那是我們第一次分享一份食物，吃起來真的是相當美味，雖然天氣很冷，我們又坐在路邊，但是因為她在身邊，讓我感到很溫暖。」

❦

「應該是我跟她在家吃水果吧！真的是再平凡不過的事情，我們卻玩得不亦樂乎。她咬了一口我手中的芒果切片，我問她說為什麼不吃她自己的，她笑了笑做一個鬼臉，我也偷吃一口她叉子上的芭樂，看電視的時候她一直說要嫁給我，當我把電視機關掉請她再說一次時，她又調皮地不說了，我們用沙發上的靠墊打了枕頭仗，最後累到趴在彼此的身上睡著……」

我們的幸福在哪裡？

上面這些是比較長的幾篇文章節錄，當然還有一些比較短的如：「他送我回家，雖然一路上都沒有說話，但是他在我家樓下擁抱我就說明了一切」、「一起去吃日本料理，她知道我喜歡吃炸蝦，就把她碗裡的那隻夾給我」或者「剛起床看到她還在熟睡的眼睛，就是最大的幸福」。

我和實驗室幾個夥伴望著這些資料苦惱著，這和電影或電視裡面演的都不一樣啊！沒有什麼浪漫四溢，雪花紛飛的劇情，有的只是平凡地親吻擁抱，一起吃飯、購物而已。對這些情侶來說，好像「只要兩個人在一起，不管做什麼都很幸福」。為什麼會這樣？

我們一開始的想法是，這些人可能都還在熱戀期，爭吵少，甜蜜多，所以就連吃個水果逛個街都感到開心——但是這個假設很快就被推翻了。這39個人平均交往時間是32個月，大多數（80%）的人都在一起半年以上，平均每週爭吵2到3次，基本上已經進入穩定的交往關係了[2]，但是這些受試者中，有八成的人（78%）都很滿意自己的感情生活。我們不禁納悶：是什麼讓這些人感到幸福呢？

在一個偶然的機會下，我們實驗室幾位夥伴一起讀了知名心理學家珊卓拉．莫芮（Sandra L. Murray）所進行一系列的研究才發現，**真正的幸福不在於兩人一起去做什麼，而在兩人的眼睛裡看見了什麼；所謂「洋溢著溫暖的愛情」，不在於對方的樣子，而在於對方在你眼中的樣子**。

莫芮等人陸續進行了好幾個實驗，她請伴侶進行自評、互評，順便評估他們身邊好朋友身上的優缺點。發現一個有趣的現象：**幸福的人傾向認為自己的伴侶比身邊的朋友還要「優良」**，甚至比伴侶「自認為」的還要好①②。舉例來說，一對幸福的情侶中的男生，可能覺得自己大概只有70

分，但他的另一半可能覺得他有95分。而且在莫芮的研究中，這種「玫瑰色眼鏡」（Rose-colored Glasses），甚至可以在熱戀期之後的好長一段時間，仍然穩穩地戴著，持續地為彼此關係加溫。

大學時代，我認識一對人人稱羨的情侶，雙方身邊都有很多人追求排隊，但他們仍堅守彼此的感情直到修成正果。婚禮後，我們在新娘房內聊天，我很好奇究竟對方身上有什麼特別的優點，讓彼此願意放棄其他身邊的花花草草。

「我覺得她最特別的地方，是在我心情不好時或遇到挫折時，我能夠從她的身上得到很大的心靈安慰，這種安慰讓我心情能稍微平靜下來。我是一個很容易鑽牛角尖的人，她從不責備我的偏激想法，反而給我鼓勵，讓我覺得這世界還是溫暖而美好的，我身邊也有許多溫柔體貼的女生，但是很少有像她一樣善解人意，在她身邊讓我感到很安全。」新郎大頭首先開口說，聽起來似乎是非常官腔的台詞。

「哪有，那是只有對你好不好！跟我們一群姊妹出去的時候，我們可從來感覺不到她的『體貼』喔，買東西的時候都是我們幫忙提的呢！」看到男方說的肉麻話，女方身邊的好友們不禁插嘴抱怨吃味起來。「我也很體貼很溫柔啊，為什麼大頭就沒有選我？」大學的時候也喜歡大頭的女孩，趁著酒氣未散，紅著臉損了這對新人。

「唉呦，別這樣嘛。我只是比較愛他一點，我也很愛妳們大家啊。我沒有他講得那麼好啦，倒是他體諒我的時候比較多……有一次期末考考很多科，我念都念不完，還好大頭幫我複習，還借我他的筆記，不然我可能真的要延畢了……要說體貼是他比較體貼吧？」新娘小晴羞赧地說著，但同樣立即就被大頭的死黨酸了一記……

「開玩笑，那次筆記是本大爺我費盡千辛萬苦才整理好的耶，竟然被這家伙拿去借花獻佛，早知道當時我就去送宵夜順便送筆記，這樣到今天還打光棍的人就不是我，而是大頭拉，哈哈！」大家你一言我一語地，笑得東倒西歪。

讀到這裡，建議你再反覆看一次大頭與小晴這對新人的故事。從這些玩笑話中，你注意到什麼呢？很多時候我們以為是**命中注定的另一半，事實上並非真的如此萬中選一，只是我們選擇這樣相信而已**。小晴和大頭當然有更多可能的選擇，他們身邊的好朋友中，可能也有具有類似優點（或更甚之）的人，只是這對新人很巧妙地「看不見」。這個聰明而無意識的行為，就是我們大家所熟知的「情人眼裡出西施」（Color blind love）。

玫瑰色的眼鏡

我們都知道愛上一個人，就像是戴上玫瑰色的眼鏡，在這只眼鏡裡，什麼都是美好的。哪怕只是在河堤邊散步忍受著成群的蚊蚋叮咬，在雨天的騎樓裡一起披著白襯衫躲雨，或是睡前一通簡單的晚安我愛你，都充滿甜蜜與溫馨。好像只要有對方在身邊，聊天打鬧都不覺得累，孤單全部都被消滅了一樣。我們都有一種經驗是，心裡思念著一個人的時候，四周的空氣似乎都變得稀薄起來。就像是鄭愁予的那首詩《小小的島》一樣，蟲魚鳥獸都染上繽紛的色彩，花草樹木都成了浪漫的信差，就連地震也顯得溫婉可愛。

「我第一眼見到她的時候，她身後的背景，像是夜裡的街燈一樣，一盞盞被點亮起來。她的身邊真的有一股淡淡的光，我以前都以為這是電視裡才有的劇情，沒想到真的讓我親身經歷了。」我一位朋友曾如此描寫他一見鍾情的經驗。

只是我們也知道，**理想總是相對著現實而存在的**。回首我們自己或身邊朋友記憶中的幾段感情，**你或許會想到一件殘酷的事情是：只要存在熱戀，就有美夢破滅的一天**。這只熱戀期戴得好好的玫瑰色眼鏡，在交往一段時間之後，很容易就被衝突、爭吵、不斷迸現的缺點、無法接受的習慣等等給磨得傷痕累累，碎得四分五裂。更有甚者會悲觀地問自己：與其追求這樣盲目不切實際的愛情，不如一開始就不要戴上眼鏡，才不會一天比一天失望？

莫芮認為，**這樣的想法本身才是不切實際的，因為一段幸福的關係裡，彼此總是能看見旁人看不見的優點**，也的確有人能夠戴著這只眼鏡很久很久，甚至隨著交往時間越來越長，這只眼鏡也越來越「堅固」。莫芮與幾位研究者很早就進行長期的追蹤，結果發現越能理想化伴侶的人，在三年後更滿意自己的關係、更少與伴侶發生衝突，並且，更可能繼續維繫這段關係③——這項結果後來在不同的關係形式中被重複的證實，不論是戀愛或婚姻，一開始擁有較多正向錯覺的人，愛、信任與關係滿意度也越高④。

當危機出現——空啤酒罐的故事

真的是這樣嗎？我們常說衝突的存在是為了考驗關係的韌性，當這些帶著眼鏡的人產生爭吵的時候，難道不會看到彼此的「真面目」嗎？當他們看到彼此爭吵時猙獰的模樣，難道不會對彼此失望嗎？事實上，莫芮當初提出這個概念時，也受到許多心理學家質疑、撻伐。面對這些疑問，莫芮舉了很多例子說明。讓我們來設想下面這樣的一個情境：

想像你工作累了一天，因為一個案子沒有做好在公司被主管罵成豬頭，回到家只想從同居女友身上獲取一點點安慰與溫暖。沒想到門才一打開，就聽到女朋友在冰箱前的抱怨：「已經說了很多次了，你為什麼還不會把喝完的啤酒空罐子丟掉呢？放在冰箱裡很占空間耶！」

在公司不順，回家又要被碎碎念，你心裡想著跟企畫案重新製作比起來，飲料空罐給她造成的困擾就像是鳳毛麟角一般，你很想跟她一吐今天在公司受的氣，但眼前的氣氛卻讓你不知道如何開口。於是你只好走向冰箱……然後你會怎麼做呢？

【第一種反應】

「你變了……以前你不是這個樣子的……我一回家，你就會衝過來抱著我轉圈圈，親得我滿臉口水，兩個人一起坐在小客廳開啤酒慶祝我的歸來，就算是空瓶空罐堆了一地也不在乎……為什麼現在只是一個小空瓶就讓你生氣呢？」你一手撐著冰箱，一手插著腰看著她的臉，希望從中得到一些答案，但是她的表情就像是一觸即發的火山，你有預感一場腥風血雨的爭吵就要開始了。

【第二種反應】

「怎麼了呢？是不是身體不舒服了？我知道你最近在趕期末報告，可能很多事情纏身，老實說我工作上也是困難重重……不過，我們先暫時把這些忘掉好嗎？像以前一樣坐在小客廳喝啤酒吧！

這次我會記得丟罐子的！」你先壓下工作上的委屈，將下巴貼到她的頭上磨蹭，接過他手中的空果汁瓶，順勢環抱著她纖細的腰，才發現熬夜數日的她竟然又瘦了一圈，很是心疼，又怎忍心再繼續苛責她？

事實上，那些對伴侶抱持正向錯覺者，比較傾向採用第二種反應來化解衝突⑤。

或許你會說：「這只是一種處理衝突的技巧而已，跟眼鏡有什麼關係？」

你可能從這本書（或其他書）上讀到了幾種不同的正向衝突處理方式，可是真正面臨衝突的時候，你能擔保自己可以像第二種反應一樣，理性、接納、體諒對方的情緒，好好說，用心聽嗎？可能沒辦法！面對衝突的時候，我們常常會喚醒自己最「擅長」的方法——這個方法有很大一部分，是奠基在你對伴侶的印象上——你覺得對方為什麼冒犯你、他的意圖（intention）為何、你又如何感知和詮釋他的行為（Perceived and interpretation）等等⑥。

在這點上，戴玫瑰色眼鏡的人表現得比較好。莫芮與她的同事們發現，**真正能有效理想化伴侶，帶有「正向錯覺」（Positive illusion）的人，似乎會對負面事件的發生選擇正面的詮釋方式，讓伴侶身上承擔的罪過少一點**。這個詮釋的過程究竟是如何發生的呢？前面我們曾經談過，對另一半抱持著正向看法的人，會將對方所說所做的負面行為（如責怪、爭吵、吼叫等），歸因到外在、不穩定、可變動的事物上⑦⑧，**也能夠用較為正向、積極的方式，對伴侶的傷害行為做出回應**。例如：在前面的例子中，把伴侶責怪飲料罐亂丟的情緒宣洩，當作是他壓力太大的釋放，而不是認為「他一直都是這樣、以後也別指望他改變了」。

當一個人發現他的伴侶不再像剛交往，歡喜地到門口迎接他返家，反而是責備他的生活習慣時，他可以選擇⑴相信伴侶變了，或是⑵相信伴侶依然是可愛體貼的，只是因為一些外在的壓力（工作，報告，身體不適）讓他變得不一樣了。莫芮的幾個研究發現，這些一直走在幸福道路上的情侶，並不是衝突的頻率較少，而是他們選擇相信自己伴侶不是「蓄意」傷害自己的，因為他們一直對伴侶抱持著正面的期待和想像，簡單地說，**他們會在伴侶做錯事情的時候，試著替伴侶找藉口，例如：他們不是故意的、只是因為太忙或太累等等**。

有人或許會問，這樣的正向錯覺真的好嗎？會有副作用的吧？根據莫芮的幾項研究顯示，對於另一半有信心，的確是幸福的基石；但後續其他學者的研究也指出，如果對方不知好歹，得寸進尺，甚至讓兩人關係越來越糟，退讓、忍耐越多，對彼此只是一種消耗⑨。所以，正向錯覺所帶來的效益，必須建立在「良好的關係前提」上。

與眾不同的他：自我說服歷程（Conviction Process）

前面請大家設想的小故事，其實是我一個朋友的親身經歷，那兩種做法正是他腦內的小劇場。很慶幸的是他採取了第二個做法——而且這段故事還有後續。

後來，我們拿了啤酒到小客廳坐下聊天。我鬆了鬆領帶，經過垃圾桶的時候，順手把啤酒罐丟入回收箱，她一直嘟著嘴，我們在小桌子前席地坐下。

「你在公司被罵了對不對？看你一回來就臭著一張臉！」

她低著頭打開瓶蓋，咕嚕咕嚕地喝將起來。

「哇！妳好厲害，我以為我隱藏得很好了耶？」雖然很驚訝，但是她說出這句話的時候我心裡默默地升起一股莫名的感動，好像之前的委屈都不算數了。

「那當然呀！不然你女朋友當假的啊？」她繼續嘟著嘴，然後用右食指推了我額頭一下，我們兩個人又開始在小客廳嬉鬧。我突然覺得剛剛沒對她生氣真的是對的決定，因為她沒有變，變的是我們的生活環境。

剛開始搬來一起住的時候，我們每天一起煮飯做菜，她戴著防燙手套端了馬鈴薯濃湯放在桌上，然後用暖烘烘的手套敷我的臉頰，我則是在晚餐還沒煮好之前，就伸手拿四季豆一邊吃一邊說好燙，好幾次還因為這樣被她用筷子打了手，那時沒有經濟的顧慮，一切就像夢境一樣。後來我換了工作，她課業也變得繁重，常常有爭執，但我始終相信一件事：她是特別、與眾不同的。

❦

「是啊，我在公司被罵得臉都快變形了，你看牙齒是不是歪了？」我把臉湊過去讓她診斷，她摀著嘴裝出一副「唉呀，該怎麼辦才好」的表情，我差點沒笑出來。

「乖拉，今晚我再煮好美味、好美味的馬鈴薯濃湯給你喝怎麼樣？喝了之後包準你又變回先前的帥氣臉龐。」她摸摸我的臉安慰我，我們就這樣玩鬧了一陣。可是老實說，我心情還是很糟。

「我是不是很沒用啊？」我問她。

「怎麼會呢，我的寶貝最棒了。你不是還拿過公司新人獎嗎？」她好像也發現我還是很低落，把手伸過來，握起我的手。

「那是以前啊！我覺得，我沒有辦法勝任新的這個計劃案……」

「你現在還是一樣棒啊！是那些肚皮比西瓜還大的主管太龜毛了，要求東要求西的自己又不會做，才交給你的。不然，你先去洗澡，吃完晚餐之後我陪你一起熬夜趕工？」我看到她因為幾天沒睡好，佈滿血絲的眼睛，又看到她對我滿懷信心的表情，鼻子很酸，但又很開心……甚至都忘記了，當初吵架的那幾只空罐子。

上面這個故事中，雙方都把彼此的負面行為、失敗表現歸因到外在的因素上，因此，在兩個人的心中，彼此都還能保有美好的形象。並且，在這個過程裡，都能感受到對方的支持與鼓勵，一股暖意也油然而生——**發現事情並沒有自己原先想像那麼糟**。莫芮隨後也說明，當善於理想化伴侶的人，和不是那麼完美的伴侶在一起的時候，會透過消除對伴侶的疑慮（他可能只是今天心情不好吧）及自我說服的方式（他還是一樣愛我，只是工作讓他的情緒耗竭了），做出積極、維繫關係的行為，而伴侶一但接收到如此正面的對待，也會同樣地給予溫柔的回應⑩。

我們想像中的玫瑰色眼鏡，可能是一個風度翩翩的美男子，舉手投足都透露出迷人的丰采，或者是一位婀娜多姿的女孩，回眸一笑都能萌生百媚，但是莫芮所謂的理想化伴侶並不是傻傻地認為伴侶是完美而無懈可擊的，而是知道「**他雖然不是事事完美，但是，仍有出眾且難以被取代的優點**」⑪。換句話說，他當然可能會因為生活上的不順遂而軟弱，也可能會因為人際關係上的困擾而突然變得鬱悶暴躁，但是這些事情並不改變他的本質，而這個本質，正是吸引你，也讓你引以為傲的。也就是說，這只眼鏡之所以不易碎，主要是因為帶著眼鏡的人並不是「盲目的傻瓜」，而是能比其他人，更喜愛伴侶的優點。

還是要從愛自己開始

儘管莫芮的幾項研究，都一致地指出正向錯覺有助於關係，我們實驗室幾個夥伴在討論正向錯覺的時候，許多人仍然投以懷疑的眼光。因為事實上，還是有不少因為「錯覺破滅」而痛心疾首的案例啊！如果說正向錯覺必然導向光明之路，那這些「錯覺破滅」的人又發生了什麼事情？一個可能的原因是：**這些人不夠愛自己**⑫。

多年前林以正老師在台灣進行巡迴演講的時候，提到三個轉動幸福的良方：⑴**愛他之前先愛自己**、⑵**愛自己所以愛他**、**以及**⑶**愛他才能夠愛自己**⑬。這三句看似禪語又像是套套邏輯的處方，其實是綜合多年來諸位愛情心理學大師的研究結果。

在關係裡，我們不但要相信伴侶是可愛的，也要相信自己是可愛的。例如：莫芮和他的同事在另一項研究發現：低自尊的人傾向把自己評價得比伴侶認為的還差。也就是說，伴侶認為他們是不錯的人，但是他們「自己卻不覺得」。更糟糕的是，這樣的想法使他們更不滿意這段關係，長期而言這種傾向還會不斷加劇⑭。也就是說，**如果不能先愛自己，很難有一段美好的戀愛關係**。

後來，莫芮與其他人合作了另一項更為「殘忍」的實驗。他們告訴受試者，他們的另一半發現彼此的關係「有些」問題。結果發現，低自尊者不但把此話當真，還加油添醋地認為其伴侶認為彼此的關係有「很大」的問題，對伴侶的一點微小的拒絕都更為敏感，擔心這段關係可能要熱度褪去，甚或瀕臨瓦解了⑮。

「我早就知道他對我已經沒有愛了，以前回到家不論多晚都會打給我的，現在還要我打給他，然後他又一付不情願的樣子，雖然我還是很愛他，但是，我想目前只能選擇慢慢地不要把他看得那麼重，否則最後受傷的會是我，反正，我從小就是被遺棄的那一個，少一個人愛我也沒差，哈哈……」

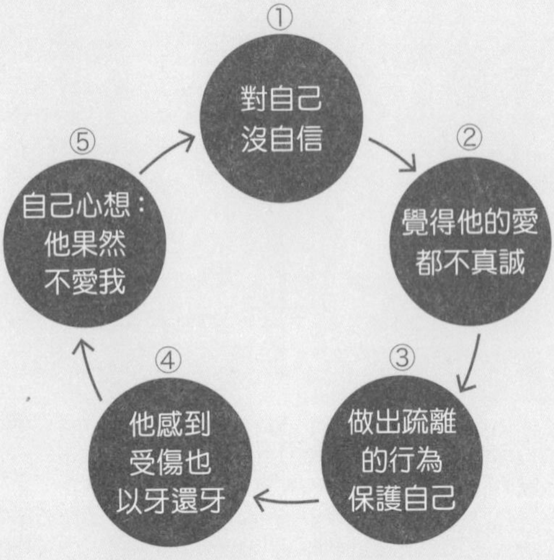
①
對自己沒自信
②
覺得他的愛都不真誠
③
做出疏離的行為保護自己
④
他感到受傷也以牙還牙
⑤
自己心想：他果然不愛我
圖一：走在蛋殼上的人(Walking on Eggshells)的「自導自演」

如圖一所示，**為了保護自己岌岌可危的自尊，他們開始責怪伴侶，並疏遠和伴侶的距離，以為不要太在乎，就不會受傷——儘管這樣做可能會讓他們更為受傷。他們的伴侶「原先」並不覺得他們那麼糟，可是他們這樣冷漠的反應，反而「真的」讓伴侶覺得不舒服，也真的做出傷害關係的行為做為回報**，然後這些低自尊的「受害者」只好再咬著棉被，跟朋友哭訴：「你看吧，我就說他不愛我了！」透過自導自演、最終使「腦中的擔心」一步一步「成真」。

「我真的不想再繼續了……我不知道這幾年來我到底在做些什麼，找工作也都沒有著落，朋友一個個都進到不錯的公司，開始領著穩定的薪水了，只有我還在原地踏步，她一定很後悔跟我這個沒出息的人在一起……中午跟她吵完架之後，我就知道我們感情差不多了，她說她在忙，晚一點再跟我談，她一定是看不起我沒正當工作只好裝忙，剛剛跟她約在我打工地方附近的公園一起吃晚餐，結果她遲到十多分鐘都沒出現，到現在我還在這裡乾等，反正我也不差她一個，沒人愛的話大不了一輩子不要結婚……啊……她來了，我一定要裝得很生氣的樣子！」

前陣子，朋友因為感情的事情打來跟我哭訴，從電話裡可以感覺到他其實還是很在意對方，很想跟對方在一起，可是因為**他不夠愛自己，連帶地也覺得對方不會愛自己**（我這麼差，她怎麼可能會喜歡我？她的愛一定是假的，是暫時的！）——因為，**我們常常認為伴侶所看到的我們，和我們眼中的一樣好或一樣糟**，儘管這可能不是事實⑫。

耶魯大學的愛德華．勒枚和瑪格莉特．克拉克（Edward P. Lemay & Margaret S. Clark）將這些低自尊、在愛情裡極度缺乏安全感者，戲稱為「走在蛋殼上」的人（Walking on Eggshells）⑯。由於他們對自己缺乏自信，時時擔心伴侶會不愛自己。當伴侶表達愛意的時候，總抱持著保留的態度，心想「他是真心的嗎？」；但在伴侶跟自己爭吵的時候，又「加重其刑」把小爭吵看成大災難。

這些人雖然能夠看到伴侶的好，卻無法相信這麼好的伴侶會一直跟自己在一起，所以，只好在對方對自己好的時候貶低其善意（他只是順路經過夜市幫我帶宵夜而已，真正想吃宵夜的是他自己）、在對方偶爾和自己意見相左、犯錯、或傷害自己的時候，「蒐集各種證據」告訴自己這段關係已經無可救藥了(她又遲到，是因為她不在乎我跟她的關係；昨天也是，電話響了好久才接；還有前天，邀她去看電影，她竟然跟我說她早就安排了聚會……)。

大家都知道，不能夠愛自己的人，也難以真心去愛身邊的人；但是比較少人知道，有些人能夠一直戴著玫瑰色眼鏡，並且不需擔心眼鏡破碎的那一天，是因為這些人對自己、對伴侶以及對這段關係有信心。

戴著玫瑰眼鏡，相信三件事情

一則著名的廣告詞「**信任，帶來新幸福**」道盡了所有戀人的心聲，但這則廣告並沒有仔細說明，我們究竟要信任「什麼」。事實上，如果你想要一直戴著這只玫瑰色眼鏡，你只需要相信三件事情：**相信自己是可愛的、相信伴侶是獨特不可取代的、以及相信關係是可以被改變的**⑪⑬⑰。

(1)相信自己是可愛的

愛自己永遠是第一要務，也是一段關係究竟會走向正向循環或負向輪迴的關鍵分歧點。如果你不夠愛自己，你的下一步可能就是貶低伴侶的行為，玫瑰眼鏡也就戴不久了。

舉例來說，在另一項研究裡，莫芮利用實驗操弄的方式讓受試者對自己失去信心(比方說，請他們做ＩＱ測驗，然後故意告訴他們，說他們得到的分數很低)，結果發現一個人如果喜歡自己，會透過「更相信伴侶對他們的關懷與回應是真誠的」來舒緩實驗的負面影響；相反地，不喜歡自己的人變得開始懷疑伴侶的先前關懷是不是真的，甚至開始在腦海中損壞伴侶的形象⑫。

⑵相信伴侶是獨特而不可取代的

雖然愛自己的人普遍來說過得比較快樂、也能和伴侶維持較好的關係，但是就算你不是很喜歡自己，還是有救——如果你的伴侶覺得你是「不可取代」的話⑪。莫芮引用了史蒂芬．品克爾（Steven Pinker）在時代雜誌上寫了一段話，大意如下：

「你怎麼知道對方適合你？關於愛情，所有理性的條件都是可以被取代的，所以請愛一個『只因為他是他』的人。」⑱

婚禮裡面常用的老哏「我第一眼看見你的時候，就知道是你了！」或「我愛你，想跟你廝守終生，並不為任何原因，只因為你是你」雖然聽起來肉麻，但在愛情心理學上，仍有幾分道理。這和莫芮後續的另一項研究發現有關，她調查了134對交往四個月以上的情侶，發現不論自尊高或低，在一段關係裡面感覺到自己是不可取代的人，對這段關係也有更多的信任感；相反地，認為自己的地位其實是可有可無的人，其關係也岌岌可危。所以，如果你對自己沒什麼信心，但又希望這段關係能穩穩地維繫，一個有效的方式便是：**讓他知道他對你很重要**。

比方說，做決定時問他的意見，並肯定他的意見對你的幫助：「謝謝妳幫我想辦法。我一個人一定沒有辦法想到這麼多解決的途徑，說不定就乾脆放棄去吃冰淇淋了，哈哈！」或是參加重要聚會場合（朋友結婚、考試、聚餐等等），請他一起陪同出席，都能讓對方感覺到他的重要性，也能讓他越來越不可取代。試想，如果有一個人陪伴你走過人生那麼多風風雨雨，那麼多精采低迷，經過一段相當長的時間以後，又有誰，能取代他在你心中的地位？

(3) 相信關係是可以改變的

「你會一直愛我嗎？你會一直愛我到很久很久嗎？」多年前，我在一首歌的MV前奏中，聽見了這段口白，那時我心想：「誰能保證愛可以很久很久呢？」——不過後來我卻發現，只要你抱持著「培養觀點」（Cultivation），**相信彼此的關係是可以透過經營、調整而變得更好的**，基本上就比那些「宿命論」者，更能因應親密關係裡可能的坎坷與困難——尤其是當對方「事實上」並不如你想像中好的時候。

休士頓大學（University of Houston）的雷蒙德教授（Raymond Knee）做了幾項研究發現，當一個人身邊的他與「理想中的伴侶」存在一段差距時，通常會覺得沮喪，關係滿意度比較低。但如果這個人具有所謂的「培養觀點」，就比較能緩和這段差距的影響。在後續的研究中，雷蒙德調查61對情侶也同樣看見一個現象是：如果你相信這段關係是可以改變的，也比較容易對伴侶保持正面的看法；反之，「相信牛牽到北京還是牛」、「江山易改，本性難移」的人，會感覺到這段關係充滿敵意⑲。

整體來說，「正向錯覺」這個詞，乍聽之下好像是一場以甜蜜開始的悲劇，但若真正了解它在戀愛中的意義，就不難發現它是存在意識之外，以「信任」為基礎的一種正向關懷：相信自己的好、相信伴侶的特別、相信這段關係的可能性。

或許存在的童話故事

許多人在初嘗戀愛滋味的時候，總是抱持著「童話期待」，希望能在愛情的世界裡面，遇見他們的白馬王子或白雪公主⑳。可是，一步踏入感情之後才驚覺，這些童話角色並不存在，每個人都有壞習慣、都有軟弱的時候、都可能因為自己的一些需求，忘記了伴侶在關係也有他的索求——我們都背負著一些傷痕、一些故事、一些不願告訴別人的祕密、一些難以啟齒的過去而進入關係，都同樣需要被呵護、被照顧、被重視、被當成特別的人來對待。

戴上玫瑰色眼鏡，伴侶的缺點惡習並不會因此而消失，但是他的優點會變得更加重要鮮明，甚至，可以在你的生命中扮演獨特的意義。

過了幾年，你可能終於甘願向想像的王子或公主揮手說再見；再過幾年，你也可能找到一位和你一樣不那麼完美，但願意與你共度餘生的普通百姓。不過，無論如何，我們總是要學會在現實裡寫下自己的童話，找到記載著彼此故事的小小的島，化做流螢或海風，守候著這個隨著年齡徐徐消失的夢。然後又過了幾年，你或許會發現，幸福並不是我們遇到了誰、一起做了什麼浪漫的事情，而是透過我們的眼睛，在對方身上所看見的那道斑斕彩虹。

註解

❶改寫自受試者文本㉑。

❷你可以翻翻第三章和第四章複習一下。

延伸閱讀①－㉑相關內容，請參閱大真文創出版公司網站 http://www.bigtrue.com.tw/about-love/research/。

Chapter 13

我們該繼續在一起嗎？

踏入承諾的決定

「我們第一次討論到這個問題，是在參加完朋友的喜宴之後。那時朋友開玩笑地問說：『你們什麼時候要結婚？』當下他的反應，竟是笑著說：不要嚇我好不好？八字都還沒一撇哩！

他這樣說我心裡很不是滋味，畢竟那段時間，我幫朋友一起找了很多家婚紗店、換過數個新娘秘書。看著她可以穿美美的婚紗，老實說心裡蠻羨慕的……我知道他工作才剛起步，不想給他太大壓力，所以雖然已經交往八年了，都不敢正面問他結婚的事情。

婚宴結束後，在他送我回家的路上，我終於忍不住問他，沒想到他跟我說

『妳不要跟妳的那些朋友瞎起鬨好不好？未來會變成怎樣，我也不知道？』我一聽到眼淚馬上就掉了下來。想到我白天一邊念書晚上也在打工，還買了一個乳牛型狀的撲滿，每個月固定存一部分薪水進去，想幫他分擔一些，又想到剛交往的時候他跟我說，為了以後結婚，要一起存結婚基金之類的話。結果變成只有我在存，就覺得自己很傻、很笨，不知道自己究竟在努力什麼？」

當對方說「現在喜歡的是你」的時候，我們永遠不知道，這句話能有多少的續航力；當兩人彼此互擁，在日落前與耳際的溫柔相遇的時候，我們永遠不清楚，這樣的感動能停留在彼此心中多久；當深夜接起手機在彼此耳邊絮語的同時，我們永遠無法預期，這樣的親密是否有一天將成為疏離。如果彼此曾經的美麗都將如夕陽一般沒入海平面，再也不可觸及，如果曾經的喜歡都將隨時間變淡，那麼我們該怎麼知道，眼前的這個人，值得廝守終生？

貓空茶葉所萃取出來的歲月

在開始談這個問題之前，我想先轉述一位大學同窗，在他札記上寫的一段文情並茂的雋永文字：

「可以載我去看考場嗎？」多年前一個早春的四月天，電話那端的她邀約我陪她一起去看大學推甄的考場。只是沒想到這一陪，就是三年。

我們行車到了政大，看了看她即將面試的系館，陪著他演練幾次自我介紹後，然後，到憩賢樓二樓的理查小廚吃美式漢堡排餐，佐微醺的紅酒。酒後，她搖擺著步伐，在百年樓外的全家便利商店附設的小桌子趴著休息，等待我上完康德的《純粹理性批判》。

後來的幾次，我們相約到貓空山間的小溪戲水，到茶亭品茗。那時纜車還沒蓋好，人煙也稀少，騎著機車迎著風將手腳抬起，一邊歡唱叫囂著好鳥亂鳴的春天、墊著腳尖將褲管捲起像是小孩一樣踩出水花四濺的童年，好像不會褪色似地，將嘻嘻哈哈的笑臉映照於潺潺的水面；累了，便躺在茶館長椅上小憩，老闆茶壺裡烹煮的筍香茶葉蛋逗弄著味蕾，穿透腸與胃間的幽徑，我就著茶香，酣然入眠。山巒間的雲，化作初春薄薄的涼被，連同颯爽的風蓋在身上，有種飄飄然，翻身便可成仙的錯覺。

每回上山憩茶，她總像是鄭愁予筆中擅等待的金線菊，在青石的階梯上等待著向晚，等待我假寐後的甦醒。當然，偶爾她也會憨憨地睡著，半開闔著那張恰可放入一顆鮮豔草莓的嘴，髮絲不經意地貼在唇邊，像是要勾勒一幅山水，卻又因嫌麻煩而作罷的那種弧度。

不過，就像所有的年少，最禁不起的便是歲月，所有幸福的溫度也都蘊含著冷卻的風險，終於在熱情如仙女棒般被燃燒殆盡的三年後，這段感情像是殞落而黯然的花朵，不為任何的吶喊、哭泣、抱怨而停留。雖然我也傻傻地問了許多理由，但，最終發現，所有分手的理由都是假的，只有分手本身是真的。

感情的消逝正如同它的開始一般不可預測，她像是過境的候鳥一般，收拾細軟另覓新歡。回想起我們一起在貓空度過的大學歲月，回想起在準備研究所時，她看著我的真摯眼眸，跟我訴說她已不再愛著前男友的種種，而如今的她將看著另一個人，只是這回，她不再愛的，是我……

我記得當初讀完他的故事，感觸良多。我問自己，如果說關係中的一切是如此的不確定，兩人的路途又充滿未知，究竟是什麼驅使我們不為一切地往愛情的深河裡潛進？如果所有的未來都沒有答案，我們又如何知道彼此有一天能觸及幸福的彼岸？

牽著手，一起走：承諾感與關係經營

還記得我們第三章談到史騰伯格的愛情三因素論嗎①？多年來有關親密關係的研究告訴我們，所有愛情與長期人際關係的延續，都仰賴著這三個重要的東西：親密、激情與承諾感——其中，「承諾感」更是決定兩人會不會分手、願不願意繼續在一起的關鍵因素②③。

或許，我們能找出一千個理由告訴我們的朋友，為什麼要跟對方在一起、為什麼就算在這段關係中傷痕累累、為什麼就算在別人面前為他痛哭失聲，我們還是願意守住這段關係不退卻，但事實上，這些原因的原因，都是「承諾感」。承諾感高的人，會更願意去維持並經營這段關係、更滿意自己與伴侶間的關係④-⑧。

承諾感是什麼呢？普度大學（Purdue University）的埃格紐博士（Christopher R. Agnew）與他的同事們回顧了過去許多戀愛與婚姻的研究，整理出承諾感所包含的三個要素，**延續性**（Intent to Persist）、**長遠傾向**（Long Term Orientation）**與心理依戀感**（Psychological Attachment）⑨。

延續性

「新婚之後，很多事情都比想像中還辛苦。以前，用餐時間只要想自己要吃的東西就好了，或者偶爾兩人一起在外面吃；現在，幾乎是前一天晚上就要想隔天午餐要給先生帶什麼？交往的時候常抱持著一種『每天要給對方準備便當』的夢想，但等到真正有機會做飯，自己又要忙於工作的時候，才知道麻煩。」一位新婚的朋友如是跟我分享著她的新婚生活。

「如果這麼累，不如讓他在公司買東西吃就好了？」我問她。

「我也不知道耶，雖然每個週末買菜，想著下週要吃什麼的時候，的確有些傷腦筋，但是當我把隔天的飯菜一樣一樣放入便當內，排放整齊時，好像就可以想像他一邊吃飯一邊看著當天下午要報告資料的可愛認真模樣，一想到這裡，就有一種一直想幫他做便當的衝動。或許，這就是所謂的『甜蜜的負擔』吧？」她說著，臉上露出幸福的表情。

延續性是指一個人發自內心真心地希望持續一段關係，將當前的狀態延續，儘管這個延續的動作可能會有些勞累，但還是希望持續地與伴侶保持某一種特定的互動、為伴侶做一些事情。

在戀愛中，真誠地付出是一種幸福，尤其在你能感受到你的努力，對於伴侶真的有所幫助的時候。只是，隨著交往時間越來越長，為對方付出所體會到的幸福感也越來越少了，這也是為什麼中外的追蹤研究均發現，婚姻滿意度總是在結婚之後漸漸降低⑩⑪。

究竟要怎樣才能增加延續性呢？如果你希望能從關係中源源不絕地獲得幸福感，最簡單而具體的方式，就是透過**感恩**⑫。

我們曾進行一項書寫研究，邀請三十多對新婚夫妻進行每週兩次的感恩書寫。在為期四週的實驗裡面，有一半的夫妻大約每兩、三天就給自己的妻子或先生寫一封信，聊聊他們最近的生活，並表達對對方的感謝。另外一半的夫妻也是一樣寫信給對方，只是信裡面交代的是一些上班時的瑣事或抱怨。

結果發現，那些寫感恩信的夫妻，比寫瑣事的夫妻們在信中提到更多正向關心的詞彙，如「今天也好想妳喔！」、「又到了每天最期待的寫信時刻！」、「你今天工作應該也很累吧？雖然我在電腦的另一頭忙碌，但也一樣給你加油打氣喔！」事實上，他們在一個月後，也更滿意彼此的關係；另一個有趣的發現是，信件的內容越寫越相似的夫妻，心理健康狀況也越好、憂鬱程度較低⑬。

「有時候生活是很無趣的，工作上的許多努力又不知道什麼時候才能看見成果，生活果然是充滿許多不確定性，這時如果有人肯定你的行為對她是有幫助的，或者告訴你說，你在他心中是重要的，一種暖暖的感覺就會油然而生，會覺得很想跟這個人一直、一直地走下去……」

一些參與我們實驗的夫妻都不約而同地提到一個現象是：當對方表達感恩的時候，會覺得更值得為他付出、更想延續關係。事實上，近年來許多研究也發現，**「一天一感謝，關係能長遠」**（A little thanks goes a long way）⑭⑮。

長遠傾向

談到長遠，我們在剛開始戀愛時，總希望能跟對方走很久、很久。但日子一天天地過，逐漸發現彼此身上有些相左的價值觀、或者有一些現實的考量，便會開始擔心這樣的期待，會不會只是自己的一廂情願？開始猶疑，這個人是否真的適合我？或者，該不該因為當初「一時的衝動」而繼續交往？

「剛在一起的時候，他總是說要帶我出去玩，陪我環遊世界。但是當彼此開始工作之後，我們相處的時間就變得很有限了，吃個飯都還要提前預約。上次去韓國，他也是將好多個工作提前做完，才能空出時間跟我去。只是，當我們身處首爾大街，他又有接不完的電話、處理不完的公務……我坐在首爾『塔洞公園』的石椅上等他，他在一旁的涼亭來回踱步，談著我聽不懂的財報與股市術語……我開始覺得他好陌生，也問自己，未來真的要跟這樣的人共渡一生嗎？」

當最初的期待離現實越來越遠，我們甚至傾向放棄原先對感情的美好想像，或者降低本來的期待。於是，不知不覺地就從「嚮往天長地久」，降低為「只在乎曾經擁有」了。

埃格紐等人認為，長遠傾向是一種認知的思考模式，**當你開始會考量到「現在」你或對方所作所為，對兩人的「未來」有哪些影響的時候，你腦袋中的長遠傾向模式便開始運作了**⑨。

這個考量的「促發點」，可能是你、也可能是對方做的事情。比方說，你看到最近對方跟妳約會都有接不完的手機，便擔憂地問自己「這會是常態嗎？」、「如果是常態，以後我能忍受嗎？」等等，這就是由對方行為所促發的「未來性思考」（Future Orientation Thinking）；反之，如果你對於自己的行為進行評估，比方說「我接下這個Case會不會影響到我們之後暑假的旅遊安排？」、「他會不會希望我們將房子買在比較市郊的地方，空氣比較好？」，這時的未來性思考便是由你所促發。

一般而言，當兩人對彼此了解漸深，這種考量便會漸漸浮現，尤其在長期交往即將修成正果，面臨結婚抉擇的時候⑯，這類的問題便會像是鄉間向晚後會出現在頭上的成群小蟲，揮之不去、不時地出現又無止盡地盤旋。

心理依戀感

一位在英國念書的朋友曾跟我分享一個經驗。有次公司無來由地停電，他發現在停電的那一剎那，突然變得好想跟別人講話，尤其想打越洋電話給遠在澳洲看袋鼠的女朋友——即使他知道就算打過去也只能說「嘿，你知道嗎？我們這邊停電了耶！」或「好煩喔，我剛剛工作做到一半資料都還沒存檔耶」之類的話也無所謂。

他覺得很有趣，為什麼在面臨危險的時候，我們總是習慣性地與他人建立連結呢？

人是一種社會的動物，在我們面臨緊急危難的時候，更希望與親密的伴侶待在一起，因為我們一方面相信他們可以給我們溫暖與呵護，另一方面也想確認他們是不是安全、沒有受到傷害。

早年我在讀哲學系的時候，我們在上課前都要練習對一件事情進行定義，比方說，定義什麼是「蘋果」，或什麼是「學生」等等。面對一些具體的東西可以使用「實指定義」，就是指著椅子告訴大家：「這就是椅子」。但是一些抽象的概念，定義起來就相對困難了，比方說，什麼是「五」呢？有一種定義如下：「五」就是可以和你左手（或右手）指頭能夠一對一對應起來的數目字。

記得有一次上課，老師要我們定義什麼是「愛」，那時我們幾個大一學生真的是討論得痛不欲生啊！我們說出很多種定義，包括「一種心理興奮」、「喜歡人的感覺」等等。印象最深的是那時授課的老師說出他的定義：「或許這不是最好的定義……但我所知道的是，**當你快樂的時候，跟你一起快樂的人不一定是你愛的人；可是當有一個人難過的時候，你會跟著他一起難過，那麼你一定很愛他。**」[1]

如同教授所說，愛就是將自己的情緒與對方羈絆在一起的歷程。這也是先前幾章談到的「情緒依戀感」（Emotional Attachment）。我們在墜入愛河的時候，其實也不知不覺地將自己開心或難過的權利，渡讓了一部分給對方，我們會想增加跟對方相處的時間，有他在身邊的時候我們會覺得很安全，甚至在分離的時候會感到哀傷、不捨等等，這些都是心理上依戀的重要表徵。

上面談及的三個承諾感元素是維繫關係的重要關鍵，一般來說，交往越久的伴侶，承諾感越高。但奇怪的是，**如果承諾感會隨相處時間、投入多寡而增加，那為什麼還有人愛情長跑好多年，眼看終要開花結果，卻又在論及婚嫁時臨陣脫逃，感情生變？**心理學家會跟你說，這跟「婚前考量」有關係。

愛情長跑的絆腳石

「嘿，兄弟，恭喜發財，情人節快樂，元宵節快樂，我要結婚啦！你會到吧？」今年農曆春節過後，接到死黨遲來的拜年兼紅色炸彈。

「當然啊！老實說也好久沒看到你們賢伉儷了！」嘴裡嚼著不知道為什麼一直吃不完的年菜，卻難掩心中的興奮感。只是電話那一頭，不知為何遲疑了幾秒。

「……先這樣啦，我還要打給阿肯他們。」他像是突然找到辭彙似地說。

幾天之後，果然收到了他的喜帖，欣喜地打開想看地點與日期，卻發現帖上並列在死黨姓名旁的她，竟是一個我從未看過的名字。想起這幾年下來許多節日、假期，我們一群人出遊時，他與「前女友」在陽光下相擁的畫面，以及他前女友去年跟我一起討論給他生日驚喜的種種，往昔回憶歷歷，心裡真是五味雜陳，悲欣交集。

許多時候我們會納悶，如果一段關係一直是被祝福、被看好的，為什麼在最後臨門一腳的時候，反而爆了冷門？

首先，我們必須澄清一件事情是：**並不是「大部分」的關係都在結婚的前一刻告終**。過去研究顯示，縱使我們在結婚前會面臨許多壓力，許多人還是克服了這些困難，順利地步入禮堂⑰－⑲。我們之所以覺得「長跑失敗很常見」，是因為一般而言我們對於負面又出乎意料的事情印象比較深刻。

但是，的確有一些人長跑失敗，並且與新歡閃電結婚啊！這又是為什麼呢？**答案是，我們對「適合的伴侶」的定義，會因為我們關係改變而有所調整——以前本來是一百分的男朋友／女朋友，放到老公／老婆的脈絡下，就好像變得處處不及格了，並不是因為對方變得不夠好了，而是我們需要考慮的事情變多了**⑰⑳㉑。

當一段關係漸漸變得重要的時候，它變成我們生活與人際關係的核心，我們思考許多事情都會自然地把這段關係納入考量。也正是因為我們在這段關係中已經投入了許多，希望能和對方一直在一起，所以會想到許多有關未來的事。真正面臨婚姻時，好像之前不在乎的一些小細節（例如：他抽菸、或愛敗家的習慣）都變得不太可以忍受了。以前戀愛的時候，只要約會開心，相處融洽就好了，畢竟誰沒有缺點呢？但當我們需要做長遠的承諾時，這些小缺點，可能成為「懷疑對方是不是真的適合陪自己牽手走一輩子」的起火點。

當等待變成傷害：關係中的不確定性

所以，在真正準備牽手步入禮堂，互允承諾之前，雙方總是「各懷鬼胎」，各自考量著不同的問題。而這「考量的時間」，有時候是一兩個月，有時候是一兩年，有時候雜事一拖、工作一忙，泰半青春都在考慮和等待中虛度了。

章首的故事主角，在我們一次同學會結束後，一起到附近的居酒屋續攤聊天，氣憤地分享她苦苦癡等的那些日子：

「每次我跟他提到結婚的事情，他不是裝忙，就是說『以後再談』。我不能了解的是，如果他真的在乎我、在乎我們的關係，為什麼都不會想到未來的事情？幾次下來，我便開始覺得，他是不是根本不想跟我結婚，或者，有其他的打算？」

當關係中只有一方關切此問題，另一方卻表現出忽略、絲毫不在乎的樣子時，這關係就變得不對等了。土耳其中西科技大學（Middle East Technical University）學者歐挪（Bengi Öner）發現，女性常常是扮演委屈的角色，也比較常考慮到未來㉒㉓；倘若她的伴侶不像她一樣重視這個問題的時候，除了感覺到不對等、被忽視之外，還會升起焦慮、擔心的感覺；而焦慮的最大源頭，就是對這段關係的不確定性。

在人類的許多需求之中，控制感（Feeling control）是重要的需求之一。當我們覺得未來是不可預測，或是自覺無力改變對方的想法或行為的時候，會焦慮、擔憂、不快樂。因為實在太難受了，我們也會傾向透過各種方式降低不確定性，比方說，詢問對方是不是跟我們一樣在考量未來的事情、設法減輕對方負擔、推測對方逃避討論此問題的原因等等。

如果自己的伴侶不願意面對，或者你就是一直被對方逼問結婚問題的人，究竟要怎麼辦呢？答案很簡單，就是**跟他站在同一邊**。

倘若你是憂心忡忡的一方，設法找出對方避而不談的原因，比方說，很可能是家裡反對或經濟因素，體諒他的苦衷，並且一起解決這個問題。

倘若你是被問到很煩的那一方，也可以先按一下暫停鈕，想想為什麼對方這麼在乎這段關係？並問自己是否也與對方同等在乎這段關係？如果是，但有一些現實的考量，也必須讓對方知道，你不是不在乎，而正是因為在乎、擔心自己無法給予對方期待中的生活，所以才遲疑不敢討論。如果不是，那又何苦拖累彼此的青春？

未來不可知，但多少可以控制

說出真實的期待，有時候的確是會對關係帶來傷害、會讓對方落淚、難堪，**但這世界上最令人難以忍受的，不是遭受拒絕，而是不確定**㉔㉕——不確定對方是否依然愛我、不確定他的未來裡是否還有我、不確定他是不是我生命中的Mr. Right、不確定是不是還值得這樣繼續的等待。這些不確定的感覺，將如同蠶寶寶啃食桑葉一般，一點一點地吞噬掉彼此的幸福感。

如果，你無法給予對方「未來感」，至少，要做到給對方「確定感」。讓對方覺得，你是和她同一陣線，一起向未來努力的——即使你對這個「未來」的樣子，還很模糊；如果，你是等待、蒙受委屈的一方，你也要先給自己確定感。區分出哪些是自己可以控制的，哪些是不可控制的，還有哪些是需要雙方一同努力的，並且，**永遠不要放棄溝通**。

怎麼知道他是不是適合我的那個人？

整體來說，在結婚之前，我們總是對另外一半要求變多了、變苛了、顧慮自己的成就與收入適不適合組一個家庭、雙方的原生家庭是不是能適應、相處能否融洽等等㉖。這些考量，一方面是「不確定對方是否真的是自己要的幸福」，另一方面是想「確定對方要的幸福，自己是否給得起」。

面臨結婚結抉擇時，我們究竟該考慮哪些事情呢？楊百翰大學（Brigham Young University）婚姻與家族治療協會理事長傑佛里·拉爾森（Jeffry H. Larson）給將婚伴侶的三個思考建議是：「他」值得嗎？「我」現在適合結婚嗎？以及「我們」會是幸福的伴侶嗎㉗㉘？

⑴「他」值得嗎？十三種互許終生之前要多加考慮的人

總是不斷跟你確認愛的人

總是不厭其煩地問你「你愛我嗎？」、「你真的在乎我嗎？」這種像無底洞一般，怎麼樣也無法填滿的自尊，即使結婚以後，也難以填滿。國內外的研究均發現，這種不斷需要肯定（Approval Type）、重複確認自己是可愛的、確認身邊的人不會拋棄自己的人（Reassurance Seeking），通常情緒較不穩定、較常陷入憂鬱[29][30]——而憂鬱又恰好是離婚、婚姻失和的危險因子之一[31]。

但，這並不是要我們放棄憂鬱者，而是讓我們先有一些心裡準備，畢竟與他們相處，需要花更多時間與付出關心。例如：我有一個曾患憂鬱症的朋友，因為男友不懂得經營、珍惜，又承擔不住她的情緒，分分合合數次後終於行同陌路。不過，她後來仍找到一位能夠體諒她的好丈夫！

一天到晚和你起爭執、冷戰的人

傑佛里．拉爾森也將這樣的戀情稱作「愛恨交織關係」(love-hate relationship)。**許多研究指出，夫妻間的「敵意」(hostility)是摧殘彼此關係的兇手**，還記得約翰．高特曼(John Gottman)嗎？他透過攝影機觀察數百對夫妻的互動情形，**發現「情緒」是影響婚姻波動的主要因素**[32]。充滿敵意、爭執、生氣和委屈的關係，傾向在很早就結束；而那些「看似」很少吵架，卻長期缺乏歡樂與正向情緒的伴侶，最終也走上分手的命運。

幸福的夫妻並不是不會吵架，而是他們每從事一次傷害關係的行為，都會花五倍左右的時間去修復關係；反觀怨偶們正負向情緒的比例，卻是是一比一——也就是他們幾乎是每天都在經歷波濤般起伏的感情與爭吵，好的時候很好，糟的時候很糟，幾經正負相消，再回首彼此走過來的那段路，苦澀卻好像「多於」幸福。人們傾向給負面的部分給予更多的加權，那些傷痛往往很深，美好的部分看起來卻只是一陣。如果兩人幾乎時時刻刻吵，分分秒秒鬧，那麼負債何時才能償清？

擁有父母親的影子的人

從心理分析與客體關係論的角度看來，如果你和父母處的不好，對方又有很大的一部分很像你的父母——不論是地位上的不平等、或是總讓你覺得煩躁、不耐——跟這種人結婚，只會重演你早年與雙親相處時的負面腳本。

只把你當性機器的人

雖然性滿意度與關係滿意度有關，但只為上床而步入禮堂卻不是個好主意。你可以試著問自己：除了肉體之外，你了解他多少[2]？

成癮者

一般來說，對毒品、菸酒等刺激物成癮，且尚未戒除一年以上，就不適宜結婚——在癮頭上，他很容易變成你一個不認識的人。研究也發現，物質依賴（Substance Abuse）程度較嚴重者，離婚率較高㉛。

和你完全相反的特質、或擁有你無法忍受特質的人

很多人以為，優點與缺點是分開的兩件事。事實上，許多時候優缺點只是在一條線的兩端。這就是為什麼一開始妳覺得謹慎的他，會變得龜毛、原先認為他很健談風趣，後來卻擔心他四處風流。如果對方跟你的個性相反，這樣的狀況會更為嚴重。那些一開始覺得「耐人尋味」（Intriguing）的特質，很快就會變成十分惱人（Nuisances）。節儉變吝嗇，溫柔體貼變緊迫盯人，這些「相異」點

或「互補」點，如果不再美好，很快你就會發現那些地方根本「補不到」，還會變成你討厭的焦點。

整體來說，和你越不相像的人（Dissimilar），越難和你有滿意的關係——如果，你並不欣賞這些不像的地方的話。例如：你是非常有潔癖的人，但他非常不愛乾淨，別期待他會為你而改變太多，畢竟你才認識他幾年，這些特質卻跟他十幾甚至二十幾年了。

操弄者

總是用各種方法操弄你來達到目的，例如：威脅、勒索、哭鬧、激起你的罪惡感，以換取你的同情、讓步和不安——這些行為就是先前提過的情緒勒索㉝。與這樣的人結婚，勢必會花更多時間與精力去處理彼此的情緒，也會使婚姻關係中暗礁處處，詭雷遍佈。

情緒反應過度的人

過去針對新婚夫妻的回顧指出，情緒穩定度低、神經質（Neurotic）傾向高的人㉞㉟，在討論婚姻相關議題的時候，傾向於過度敏感、或將對方的言語做負面的詮釋，使得兩個的關係變糟。如果可以，盡量避免和這種人互許終生，否則你會發現：無論你怎麼說、怎麼做，他都可以誤解你的行為，甚至將你的一片好意，視為負面的動機。

需要你努力去取悅的人

如果，你需要很用力才能換得他的注意或照顧，或是將你的自我價值建立在他的肯定與認同上

（Contingent Self-worth），那麼在結婚之後，你還是會重複這樣的情形——繼續希望能博得他的注意、渴求他稱讚你。就像本書前面幾個章節都曾提到的：**如果因為愛一個人而喪失掉自我，這段以焦慮為基礎（Anxious Based）的感情通常無法長久**[36]，更別說是婚姻了。

損傷你自尊的人（Self-esteem Suffer）

在許多章節我們都曾談到自尊的重要，我們不但需要以「愛自己」為基礎來經營一段關係，也需要一個能肯定自己價值的人（尤其是對自己沒有自信的人）[37]。如果在交往的這段時間，你常常覺得自己很糟、不如對方；覺得自己很笨，需要依靠他的指導，如果他經常罵你，批評得你一文不值，甚至讓你對自己失去信心，這樣的人在變成你終生相處的另一半以後，更可能讓不快樂的生活繼續下去。

帶出你最黑暗一面的人

前面我們談到米開朗基羅效應時曾說過，愛情的本質就是互益，增加彼此正面的能量，激發彼此更多良善的特質[38][39]；雖然相處時也會帶動負面特質的流露、增進自我了解，不過如果你跟某個人相處的時候，「總是」顯露出你最醜陋的一面，經常擔心、害怕、焦慮、嫉妒、偷偷摸摸、甚至覺得罪惡感重重，那麼這種「負面擴大」的現象，在婚姻內會日趨嚴重，結婚只是拉兩人進入一個更深的黑色漩渦。

常常誤解你的人

還記得我們第四章在討論三個愛情重要階段時所談到的「磁場與頻率」嗎㊵？世界上有些人講起話來很容易跟你對盤，合你胃口，有些人雖然讓你深深迷戀，卻一句話也搭不上——相處的時候，不知道要說什麼；吵架的時候，對方總像是刻意曲解你的意思、懷疑你的動機㊶，要花好多力氣解釋對方都還是聽不懂，最後只好吵到雙方都累了，暫時休兵，或讓時間沖淡。可是這些沒有被解決的問題，帶入婚姻會變成更大的問題——然後你又要重複過著衝突、解釋、聽不懂，爭吵、疲勞、放棄談的迴圈。

結過婚的人

雖然我們都知道失敗是成功之母，以為有經驗的人比較不會重蹈覆轍。但是，當初這個人無法忍受婚姻裡的調適，必定有一些「個人因素」尚未被改變，這些很可能都是再次離婚的危險因子。事實上，第二次離婚的機率是第一次的1.5倍[3]。

(2)「我」現在適合結婚嗎？三個不恰當的時機或動機

剛分手的交往關係（Rebounding Love）

你必須認清一件事情是：**除了你自己之外，沒有一個人能真正治癒你在感情上受的傷害**。他或許「看起來」可以給你安慰，但這並不代表過去的傷痕會因此消逝，也不足以構成結婚的理由。

我們可以因為索求撫慰進入戀愛，但婚姻並不是只靠撫慰就能維持的。幾位研究分手的心理學家均建議，如果你的身心狀態尚處在「分手後關係」（Post-Dissolutional Relationship）當中，首要之務是調整好自己的情緒㊷㊸，而不是發展一段新的親密關係，甚至利用婚姻來療傷。

孤單寂寞覺得冷

這些情緒常與憂鬱伴隨出現，如同前面所談到的，憂鬱是婚姻裡的危險因子，**常感覺孤單（Loneliness）的人通常並不滿意他們的人際與親密關係**。也就是說，**因為孤單而相擁，可能不但無法取暖，還可能讓雙方都心寒**。況且，當兩個人都帶著彼此的故事進入這段關係，如果只是為了彼此治癒、互相取暖，那麼等到暖取夠了，下一步你們要各自去擁抱誰？所以這時你需要的不是一位戀人，而是一位朋友或心理師㊹。

有目的性的改變自己

如果你跟他在一起，是有「目的性」的，比方說為了改變自己的一些壞習慣、金錢等其他因素而利用對方；或是為了能「獲得對方的愛」，迫使自己做出不情願的改變，這些「情感」與「目的」間的牽扯，常常會糾葛出更多難解的問題。

(3)「我們」會是幸福的伴侶嗎？六種不適合結婚的情侶

你或對方未滿16歲

除了在法律上有性侵害公訴罪的風險外，心智不夠成熟、不確定自己要的東西是什麼，也可能導致太年輕就做長期的決定而後悔。事實上，西華盛頓大學（Western Washington University）的教授傑．遜屈門（Jay Teachman）針對一筆大型資料庫分析，發現在越年輕的時候就結縭，離婚的機率越高㊺。我們總是隨著年齡漸長才逐漸清晰自己的興趣、夢想、能接受什麼、不能接受什麼、愛什麼樣的人、不愛什麼樣的人等等；太年輕就做決定，可能只是徒增劈腿、小三的可能性。

剛戀愛六個月內

一般來說，交往六個月之後，雙方的關係才能漸趨穩定，年輕時就結婚的情侶，也比較容易離婚㊻。事實上，還沒交往半年的情侶，關於彼此的很多部分可能還模模糊糊。例如：他最大的「地雷」[4]是什麼？當情緒爆發的時候，他都如何因應？他有沒有一些你不知道的宿疾（包括生理或心理上的）？你真的懂他的家人嗎？還是只是被他的外表吸引而已？**如果一個人真的適合你，兩年後也還是會適合你**，不急著在這麼短的時間內就給承諾。

爸媽強烈反對

許多研究都顯示，家人親戚朋友影響我們的戀愛很多㊼——雖然這些影響，有些時候是隱微而難以發現的。在台灣結婚，更是兩個家庭的結合㊽㊾，若雙方家長不支持，在還沒改變雙方原生家庭對這段關係的觀感之前，就貿然地踏入婚姻，很可能會重演羅密歐與茱麗葉的悲慘結局。

溜溜球式戀愛

德州大學奧斯汀校區（University of Texas at Austin）的戴雷教授（René M. Dailey）幾項研究發現，在總是分分合合的「溜溜球式戀愛」裡面，雙方的自我概念（Self-concept）、需求認知（Need Awareness）都不太清楚，只是藉由一次又一次的分手、複合、又分手的歷程中逐漸修正自己在戀愛中的條件與付出㊿-㊾。這種每遇意見不合，便以分手作為威脅的關係非常不穩定，因此結婚之後如果面臨衝突，也可能採取同樣的處理方式：離婚。

瞬好瞬壞的伴侶

你常常今天沒來由地跟她很要好很愛很愛，隔天又沒來由地跟他鬧脾氣嗎？這樣的伴侶通常都有一方是不安全依戀（焦慮、逃避或矛盾依戀），甚至雙方都是。同樣地，這時治療往往比結婚更為重要。

權力不對等的關係

每次總是他做決定、你附議；討論的時候總是他丟出選項，但是最終的結果他早就盤算好了；吵架的時候總是你先低頭道歉；關係發生問題的時候總是你先想辦法去解決，一直以來都是你比較在乎這段關係、總是你犧牲、投入比較多……這樣不對等的關係是難以延續長久的，進入婚姻後將會面臨更多更大困難與挑戰㊹。

在重重考慮之後

傑佛里．拉爾森指出，許多人抱持這一種想法是：婚姻是愛情的解藥，結婚以後，很多困難都可以因為愛而化解。但這是一個巨大的錯誤。其實進入婚姻，兩人並不會有太大的改變。**婚姻本身的效果只有一個——放大那些原先讓你覺得痛苦或開心的特質**。

所以，如果你們在一起時總是喜多於悲，歡笑多過爭吵，結婚以後的確會更加快樂；但是，如果你們在結婚之前就有處理不完的問題，這些問題在步入禮堂之後，只會變成更大的問題。有時候你甚至得思考的是：究竟你需要的是他，還是一位治療師？在結婚之前，你是否該更了解自己？

愛，真的需要勇氣，可是婚姻需要的卻不只是勇氣。熱情和迷戀或許可以開啟一段關係，但唯有包容和溝通才能讓愛延續。步入婚姻這麼大的承諾，要考慮的事情絕對比上述的還多。

更重要的是，人類其實是「連續單偶制」的動物，世界上絕對不只一個適合你的人——只是你再也沒有這麼多時間，將精華的歲月花費在一個人身上，所以在投入這麼多青春以後，你還是會問自己：他真的適合我嗎？我們該走一輩子嗎？

上面提到的幾個婚前警訊，大都要花很長的時間去調整、去改變，並且，你必須接受的是：它們有可能根本不會改變。你只能選擇包容地與他一起走，因為他也同樣地包容你的缺點。

在本章的最後，提供一個可能的想像是：如果你跟哆啦A夢借了放大燈，將你跟他的優缺點都放大，還願意接受「放大版」的彼此，那麼這個人比較可能在和你一起踏上紅毯之後繼續牽手，走到兩鬢斑白，眼花齒落的，更遠的以後。

婚前檢核表

- 他是你的幸福嗎？心理師傑佛里．拉爾森根據其多年的婚姻治療與諮商經驗，輔以科學研究的統計資料，歸納出數種「婚前紅燈」（Red Light Indicators），在這一章均有詳細說明。下面摘錄本章所提到的這些離婚的危險因子，你可以試著檢核看看對方是不是真的適合和你攜手走終生，你現在又是否適合結婚。
- 他總是不厭其煩地問你「你愛我嗎？」、「你真的在乎我嗎？」
- 他總是一天到晚和我起爭執。
- 我和父親／母親處得不好，而且對方又有很大的一部分很像我的父親／母親。
- 他只把我當作性愛的機器
- 他對一種藥物（菸、酒、毒品）或事物（性愛、工作、物品）有嚴重上癮的傾向，已經持續相當久的時間。
- 我覺得大部分的時候，他的想法和我相當不同。
- 他會用各種方法操弄我來達到目的，例如：威脅、勒索、哭鬧、激起我的罪惡感，以換取我的同情、讓步、不安。
- 他的情緒反應很強烈，常常動不動就生氣、哭泣、發生衝突。
- 我覺得，我總是要很用力、很努力才能換得他的注意或在乎。
- 他經常罵我，批評得我一文不值，甚至讓我對自己失去信心，懷疑自己存在的價值。

- 跟他在一起的這一段時間，我常顯露出最醜陋的一面，經常擔心、害怕、焦慮、嫉妒、偷偷摸摸、甚至覺得罪惡感重重。
- 他總是誤解我所說的話、用負面的方式詮釋我的行為，我常常要花好多力氣解釋，他都還是聽不懂。
- 他曾經結過婚，又離婚了。
- 上一段感情的陰影在我心裡還沒有平復，跟他在一起的這段時間，我常常想到我的前一段感情。
- 其實我是為了想化解孤單、無聊或寂寞，才走入這段感情的。
- 我有一些壞習慣，我希望能藉由他、藉由這段關係，來改善這些壞習慣。
- 我們剛在一起，未滿六個月。
- 我們之中，有一個人的年齡低於16歲。
- 我們的原生家庭（他的爸媽或我的爸媽）反對我們在一起。
- 我們之前曾經分分合合許多次。
- 他常常沒來由地跟我很要好很愛很愛，隔天又沒來由地跟我鬧脾氣。
- 在這段關係裡面，我總是先退讓、付出最多的那一個。我覺得跟他相處時，我常常不能做自己真正想做的事情。

簡易解測

A.綠燈區（符合3項以下）：大體上來說，你們的關係還算穩定，請針對符合檢核表描述的題項進行討論、一起想辦法。

B.黃燈區（符合4－7項）：你們的關係之間存在一些不算小的問題，如果這些問題沒有解決，就可能成為一顆未爆彈喔。

C.橘燈區（符合8－14項）：你們有很大的相處困難，請認真思考兩個人的未來，並試著解決目前彼此遇到的問題，結婚的事情可以先暫緩。

D.紅燈區（符合15項以上）：強烈建議不要太快就決定結婚，若真的想要結婚，請先試著尋求專業協助，例如：婚姻或關係諮商等等。

註解

❶事實上，相較於在難過時能給妳安慰，在你成功的時候能真誠地誇獎你（而不是嫉妒你），可能更為重要。加州大學洛杉磯校區（University of California, Los Angeles）的心理學家雪莉・格布兒（Shelly L. Gable）與他的夥伴曾進行一項研究，她請參與者跟伴侶聊天，主要是聊兩件事情：負面事件（如衝突或難過）與正面事件（如自己的成功、驕傲的地方）。結果發現，如果你的伴侶在你表現好的時候給你真誠的鼓勵，兩個月後比較可能維持這段關係，而伴侶對你在哀傷時同理你的感受，效果反而比較小。可見在親密關係中，正向情感交流（Positive Emotional Exchanges）的地位不容小覷㊸。

❷關於性與愛之間的關聯，請參閱此文：《製造愛：歷年來關於性與愛的心理學研究》㊹。

❸有關再婚者離婚率的詳細資料，會因為不同的調查時間與統計有不同的資料呈現方式，詳細資訊請參照美國國家衛生中心（National Center for Health Statistics）的統計報告㊺，或「再婚網站」（http://www.remarriage.com）。當然，你也可以參考我寫的回顧文章《這真的是我要的婚姻嗎？二十個藏著「但是」的婚姻殺手》（http://pansci.tw/archives/36359）

❹流行用語，指你最不能忍受的行為，如果有人對你做出此行為，會激發你劇烈的負面情緒，例如：強烈憤怒、或淚崩潰堤等等。

延伸閱讀①－㊺相關內容，請參閱大真文創出版公司網站http://www.bigtrue.com.tw/about-love/research/。

Chapter 14

再也見不到的再見〔壹〕

分手後的四個副作用

二〇〇八年十一月二十八號收到她最後一封簡訊之後，我就像被派遣到另一顆行星一般，彼此斷了音訊。

回想著那些曾經的美好鏡頭，一起在河堤邊唱歌，一起在擁擠的夜市中緊緊牽著手，一起看著勞勃狄尼洛的電影哭得不成人形，一起在她家煮火鍋互相依偎，一起在寒冬跳進熱騰騰的情人湯，一起在樟山寺的露臺上看夕陽，這一切的一切都好像是假的一樣。

已經分手了三年，但這三年的每一天，我幾乎都無法自拔地想起她，想起她的臉，她的笑靨，與她玲瓏的雙眼，想起她側倚在我肩上時散發出來的牛奶香

味，想起她的手溫熱的觸覺。於是，在掙扎了許久之後，我還是不爭氣地傳了簡訊給她。

「雖然不知道妳是不是能收到這封簡訊，但我還是由衷地祝妳生日快樂」在按下送出鍵之後，我又盯著螢幕等待了好久。心裡還有一點小小的冀望，冀望她會回覆我，就算只是簡單的「謝謝！」也好。

只是一直到今天，這封回覆的簡訊都沒有出現。

有些事情，好像只能等到分手後才能體會。前面的章節大多轉述或訴說著別人的戀情，在這章的一開始，我想和大家分享一段我自己的故事。

貓空愛情故事

大一那年，我和她越過擋不了風也避不了雨的風雨走廊，信步走上山，她斜著一雙腿坐在傳播學院側門的石椅上，我躺在她身邊，用手撫弄著她的小拇指尖，一面談著自己的理想，一面看雨絲細細地打在楓棧道上。時間穿過雨幕，編織成一股灰色氛圍，空氣裡散發著青草的香味，她撥著我的頭髮，說空山新雨就是這樣的滋味。我問她，什麼叫做空山新雨？她一如往常地賣著關子，笑著不回答，然後一邊取笑我國文這麼差，怎麼考上政大呢？

和一個人交往最特別的地方，就是不論兩人是否能長相廝守，有關她的記憶始終伴隨在你左右。因為我們過去花很多時間相處，將自己的心事互訴，像花苞一樣開展自己，大方地讓他窺探最脆弱的秘密；因為我們相信這樣一種接納與信賴，能在寂寞的世界裡提供我們一絲慰藉。因為宇宙遼闊，人生海海，來往的人總是行色匆匆，總算有一個人願意停下腳步，用心聽聽你的聲音，端詳你的臉龐，關心你的眼睛裡所看到的天空與體會，分享彼此生活的點滴。

但，**這些當初造就幸福的元素，分手之後都變成某種隱晦的酸楚**。是故多年以後回到政大，我總抱持著期待又怕受傷害的心，期待的是，可以看到好久不見的校園與朋友，害怕的是，那些有關政大、有關她點點滴滴的回憶。踩在一見方公分地磚鋪成的道路上，周遭的每一處似乎都蘊含我們曾經的足跡。

分手後的四大副作用

「跟她分手的那一天晚上，我像是行屍走肉般晃出校園，踉蹌的步伐糾結著幾乎無法接收到氧氣的心臟。我只好在成大的路邊，攔了一輛計程車。側靠在車窗上，回想著我們的曾經：走過的地方、逛過的商店、第一次牽手的街、第一次擁吻的路燈邊、第一次在她家樓下送上大把鮮花、第一次躲在她房間等她雙親入睡才離開的緊張情節，第一次她學著電影裡面的台詞，握住我的手說：『你完整了我』第一次我擁她在懷中，用食指拭去她眼角的淚……這些好像都發生在不久之前，一切都是那麼的生動鮮明。但分手以後，她卻一步一步地遠離我生活的視線。一股無以名狀的難受感覺，便開始在我胸口定據了下來……」

上面這段文字是一位讀者在我的部落格的留言，在後續的通信中，他還跟我分享了很多他們的故事，但每封信裡面，都充滿了懊悔與不捨的語言。我讀著他寄來的信，回頭再看看我自己的故事，發現，**其實我們無法接受的不是對方的離開，而是為什麼一個人可以說變就變，說沒感覺就沒感覺？**如果連自己最深愛的人給予的感情都那麼不可信、如果昨天還躺在你身邊的人，今天可以說走就走，那麼在這世界上，我究竟還能相信什麼？又要怎麼做，才能走出這段痛苦？

分手之後，我們會經歷許多五味雜陳的感受，但最難受的並不是這些痛苦本身，而是對方離開所造成的一些「副作用」：心痛、自我懷疑、重複過去的思考行為，以及不斷詢問探究對方離開的理由。

副作用一：原來這就是，心痛的滋味

分手之後，最直接的一項感受就是心痛了。

為什麼會心痛呢？前面的章節曾經提到，在演化上，「在一起」意味著我們有意圖地與某一個人建立連結，這個連結的建立同時帶動了大腦中的「戀愛激素」①。這些激素帶給我們正向、愉悅，被保護與安全的感覺，我們也藉由這些激素持續與愛人產生連結與依戀②。

分手之後，我們的大腦一方面需要一段時間適應這些激素的消失，另一方面還要抽離自己對對方的眷戀，也在這個時候，大腦會產生心痛的感覺，使得離開他的過程更為艱辛。

這種痛到底有多痛呢？美國密西根大學的研究人員伊森．克羅斯（Ethan Kross）進行了一項實驗，他請四十位經歷感情創傷的男女看他們前任舊情人的照片，並觀察他們大腦活動量的變化。結果發現，這種「心痛的感覺」會活化一部分觸覺的腦區，疼痛的程度大約跟被「一杯熱咖啡燙到」一樣③。

因為這種感覺相當難受，我們只好拚了老命地祈求挽回的可能，卑微地希望對方再給自己一次機會，承諾自己會改變等等。我們所做的一切跟吸毒犯的戒斷症狀沒什麼兩樣，而這些行為都是為了減低生理與心理上的不適感。值得慶幸的是，伊森指出，這種痛的感覺也跟燙傷一樣，隨著時間能夠漸漸被弭平——**雖然多年之後，這段傷痕本身並不會消失。**

副作用二：失去了他以後，我是誰？

對方離開，我們最常做的一件事情，就是懷疑自己存在這世界上的意義與價值④⑤。我們會問自己：一開始，他愛的是這個雖不完美但是合他口味的我，如果我還是像以前一樣沒有變，他又為何會離開我？

於是我們傾向給自己一些答案是：**一定是我變得不可愛了，或者他喜歡上別人了**。

被甩的那一刻，因為我們還依戀著對方，要怨恨或討厭對方是非常困難的，但是他又的確傷害了我們，而且傷得這麼深，我們的大腦會驅使自己為這樣的矛盾找出口：恨自己、恨第三者、或開始思考人生的意義⑥⑦。

研究憂鬱多年的心理學家貝克（Aaron T. Beck）曾指出，人在憂鬱時最明顯的三個傾向是：**對自己，對世界，與對未來產生負面與無望的感覺**⑧⑨。

在分手之後，那種失去摯愛的感覺更是迫使我們去思考：他這麼好，曾經這麼愛我，為什麼要走？是不是我不好，或是這世界太糟，還是跟我在一起沒有未來？不論是哪一種思考，都會掉入憂鬱的負面漩渦之中。重複地思索自己為什麼會被拋棄、為什麼那些美好的過去不能再繼續等等。

為什麼裹足不前

這些對於過去的緬懷、對於失去的懊悔等等，都是把自己困在原地的主要原因之一⑩。我們常常覺得，他把我們丟在這裡，自己走到好遠的地方去了。**但事實上，是我們自己不願意前進，似乎只要把自己或世界想得很爛，某種程度上可以保護對方在自己心目中的美好形象，告訴自己：他還是不錯的，不好的是我。**

過去我們習慣被他肯定、習慣被他稱讚，就像小時候我們堆好了積木，會興沖沖地搖擺著步伐跑去，請媽媽來看一樣。伴侶曾經見證了我們生命中重要的時刻、曾經跟我們一起分擔過許多日子裡的悲歡喜樂、曾經在我們最難過困頓的時候陪伴我們，這些經歷讓他無形之中滲入了我們的生命，變成我們的一部分。

如今，他的離開造成的最大傷害，是我們必須重新定義自己、重新建立「沒有他支持，沒有他關懷，沒有他見證」的人生、重新習慣下班或下課後，一個人走回家的那段路、重新學會自己從上司的責難或朋友爭吵中爬起來，拍拍膝蓋，擦擦眼淚繼續走下去，這樣的轉變當然萬分艱辛。

單翼天使的日子

西方神話裡曾將人視為單翼的天使，村上春樹在《人造衛星情人》也寫過一段類似的話：「**我們生來都只有一只翅膀，好不容易找到另一半願意與我們攜手飛翔。**」離開之所以痛苦難耐，在於把這緊緊地相依的心與翅膀，硬生生拆開，逼迫我們向過去說再見。

在生活上，我們也比過去有更多的時間去思考「我是誰」這個問題。那些和他曾經的纏綿、與他依偎的時間，現在都大把大把地被空出來，你不再需要陪任何人晚餐，等任何人的睡前電話，也不再需要安慰或拍拍任何人的肩膀了。那種感覺就像是辛苦堆高的積木像是被別人踢倒了，只能懊惱地躲在房子的角落舔拭著傷口，默默地重組著自我。

副作用三：反覆翻找過去的傷痕

分手的第三個副作用是生理上的不適應，這裡的生理包括「大腦」的思考與「身體」上的行為。我們會重複進行分手之前常做的事情，甚至比以前更常做那些事情；我們會不斷想到已經拋下自己的他，腦中出現他的頻率，還比在一起的時候要高。我們知道這樣做不好、知道不該撥電話給他或看他的臉書，因為我們知道這樣只會讓我們更傷心，但是，我們還是無法克制自己，甚至不斷為之，為什麼會這樣[1]？

記得有一次，我們實驗室夥伴與知名作家林萃芬相約共進午餐，在討論的過程中，林老師也提出了同樣的問題：「有一件事情我覺得很有趣，我們明知道多了解對方近況也只是多傷心，但是我們卻仍控制不住自己的手，點擊他的部落格，搜尋他的資訊，深怕卻又渴望得知他的近況。都已經分手了這麼久，這些回首過去、緬懷曾經、窺視舊情人的舉動，到底是為了什麼？」

雖然當時林萃芬老師說，這麼複雜的問題應該留給我們實驗室去研究，但是事情一忙，結果也就不了了之。

舊情人的研究

事隔一年多，一次因緣際會的情況下，我們和國內最大科普網站「泛科學」（PanSci）合作了一項調查來探討這個問題。我們在網路上發佈簡短的問卷，只是，並不是問大家「是否有追蹤舊情人的臉書」，因為「追蹤」的定義太過模糊了。我們改用別的方式，詢問參加研究的184位參與者另一個比較隱微，又能清楚定義的問題：「你是否有保留與初戀情人的合照？還是把它丟掉或燒掉了？」結果發現，有將近六成的人會保留「初戀情人」的照片。此外，這些人大多也傾向保留「歷任情人」的照片，不論是對方的獨照或合照。

接下來的問題是，究竟是「什麼樣的人」會做出這種緬懷過去的舉動？我們的研究團隊之中，有人對星座有興趣，他發現最愛保留舊情人照片的是處女座——雖然半數左右的人還是會「看情形」來決定照片的去留，比方說要看那段戀情整體來說是悲喜參半，還是悲多於喜。

可惜的是，星座間的差異在統計上並沒有達到顯著，意味者星座可能並不是最好的解釋方法。於是，我們嘗試轉換一種方式思考：**會不會是擔憂被拋棄的人、對自己沒信心的人比較喜歡舔拭傷口——也就是焦慮依戀者比較會保留照片？**果然跟我們料想的一樣，大部分的焦慮者（大約七成）都保留了伴侶的照片，而逃避依戀者則大都會把照片燒了或丟掉。後續的分析某種程度上也證實了林萃芬老師的說法：**那些保留照片的人，比起沒有保留的人，生活上過得稍微糟了一些。**

為什麼在分手之後，我們明明知道回首從前是徒增痛苦，還要持續做這傷害自己的事情呢？其實，我們也在這份問卷的最後提供開放性問題，讓參與者回答為什麼他們會留下照片？出現最多次的答案是「念舊」（不過這跟沒有回答差不了多少）。慶幸的是，我們看到了另一個令人相當感動的答案：「記錄過去的自己吧！表示自己曾經愛過這樣的一個人，畢竟，他曾經是你的一部分……人海茫茫，他這麼特別能夠走進你的生命，為什麼不留呢？」[2]

永遠也填不滿的心缺

「你可以隨意搜尋一段傷感的文字，就可以知道每天有上千人在為一些傷感的網站或臉書粉絲團按讚。可是持續按讚這些悲傷，並不能帶你前往任何地方。相反地，緬懷那些傷痕，很多時候只會讓你越陷越深……」外號小D的心理師知道了我們正在進行的研究，也試圖用她多年臨床的經驗，提供一些想法。

「可是為什麼我們還持續這樣做呢？不是很笨嗎？」我問她。

「我們會持續做某件事情，一定是它提供了我們某些好處——因為思考傷悲、緬懷從前，能讓我們重溫一些過去的溫暖和美好。這些人活在過去裡面、活在對方的照片、臉書、網誌裡面，的確會感到今非昔比、感慨萬分；但是這些悲傷的回憶也同時會帶動曾經美好的部分。曾經一起在陽光下追逐、在海邊瘋狂、在夜晚擁抱、躺在對方懷裡等等，這每一刻的記憶，都在餵養著如今已然空虛的心靈。」還沒等到小D回覆，另一位綽號叮噹貓的心理師便接著說。

所以，我們用曾經的安全感來滿足現在內心的空缺，但是每次又會發現這些空缺無法真正被滿足。於是，我們就持續、重複地在悲傷裡，上癮。

一條重建自己的路

真的像兩位心理師說的這麼負面嗎？亞利桑那大學（University of Arizona）的大衛．沙巴拉（David A. Sbarra）與他的夥伴認為，這些回首過去的行為，或許也有一些正面積極的意義，只是需要時間。他們回顧過去許多喪偶、分手的研究，提出一個想法是：所有**因應分離、失去、死亡的舉**

動，都只是在調整自己（Dysregulation）⑪。

我們在這樣的歷程中追尋一種方式，一種重建自己心靈與勇氣的方式。透過關注對方的消息、得知他已經跟別人在一起、看到他的網誌與生活，就算是沒有自己也能好好的過，**一步一步地認清彼此的人生軌道已經岔開了的事實**。這些看似自我折磨的行為，只是讓我們更習慣對方不在自己身邊的狀態，就像是經歷創傷後，我們終將要面對那些不願碰觸的傷口，而唯有透過「不斷地」面對這些刺激，我們才能逐漸習慣與接受：**是的，他真的離開了。但是我的世界並沒有因此而崩塌**⑫。

副作用四：為什麼要離開我？

當他說要走，你不想接受的時候，你第一個會問的問題是什麼？

「以前我們都會問：『為什麼？』，但是現在時代改變了，我們第一個問的問題常常是：『他是誰？』看樣子，大家在潛意識裡對於第三者還是有一些怨念……」老師曾經在一次演講中這樣半開玩笑地說。

事實上，即使是小三議題可以被大剌剌地端上檯面的今天，不論是自己被甩或是聽聞好朋友失戀的噩耗，大多數人第一個問的問題仍然是：**為什麼？**

分手的第四個副作用是，我們會一再反覆追尋對方離開的原因——不論他離開你的時候有沒有交代清楚。我們會想出各種可能的答案，反覆推翻又接受這些答案。畢竟，比起被傷害，我們的大腦更無法忍受一件事情是沒有原因的⑬⑭。**如果我們不知道傷害是在什麼情況下會發生，或是為什**

麼會發生，**就會失去對這個世界的控制感**，就像是矇起眼睛騎單車一樣，永遠不知道下一秒會不會撞到東西。所以我們會向自己、甚至向對方不斷地詢問：為什麼要結束？還有沒有可能挽回？又該怎麼做才能挽回？

貓空愛情故事的後續

在這裡，我想繼續跟大家分享貓空愛情故事的後續。當年，我們的確度過許多歡樂美好的日子。可惜的是，我們仍然在一個冷到骨頭會痛的冬天，像是斷了的弦一般，驟然地分手了。她說要離開的那一天，我站在他家樓下等了不知道多久，終於，她從街角疲憊地出現，看到我坐在大廳前的樓梯上，她停下腳步，驚訝地看著我的臉。

「你在這裡做什麼？」她問，像是好不容易從驚訝中抓到一些詞彙的樣子。

「我只是想問，到底發生了什麼事情？之前不是還好好的嗎？」我必須控制住自己的顫抖，才能勉強把這些字咬出來。

「我想，可能是時間久了，熱情消失了。也可能是你最近太黏，我喜歡自由自在的感覺。還有可能是我們相處的時間變少，距離將我們的心給拉遠了。」儘管她站在階梯前面，很理性地告訴我這三個原因，我還是「無法理解」。但是，那一刻起，我卻紮實地感覺到，她離我好遠、好遠了。

人類總是會選擇自己最擅長的方式，**來面對命中的難題**。我為了「求證」她說的這些原因，含著眼淚、甚至是半賭氣式地躲進圖書館，試圖找到反駁這些分手原因的文獻。只是很可惜的是，我失敗了。每天待在圖書館到關門，翻遍了中英文的愛情心理學書籍，只得到了幾個「支持」她三個理由的結論。

在我左邊第一疊書談的是熱情（Passion，你可以參閱前面第三章），一致地支持，熱情的確是會隨著時間在六個月到三年內消散的，而當熱情消失之後，只有一部分的人會選擇繼續這段關係。

在我前方的第二疊書籍談的是親密與自主，研究也發現，關係中兩人對於親密與自主的需求程度如果有所不同，一個人嚮往自由自在，另一個人很黏、喜歡陪伴與依賴，這樣的關係也會產生種種問題，滿意度也比較低。而在她的描述裡，我們兩個，似乎就是這種關係的代言人。

最後，在我右邊的第三疊書是關於遠距離戀愛的。大量的研究發現，距離所產生的許多危險因子，的確使得一段關係難以被維持，見面、相處、互訴心事的次數如果少了，感情自然也淡薄了⑮⑯。

沒錯，同樣讀過心理學的她理性且準確地指出三個原因。我無力反駁，也不知道該怎麼做。最糟糕的是，**我並沒有從這些查找資料的過程中，讓自己好過些**。

看到這些研究結果，我幾乎是抱著資料在圖書館裡面掉眼淚。可是我還是不懂，不懂為什麼她要離開我。我問自己，我真的很黏嗎？也只有在屆臨分手的幾週，我開始擔憂兩人的關係，持續地撥電話給她，如果，她真的覺得我太過依賴，那為什麼當初在一起的時候，她又說我總是體貼地想到她想要什麼？而且，如果台大與政大的距離很遙遠，那麼台北與高雄怎麼辦？台中跟紐約呢？參與我們實驗的遠距離戀愛受試者，很多都是距離兩三個縣市以上的，他們有將近一半還是交往了相當長的時間，為什麼同在台北的我們，卻敵不住彼此小小的忙碌所造成的隔閡？好多好多的問號在我心裡升起，我好想問她，究竟為什麼要離開我？

可是，她明明已經告訴我了不是嗎？沒感覺了、想要自由、聚少離多，很明確又有科學根據的的三個理由。為什麼我還要不斷問自己為什麼？

不是不懂，而是無法接受

一直到很後來我才領悟一件事情是：**分手以後我們在苦苦追尋的，並不是一個「真正的」理由或答案，而是一個自己「可以接受」的理由**⑭。愛荷華大學的凱莉．索羅森（Kelly A. Sorenson）等人進行的研究中發現，分手之所以讓人難過，一部分的確是因為我們不知道分手的原因——但是很多人就算知道了分手的原因卻還是一樣難過，為什麼呢？**因為這些人無法「說服」自己去接受，這些殘酷又令人心傷的理由**。那些美好的曾經，那些只屬於兩人的甜蜜過去，那些只有你們兩個人才知道的祕密與暗語，都將隨著她的離去而永久埋入地底。

過去一起走過的路太過美麗，使我們難以相信眼前這個曾經深愛自己的對方，會狠心將自己丟下；過去一同經歷的時光太甜蜜，使我們不願意去面對眼前殘酷的事實；過去牽手，接吻和擁抱的溫度都太過真實，又叫我們如何接受現在的他，將要牽別人的手，吻別人的唇，在別人的懷裡入眠？

因此，我們或多或少都曾發了瘋地在網上搜尋他的名字，他的ID，他和他朋友的近況；曾在午夜夢迴驚醒，擔心他是不是已經跟別人在一起；在每次行經某些特定的街區，害怕又期待他倏地出現，一邊思索著如果遇見他要說些什麼，一邊在腦內小劇場不斷地排練各種可能的劇情與回應——即使我們清楚對方出現的機率相當的低。

直到有一天，你漸漸能適應對方的離開，漸漸能釋懷，才真正「懂得」分手的理由。這些理由在分手的當初，對方可能曾經說過、也可能隻字未提，但無論如何，對於這個時候的你已經不太重要了。凱莉也說，如果你真能接受對方離開的事實，自然會為這段感情安頓好一個結束的原因（Account Making）。到了那個時候，或許你還會想起對方的好、想到如果可以繼續在一起該有多好，但是這些想像的情緒強度都不復以往，你比較可以把心思放在身邊的人或正在進行的事物上，那段過往就像是心裡的一只箱子終於被蓋上一塊木板，隨時間塵封。

是副作用，還是負作用？

在書寫這章的時候，一位朋友問我：「你覺得這些分手後的現象，究竟只是副作用，還是『負』作用？」他想知道的是，都已經分手了，我們卻還像蜜蜂一般忙碌地做那麼多事情，不是一直在增加自己的難受嗎？

我那時沒有想到一個好的答案來回答他，因為這些分手後的思考、行為、與感受，的確是伴隨著分手而來，也無可厚非的產生了一些心理上不適的感覺。但後來我發現，正如同前面心理師叮噹貓所說的，我們會持續做一件事情，勢必是這件事情在某些層面上，滿足了我們的一些需求。

不過，我比叮噹貓更樂觀一些。我想，在分手之後，我們所做的種種蠢事瞎事，縱使有時候讓自己傷心、有時候掀起爭端，但整體來說還是有意義的。當我們不知道該如何向過去告別、當我們不知道該怎樣中止自己對他的期待、當我們還在想著挽回、想著兩人之間是否還有可能的未來的時候，我們的自尊是非常不穩定的，在這些焦慮、不安、懊悔、乞求等等複雜的情緒波浪中，傷心人只好手慌腳亂地試圖抓取一塊浮木，重新在感情的大海裡，尋找一個可以安身立命的小島。

只是，這個過程是漫長的，我們需要更多的時間來把過去收整好。**在這段時間裡，或許我們永遠也無法擺脫心碎的那種痛楚，但我們變得漸漸可以去接納傷痛、和傷痛共在，並且，不再試圖改變過去**，不再讓他或有關他的回憶占據思緒，這就是創傷心理學上的一種「心理完成作用」(Psychological Closure)⑰。

可是我還是覺得很難過，怎麼辦？

「謝謝你的文章，讓我知道許多以前沒有想過的事情，只是我讀了還是一直哭、一直哭。我只知道現在的我很痛苦。有沒有什麼方式，能讓我減輕一些痛苦？」每次我在部落格上寫一些「後分手關係」的文章時，就會有人寄信來問類似的問題。

狀況比較嚴重的，我會建議他們去尋求協助，比方說一些諮商中心或醫院，都有相關的專業服務；其他的傷心人，我大多都是推薦一個「自己用也滿有用的方法」——心理位移日記書寫(Psychological Displacement in Diary Writing)⑱－㉑。實驗室這幾年來做了許多相關的研究，發現它的確有助於負面情緒的舒緩，甚至被應用到分手後的情傷修復中⑱。在書寫的過程中，書寫者會體驗到各種心境上的變化，而這些變化，也形成一種對自我關懷、接納、又不失客觀的心理能量。我將實際的操作步驟放在本章後面，你可以先試著做做看。

至於兩人分手之後，可以或不可以做什麼？關係會面臨怎麼樣的改變？我們又要花多少時間才能走出傷悲等等，下一章我們將有更進一步的討論。

心理位移的日記書寫

心理位移原先的構想是來自於諾貝爾文學獎得主高行健之作品《靈山》，在該書中作者以我、你、他三個人稱接續書寫，但三個人稱都是描述同一個人。讀起來雖然有些困難，作者的感受卻也因而有所轉換。

爾後，師大心輔系金樹人教授與台大心理系林以正教授將這種書寫方式運用於心理學領域，並發表了許多實徵研究⑲⑳。

這是一種特別的日記書寫方式，當你每每想起過去難過的事情，請先像寫日記一樣用第一人稱寫下來，然後，再用第二，第三人稱寫一次同樣的事情，下面，我們就以情傷為例進行說明。

第一人稱的書寫，就像一般寫日記一樣

「我真的不能了解，她當初為什麼要離開我。一開始，也是她先說要跟我在一起的，只是到了感情的最後，她開始變得冷淡，對我的事情漠不關心。幾乎每天我都以淚洗面，想到我就覺得難過痛苦……」

這個部分的寫法和一般日記並無二致，重要的在後面兩個階段。

第二人稱的書寫

「一開始你根本不能了解你女朋友為什麼離開你。是你太過自私嗎？還是她太過無情？或許是你根本不知道他想要的是什麼，雖然她的離去讓你很難過，但是你應該要從中學到……」

這裡的「你」其實就是你自己，只是，你像是在跟鏡子中的自己說話，重複寫一次剛剛用第一人稱書寫的事件而已。

第三人稱的書寫

「他最後還是不懂，為什麼他的女朋友要離開她。他到處找答案，詢問朋友，上網看文章，捫心自問有沒有對不起女朋友的地方。只是在做盡一切之後，他還是很難釋懷……」

這裡的「他」其實還是指你自己，只是，你像是在描述一個電影情節，重複寫一次剛剛用第一或第二人稱書寫的事件而已。

當然三次書寫內容用字上可能有差異，也可能寫一寫偏掉了方向，不過這些都不是重點，只要把握住書寫的人稱，其他的改變均沒有關係。

另外在書寫二、三人稱時，請勿往回「參考」第一人稱書寫，也不要拖拖拉拉寫完第一人稱之後，隔好多天才寫第二或第三人稱的日記，更不要任意更改書寫的順序，請直接一次依序完成三個人稱的書寫。

書寫時間為期兩週，可以選一個可愛的日記本子作為心情記錄，或是用電腦打字以利保存，每週2次，共記錄4次（想到他才寫），平均而言每次書寫時間約15~40分鐘不等。

加油，請真誠地面對自己，誠摯地希望你能藉由這樣的方式，一步一步走出分手的陰霾！

註解

❶關於臉書分手的研究，可參考網路文章《在七夕之後：不存在的情人》，或學者盧卡斯（Veronika A. Lukacs）尚未發表的研究㉒。

❷統整自二十二位研究參與者的回答。

延伸閱讀①－㉒相關內容，請參閱大真文創出版公司網站http://www.bigtrue.com.tw/about-love/research/。

Chapter 15

再也見不到的再見［貳］

走出分手

「嘿！你知道嗎，今天是我前女友的生日。」他像是訴說著別人的故事一般，一面攪拌已經不需要攪拌的咖啡，一面默默地說。窗外五月的梅雨將大片落地窗的視線都染成了抑鬱的斑白，像極了他瞳孔裡殘留的灰色天空。

「難過嗎？」我問，將額頭往上微微抬起15度左右。

「有一點，其實。」他解開袖子的鈕扣，一會兒又像是發現並不熱似地重複地扣上，鈕洞之間流露出一股焦躁的味道，那味道如惡魔的手指般，悄悄地就要伸過來。

「每年每年，這個時候我總是陪在她的身邊，唱歌，切蛋糕，等待她許好長

好長的願，之後吹熄蠟燭，然後用食指沾奶油互抹彼此的鼻頭。她說她怕奶油糊留在臉上會長痘痘，所以每次我都刻意讓她，只是因為這樣，常常落得我整臉都是奶油，活像一個大呆瓜……」他羞赧地繼續說。

「你很愛她？」我拿起湯匙，停在半在空中等待他的回答。

「非常。雖然我覺得，當初愛得那麼多，分手後最痛的也是我……如果說愛得深也傷得深，是不是乾脆一開始不要那麼愛就好？現在，不知道她的身邊是誰幫她點亮生日希望？又是誰緊靠著她的臉龐，與她共同分享夢想？那天，她跟我說完再見之後，我明白，其實我們再也沒有機會再見了……」

就像五月的梅雨總是醞釀著惆悵，前女友的生日也總充斥著哀傷。他望著佈滿雨滴的落地窗玻璃，穿過霓虹，看著街道遙遠的那一端的褐色天空，緩緩淡淡地說：「我一直很想跟她說，妳離開之後，妳的世界並沒有改變轉動的方向。但是我的有。」

在《舞。舞。舞》一書的開頭，主角因為連續地經歷了妻子離異、朋友死亡、女朋友離開。他每天將自己關在房間裡，除了最低限度維持生命的活動之外，大部分的時間，就是躲在房間、或坐在床上發呆、回憶一整個下午。

分手其實是一種失去控制感的經驗，那傷痕實在太大、太深，而被丟下的我們，就像突然被汪洋所包圍，承載自己的只有一艘木筏，卻連槳也沒有，既找不到前進的方向，也找不到離開的方法。我們能做的，似乎只有無神地坐著，**反芻回憶，可是越是回憶，越是思索分析他離開的原因，越容易讓自己陷入憂鬱**①。

走出分手的傷痛

埋首過去的烏雲，常讓我們忘記了身邊的天晴。失戀的路再難走，還是要一步一步地走過。我們需要的是時間來整理自己的情緒，整理自己的生活，跟隨著時間的流動，逐漸讓自己接受他離開的這項現實。畢竟，**唯有真正坦然接受了分手的理由，下一段幸福才可能湧進你的戶頭**②。

不過，分手這條路究竟要怎麼走？要走多久？

他離開了，我該做些什麼，才能讓自己好過一些？

分開以後，我跟舊情人的關係，會變成什麼模樣？

如果今天提分手的是我，該怎樣才能讓我們好聚好散？

如果面臨情傷的是我的好朋友，我又該如何幫助他？

這個章節將針對上述這些問題提出一些答案，邀請大家一起來思考：在分手之後，我們還有哪些可能？

後分手關係

兩個人分開以後，面臨的第一個問題就是：**我跟他，究竟會變得怎麼樣？是分開不再聯絡、繼續當朋友、還是連朋友都做不成**③？

在親密關係的研究裡面，我們將分手之後與舊情人相處的方式與互動過程，通稱為「後分手關係」（Post-dissolutional Relation ship）。不同的戀愛和對象，後分手關係也會有所不同。

內布拉斯加林肯大學（University of Nebraska-Lincoln）的喬狄・珂妮珞・凱拉絲教授（Jody Koenig Kellas）與她的夥伴們調查了174位經歷分手的傷心人，請他們描繪出和另一半分手之後的「關係圖」。結果發現，至少存在著「一成不變」（Linear/No Change）、「越來越糟」（Downward Progression）、「越來越好」（Upward Progression）、「V型」（Upright V）、「倒V型」（Inverted V）與「波瀾起伏」（Turbulent）等六種「後分手關係」（請參閱圖一與圖二）④。

「一成不變」，是指雙方在分手前後，關係並沒有很大的改變；「越來越糟」者，是關係從分手那天起便每下愈況，「越來越好」者則是呈現相反的趨勢。比較有趣的是「V型」，即是兩人關係在更分手的時候驟降，但隨著時間像是運動鞋Nike的商標一樣逐漸回升，「倒V型」則與之相反。

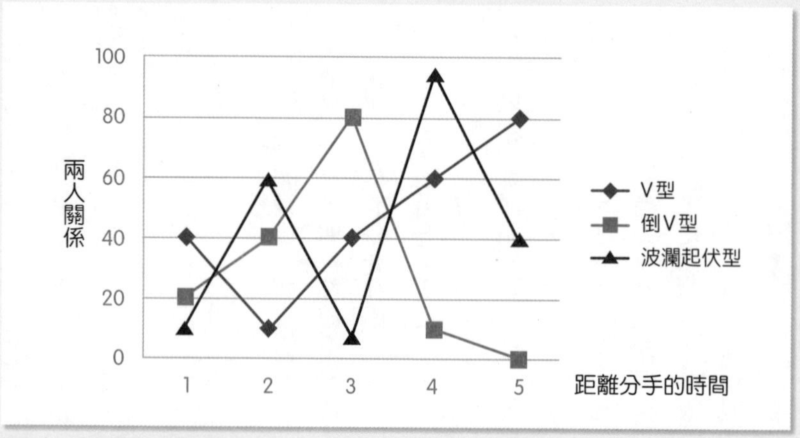

圖一：後分手關係（一）

其中，最糟糕的是「波瀾起伏」型，兩人的距離忽遠忽近，關係倏好倏壞，使人感覺到焦慮萬分、不知道該如何調適。

凱拉絲教授發現，儘管六成的人的後分手關係呈現「倒V型」或「越來越糟型」，還是有兩成的人是屬於「V型」或「越來越好型」——這些漸入佳境的人們，比起其他人更滿意自己和舊情人的關係。

讀到這裡，你可能跟我一樣好奇的是：什麼樣的情侶，可以和舊情人在分手之後，仍然保持良好的關係呢？雖然凱拉絲教授並沒有為這個問題提供答案，但其實早在十年前，亞利桑那大學（University of Arizona）的愛咪・芭絲布（Amy L. Busboom）和她的夥伴就為這個問題做了一項相關的研究⑤。她想知道的問題，其實也是許多人感興趣的「老問題」：分手之後，究竟能不能當朋友？

愛咪教授調查了386位經歷過分手的學生，得到的答案是肯定的。其實有63%左右的人仍然可以和前任情人當朋友。縱使這些後分手關係有許多障礙（Barriers），

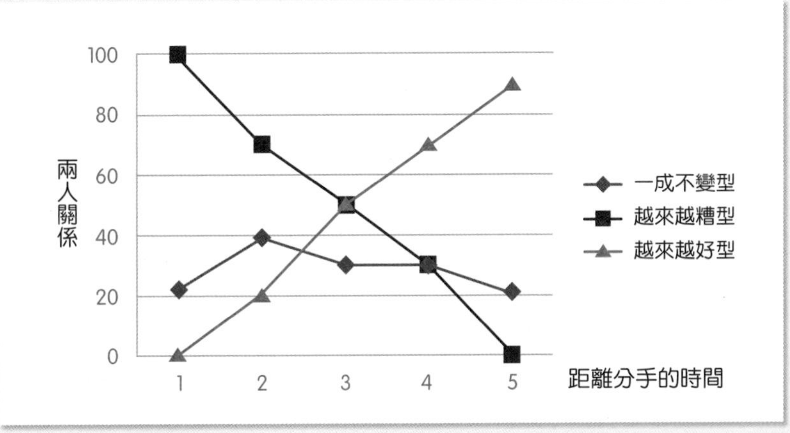

圖二：後分手關係（二）

比方說講話時會尷尬、不知道如何面對舊情人的新伴侶等等，但他的研究也指出了一個有趣的現象——**有些人能繼續當朋友，並不是因為他們沒有遭逢任何阻礙，而是因為他們在這段關係裡面所獲得的「資源」（Resource），比起「障礙」（Barier）還多**。例如：你的舊情人可能是溜冰健將或鋼琴老師，即使在分手之後，對方還是能教導你這些技能，你與他的關係就比較可能延續。

「撇開感情的部分，他真的是一位很棒的心靈導師。他總是能一眼看穿我作品或思考上的盲點，甚至當我人生遇到困境瓶頸時、當我向其他人撒嬌取暖時，他總是不媚俗、一針見血地點醒我。雖然，我跟他是不可能再當情人了，但是我真的很慶幸身邊還能保有這樣一位有智慧的朋友。」一個讀設計的朋友跟我分享她與前男友近期的相處模式。

就是這種典型的後分手朋友關係——當對方還有「利用價值」的時候，我們就傾向將這段關係延續。

後分手關係一定要建立在如此「功利」的考量上嗎？在艾咪教授的實驗發表十年之後，美國聖路易斯大學（Saint Louis University）的布洛克・梅林達教授（Bullock Melinda）和他的夥伴做了一個類似的實驗，結果卻跟艾咪教授有些不同。

布洛克教授比較重感情，他相信，如果兩個人交往的時候感情還不錯，應該可以有比較好的後分手關係。果不其然，他調查的131位大學生所得到的結果支持他的推論——在一起時越幸福，分手後越可能繼續當朋友⑥。

無法只是普通朋友？

本來寫到這裡就可以結束這一段了，可是，康涅狄格大學（University of Connecticut）的卡爾・史奈德教授（Carl S. Schneider）與大衛・肯尼教授（David A. Kenny）卻提醒我們，對於這些曾經有肌膚之親的舊情侶來說，「朋友」這個詞，或許比我們想像中還要複雜⑦。他們徵求了271位歷經分手的參與者，請他們評估自己和舊情人的「柏拉圖式友情」（Platonic friendship）[1]，以及這種友情與其他朋友的友情是不是有所不同。結果顯示，在分手以後，**我們對那些「還是朋友」的舊情人仍然抱持著負面的情緒和看法，而且心裡還有一絲性與肢體接觸的慾望和期待**——這些，是一般真正的普通友情中不會出現的。

其實，在艾咪、布洛克以及卡爾三位教授的研究中發現，還有許多因素會影響兩個人的後分手關係，但整體來說，我們大概可以歸結出三點結論⑧：

- 分手後，大約有一半以上的人可以繼續當朋友，尤其是還需要對方、或分手前感情很好的舊情人們。

■繼續當朋友的人，大約是每兩到五週見一次，當不成朋友的人則幾乎不見面③。

■但無論如何，這段友誼總是充滿各種挑戰與障礙，包括心裡面的疙瘩與身體上的慾望。

或許我們難以找到一個好的定義，說明究竟什麼是「普通朋友」，但是**分手後的普通朋友，通常都「不再普通」**了，或者至少跟其他朋友相當不一樣。所以，當你考慮是否要小聲地問他：「還是好朋友？」的時候，不如換個角度問問自己：「**為什麼分手後還要當朋友呢？你是真的很想跟他當朋友，還是這只是「退可守」的一種非理性思考，實際上還是想著有一天是不是他又能重回你的懷抱？**」⑨

分手後，我還能做些什麼？

「我清楚所有的遊戲規則，但我不知道如何離開你？」

——空中補給（Air Supply）〈Making Love Out of Nothing At All〉

分手真的那麼難嗎？於丹佛大學（University of Denver）任教的加利納．羅茲教授（Galena K. Rhoades）可能會贊同空中補給的說法⑩。羅茲教授邀請1295位歷經分手的斷腸人來參加她的研究，如我們所預料的，分手之後我們會感到失落、不快樂，但是有兩種人這樣的不快樂比較少一點。第一種是已經有了新對象的人（這或許並不意外），第二種是在分手之前關係（Previous Wave）就不錯的人（這也和布洛克．梅林達教授的發現雷同）。在羅茲的研究中雖然有些人也覺得分手是種解脫，但羅茲也坦承，整體來說要走出分手的確是不容易的。

給被甩的人：回到自己的三個方法

倘若你是被甩的那一方（Rejectees，又稱被動分手者），剛分手的那段期間，腦袋裡可能會充斥著「如果」、「要是」、「會不會」等等設想。

像是「如果我現在打給他，他會不會覺得我很煩？」、「或許他是在躲我、不想看見我吧？」、「如果我不要再那麼幼稚，他會不會回心轉意？」、「我想去找他，跟他說聲對不起，不知道這樣有沒有用？」、「我不懂，為什麼他可以說變就變、說分開就分開，留我一個人在這裡狼狽難堪？要是當初我先甩了他，現在也不用這麼難過……」等等。

離開對方固然充滿困難，卻也有跡可循。當我們不知道如何處理自己的感受或想法的時候，最簡單的方式，就是將重心從「大腦」轉移到「手腳」。也就是說，與其去「思考」如何離開對方，不如「做」一些事情，讓自己逐漸適應沒有對方的生活。下面提供三個方法給被甩的傷心人參考：

(1)覺察自己的情緒（Emotional Awareness）

「原來，這段日子我以為自己好很多了，其實都是假象……我還是一直注意著他、並沒有把重心放在自己身上……我應該要想想自己，而不是想著該怎麼讓他回來……可是，不去想真的好難、好難！尤其是看到他快樂開心的照片，我感到更難過。就算是沒有我的日子，他竟然也可以過得很開心，我覺得很氣自己、很恨他，卻又很捨不得離開他……」一個多年的好朋友剛跟交往七年的男朋友分手之後，情緒就像春天的天氣一樣，時好時壞。**很多人都以為被甩的一方，會成天以淚洗面、衣食不振，其實並不一定**。前一章有談到，分手是自我重建、再清晰化的過程⑩。比較典型的分手情緒波動，是如同上述的「起起伏伏」。可能會有一陣子想好好振作，心情稍微好轉了，但是過了一陣子又會想到自己和舊情人的種種美好回憶，想到那些曾經的承諾已經無法再實現、那些曾擁有的溫暖將永久消失，又不由得悲從中來。

在這樣反反覆覆的情緒浪潮中，我們究竟該如何自處呢？

「諮商師跟我說，請我試著先面對自己的情緒……她說，我明明很難過、很緊張，很不甘願，卻又一直跟自己說：『我很好』、『沒有他我也可以好好過』……可是，我真的不知道該怎麼辦，這好抽象，怎樣才算面對自己的情緒呢？」

方才提到的那位朋友後來尋求心理師的協助，在治療中她有了不少體悟，但是還是不曉得該如何「面對」自己的情緒。如果你還記得的話，上一章我們有談到一項面對情緒有效的方法就是「**書寫**」。我們研究團隊與國外的諸項研究結果均一致地顯示，特定的書寫方式能舒緩負向情緒、減低憂鬱、並增加自己對事件的體悟與了解⑪⑫。除了先前談到的心理位移書寫法之外，你也可以嘗試許多心理師在諮商治療時常用的一些書寫方法。

ⓐ**第一念書寫（又稱作狂野寫作）** 這個書寫方式不像心理位移那麼複雜，只要想到什麼寫什麼就

可以了，最主要是讓你有機會將情緒、雜亂的想法像是倒垃圾一般傾瀉出來——不過，寫的時候要注意幾個基本的原則：

■ 請直接寫下「出現在你腦海中的文字、詞句」。不需注意文法、錯別字、拚音、標點甚至可以用畫的、塗鴉的都可以。只要把握核心原則「一直寫、不要停」比方說像這樣：

……煩悶討厭很其鑵我只是想說為什麼會這樣音樂本來不就是要讓人心情放鬆的發他走了我該怎了半能淑果沒有他ㄉ話我一個人要怎樣在這世界生活下去琦是我次知道該怎麼樣解釋這十心理的感受我只是想一味地跟他說火很愛她心旺她不要走可是他這一陣子對我的態度好冷淡我根本不知道要從哪裡說起每次面對它我就有一種說不上來的恐懼趕我只是想趕快逃離這個世界原先我們不是很恩愛的媽原先不是還說好要出國去玩的媽結果他說變就變完全沒、有顧慮我的感受虧我還這麼信她原先以為我可以就這樣跟他走一輩子沒想到都是我太舵天真字做多情現在我們連朋友都當不成了要要怎樣開始……

■ 如果你發現自己停下來，不知道該寫些什麼的時候，可以試著用「其實我想說的是……」做為開頭，一般來說，又會立刻「文思泉湧」請給自己定一個時間（例如：五分鐘或十分鐘），在那之前不要停筆或停止打字。

■ 寫完之後，可以找一個你信任的人，大聲讀出你寫的內容。如果這會讓你覺得不舒服，或是找不到十足信賴的人，也可以省略這個步驟。主要是為了讓你重新經歷、詮釋、理解你所寫的。

狂野寫作是一種結合情緒抒發語與自我反省的方式，更重要的是——如果沒有人願意聽你說話，紙張就是你最親近的朋友！倘若你想對這個方法有更多了解，可以參考娜妲莉．高柏（Natalie Goldberg）的著作《狂野寫作》⑬。

ⓑ寫一封再見信給對方　感恩和寬恕是另一個讓自己走出負面情緒的重要方法⑭。美國傷心療癒協會創辦人（John W. James）與他的夥伴羅素傅里曼（Russell Friedman）在暢銷書《一個人的療癒：真正的放下，是你不介意再度提起》的最後一章，提到了感謝伴侶、原諒對方、並告別悲傷的方法是寫一封療癒信⑮。

- 找一個沒有人干擾、安靜的空間與完整的時間。
- 用過去最習慣的方式，稱呼對方（如暱稱、名字、或寶貝）。
- 以「親愛的＿＿＿＿，回顧過去，有些事情我想告訴你……」開頭。
- 寫下四組句子，每組三句，分別以「對不起」、「我原諒你」、「謝謝你」、「我想讓你知道」等做為一句話的開頭。
- 在信的最後和對方道別，記得一定要說「再見」。

為了方便了解起見，我這裡也舉了一個例子給大家參考：

親愛的兔子，回想我們過去的關係，有些事情我想告訴妳。

兔子對不起，我沒有在妳最需要的時候，給予妳需要的東西，所以妳後來會感到心寒，我也能體諒。

兔子對不起，我很膽小、一直沒有給妳一個名份、一直不敢公開我們的感情，甚至每次走在馬路上，看到熟識的人，都還要把妳的手甩開，裝做不認識。我很不捨，也知道那對妳來說是非常大的傷害，但我竟然還是做了……

兔子對不起，我不夠成熟，總是猜不透妳在想什麼，也不知道妳一直都在忍耐著我的任性與固執，對不起，我沒有讓妳享受一個女朋友應該擁有、最基本的快樂與安全感，反而讓妳承擔好多的委屈。

兔子，我原諒妳，原諒妳在離開我的前夕，對我很冷淡，因為我知道唯有這樣，妳才能真正地離開。

兔子，我原諒妳，原諒妳在我最忙碌最需要幫助的時候，對我不聞不問，因為我知道，那個時候妳已經心灰意冷，換做是我，可能也會這樣做。

兔子，我原諒妳，原諒妳在離開我以後，過著快樂的生活。雖然我感到很不甘心，心想為什麼妳一點都不傷心，但是後來我發現，其實，妳不是不難過，只是，難過的時間比我提早了一些。我很懊悔我的後知後覺。

兔子，謝謝妳，謝謝妳這段日子教了我很多，即使是在多年後的今天，我還是常常想到妳說過的話。

兔子，謝謝妳，謝謝妳對我的魯莽與不體貼百般忍讓，謝謝妳接納我總是一直像孩子一樣長不大。

兔子，謝謝妳，謝謝妳陪了我這麼長的一段時間，這些時間妳本來可以陪更好、更值得的人，但是妳卻把它留給了我，我很感動妳為我做的這一切……

兔子，沒想到不小心說了這麼多……直到今天，我才發現妳當時真的很愛我，我也是。我想這樣就夠了。我由衷感謝那時，用生命在為彼此付出的，可愛的我們。

我想我必須停筆了，再見了，兔子！

不論是心理位移、狂野寫作、或分手告別信，透過書寫，我們比較能誠實面對自己的情緒，重新回到事件發生的現場，並從中發現這段關係並不是經營失敗，而是彼此都忽略了該小心珍惜的關鍵時刻；接受他離開，接受自己，接受並沒有誰對誰錯，只是誰先不愛了而已⑨。

(2)感受自己的身體

你拿著手上這本書多久了呢？在你讀這些文字的同時，可曾感覺到手指與紙張接觸時的觸感、臀部與椅背間，肌肉所承受的壓力呢？當我們在情緒中失去自己的位置、在思索過去中受困，最簡單的方式就是回到當下、回到自己的身體與感受，這就是我們先前提到多次的「內觀」（Mindfulness）。

過去許多研究都指出，嘗試細緻地感受自己的身體，可以有效地讓自己從壓力與負面情緒中解放、走出抑鬱的感受。覺察程度較高（Awareness）的人除了有良好的人際／親密關係之外，也過得比較幸福。目前台灣已經有不少介紹內觀的書籍⑯－⑱，在這邊也簡單地介紹一位心理師蒼木提供的「感受身體的步驟」：

ⓐ**調整呼吸**：請先將注意力放在呼吸上，調整為「腹式呼吸」。

- 試著讓吸進身體的空氣更長一些，你可以嘗試在心裡默數：「吸、2、3、4」將空氣緩緩吸入肚子裡面。
- 再緩緩呼出，默數「吐、2、3、4」。
- 每次數的時候，請留意空氣經過你身體的感受。有沒有感覺哪裡緊緊的？

ⓑ**帶領覺察**：用你的非慣用手（比方說左手），帶領你對身體的覺察。

- 輕輕閉上眼睛，將手指碰觸頭頂中央，感覺這兩個身體部位相接觸時的感覺。將注意力放在頭頂上，能感受到血管的跳動嗎？
- 再將手放到臉上，感覺臉頰的溫度，盡量給自己多一些時間去體會。你有多久沒有好好撫摸自己的臉頰了呢？
- 接著，將手放在脖子，感受你呼吸時，頸部的起伏。是否感覺喉頭緊緊的？還有什麼其他的感受嗎？
- 往下將手放到胸口。是否感覺到悶悶或熱的？能感覺到自己的心跳嗎？請嘗試繼續慢慢地調整呼吸，看看是否能改善這樣的感受，讓自己舒服一些些。
- 最後將雙手放在腹部，感覺腹部隨這呼吸的起伏。試著讓自己和呼吸「共在」，請花三到五分鐘做這件事情。如果這個時候你想到了別的事情，請將專注再拉回到呼吸上面來。

ⓒ**與身體說話**：持續感覺身體的每一個部位，跟它們說說話。

- 你覺得身體要跟你說什麼？你的胸口、喉頭、胸部或腹部，是不是有一些累積的言語想對你說？

例如：「我覺得壓力好大」、「我好想要休息……」、「你可不可以不要再這樣折磨我？」等等。

■ 那麼，你想跟你的身體說什麼呢？例如：「對不起，讓你受苦了」、「我以後會好好對待你的，乖……」

如果你去翻閱書局的心靈成長區的書，會發現不少激勵人心的想法也只是「想法」而已。作者可能會跟你說，要正面思考、要肯定自己，可是如果你真的陷在憂鬱悲傷中，你會發現你根本做不到——當許多事情都跟你原先的期待不同，要如何讓自己靜下心來正面思考？

值得慶幸的是，在你對一切都失去控制的時候、當你無力改變任何事實的時候，你還可以控制自己的身體、感受自己的呼吸。把握住這個小小的控制感，從自己的身體開始，一步一步地走出悲傷與難過。所以請不要只是看、只是想像而已。想像並無法真的讓自己改變，如果你真的希望好過一點，請放下這本書，試著和自己的身體相處。

(3) 轉移注意力（Shift Attention）

還有一個最簡單的方式，就是停止想東想西，做做別的事情——這也是為什麼很多人分手之後讓自己很忙、沒時間想對方。常聽人說「情場失意，商場得意」，認真工作可以轉移注意力，讓時間來沖淡一切。

這真的有用嗎？以色列著名的親密關係研究者馬力歐．米庫林瑟（Mario Mikulincer）指出，**金錢或工作成就雖然不能彌補感情的創傷，但是的確可以讓你暫時好過一些些**⑲。如前一章所說，分手後的憂鬱，一部分來自於我們開始懷疑自己存在的價值。工作上的成功可以當作一個重建自我價值的起點，並且從裡一點一點地建立起自信。

給提分手的人：理性分手的四個要點

大部分談論分手適應的文章或書籍，都比較將焦點放在「被甩的人」身上——畢竟幾乎所有研究都指出他們是比較傷心難過的一方①⑳-㉔。可是，這並不意味著提分手人的不會面臨心理的壓力，更多時候，他們是長期承受痛苦、忍氣吞聲的一方，現在終於選擇為自己而活，卻不知道該如何開始。

下面我們將討論如何在對一段關係失望後，堅定地與對方說：「我想分手！」

(1)表達真實的感受

正所謂解鈴還須繫鈴人，前一章我們曾談過，被動分手者最不能接受的是「不清楚分手的原因」，所以**第一要務是將你的感受、覺得無法再經營下去的理由說明清楚——不論對方是否能夠接受**。因為你的責任不是讓他接受，而是清楚表達自己的決心和感受。

提分手的人最需要注意的，不是怎樣說，對方才不會太過難過，**因為你不論怎麼說，他都會很難過**。真正該好好規劃的，是如何將你真正的感覺如實地表達。

- 選擇一個好的時間與地點，不需要太過正式，也不一定要約在一個高級的餐廳，重點是彼此能不受干擾地聽對方說話。

- 求婚的時候，我們都會搞一張小抄，分手的時候亦同。你可以把想說的話先寫下來，歸納大綱，以避免到時臨場為了安撫對方的情緒，沒有說出自己真正想說的東西。
- 避免人身攻擊，盡量使用第六章提到過的「XYZ表述法」。
- 如果你覺得衝突不斷升高、很難繼續，可以先暫停，另外找時間再談。不一定要急著做決定。
- 最後，一個重要的概念是：如果你經過仔細思考，發現分手還是比較好；也多次嘗試溝通和處理，但是效果不彰，那麼其實你只需要盡到「告知」的義務就好，不需要「徵求對方同意」。因為，**在一起雖然是兩個人的事，分開卻只需要一方認定就可以了**。

(2)身體／心理疏離

適當的身體／心理疏離是離開一段關係、解除雙方聯結最重要的方式。試著想想看，當初你們是如何在一起的呢？逐漸增加的見面頻率與觸碰身體的面積、常常通電話或丟訊息、開始關注到雙方的近況等等。這些滲入彼此生活的方式，現在都得「反向操作」。

幾乎所有的研究都指出，共處的時間（包括想到對方的時間）是一段關係維持的關鍵[25][26]；如果你不希望這段兩敗俱傷的孽緣繼續，比較好的方式就是減少見面接觸與相處的機會——換個角度想，如果甩掉你的前任情人還是繼續約你，讓你牽他的手，你願意相信他想離開你嗎？或者，會讓你覺得還有機會挽回？

(3)接受循環

表一：「分手程序」表

階段	行為感受	階段	行為感受
1	沒感覺了、失去興趣	9	試圖改變調整
2	注意到其他人	10	注意到其他人
3	變得冷漠	11	變得冷漠
4	試圖改變	12	與其他人開始約會
5	身體疏遠、逃避	13	重新在一起
6	失去興趣	14	考慮還是不適合
7	考慮到分手的問題	15	過一天算一天
8	表達感受	16	最終還是分手

（翻譯自 Battaglia, D. M., Richard, F. D., Datteri, D. L., & Lord, C. G.（1998）. Breaking up is（relatively）easy to do: A script for the dissolution of close relationships. Journal of Social and Personal Relationships, 15（6）, 829-845, 表三）

保持距離說起來簡單，實行起來非常不容易。比較可能的情形，是你仍然被對方的情緒所牽動，當對方哭著鬧著祈求你回來，你又會不忍心、或是重新問自己：「我們難道不能再試一試嗎？都已經交往這麼久了……」

因此，我們必須要接受一件事情：**「循環」（Cycling），是後分手關係典型的現象**。曾任教於惠特曼大學的迪娜．巴塔利亞（Dina M. Battaglia）與她的夥伴收集了80位學生的分手經驗，請他們列出分手前後的一些重要轉折點與事件，結果顯示大學生在分手之後，大部分會經過上面表一的16個階段[27]。

發現了嗎？裡面有很多階段是重複的[2]！你可能一開始只是對他失去興趣，減少約會的次數；後來又出現不同的人，因為，你不再那麼喜歡舊愛，於是對他開始冷淡疏遠。當然，跟新歡相處的時候，偶爾也會想到舊愛的好，於是你可能會想再試著經營看看、或是就這樣拖著拖著過一天算一天。當然，也可能爆發衝突然後分手，過一陣子又不適應一個人的生活，結果又復合等等……在許多後分手關係裡，這種反反覆覆、拉扯不斷的戲碼，每天都在上演。

「我真的……不知道該怎麼辦了！一直到今天我才發現，這陣子以來，我的心思都是以『讓他回頭為目的』……雖然他先前回頭過兩次，但是後來又離開了！這表示，我和他之間一定還有很多問題我沒有處理、或是沒有看到……」

為什麼有些人總是無法拿定主意斷乾淨？德州大學奧斯汀校區（University of Texas at Austin）的勒內．戴利（Rene' M. Dailey）認為，像這樣分手又復合、復合又分手的行為㉘㉙，是一種重新確認自己需求的方式。兩個人在一起，一定滿足了一些彼此缺乏的東西，但分開之後，這些東西就像是「被沒收」了一樣，當然對於雙方來說都會有很多的不適應。唯有這樣分合一段時間過後，才會變得比較清楚自己要的是什麼。

⑷必須的冷淡

簡單地說，要斷得乾淨是很耗費時間精神的，但的確可以用一些方式讓我們比較快不脫離對方的叨擾——「三個月內安撫且不要責怪彼此，六個月內逐漸減少接觸，六個月後如果對方比較能放寬心，可以偶爾聯繫，如果一年內對方還無法釋懷，最好是拉長冷淡的時間。」㉚

一個朋友和我分享他與前任情人分手的時候，對方留下的最後一段話：

「以後，我們有機會或緣分的話，或許還能繼續當朋友。但是現在，可能很難。」她留下這句話之後，就斷了所有跟我聯繫的方式，消失在我的世界裡。那時覺得她很殘忍、很恨她、甚至不解，為什麼她可以做到這麼絕，但是現在卻很感謝她。如果，當初不是她的果決，現在的我們可能還在糾纏浮沉。

冷淡很殘忍，但也很必須。從勒內．戴利的研究中看來，反覆地心軟只會延長傷痛與分手的時間。要狠心離開曾經的深愛並不容易，尤其是要忍受罪惡感的煎熬，更讓自己很難堅持不聯絡。可是，對於還無法離開你的他來說，反反覆覆的分分合合會造成更大的不確定感與不安——這當然也不會是你想要的幸福[3]。

給傷心人的朋友：死黨情傷，我能幫上什麼忙？

其實，不只是被甩的人難過，他們的朋友也常常不知道該怎麼辦才好——出去玩的時候要避免談到與對方舊情人有關的事、避開他們曾經有回憶的地方、鼓勵他多出來不要悶在家裡；但是當自己真正拉他出門之後，路上牽手擁抱的比比皆是，又會讓他觸景傷情。和他討論過去感情怕他傷心，避而不談又怕他覺得自己不夠關心他，似乎做什麼都不對！

明尼蘇達大學（University of Minnesota）的一項研究也指出，面對一些比較敏感（Neurotic）的心碎者，周圍的這些**朋友不論說什麼、做什麼，都可能會讓他勾起不愉快的回憶**——但這並不表示陪伴是沒有效的——但整體來說，朋友的陪伴，會讓人在分手之後，有更多的體悟與成長，對女性來說，姊妹的支持更為重要㉛。這就像憂鬱症的個案在不就醫的情況下，很難光靠朋友陪伴就痊癒，可是，在憂鬱發作的時候，朋友及時地拉一把，就可以阻止個案自殺，避免悲劇發生。

前陣子有一位讀者跟我分享了朋友陪他一起走過情傷的經驗：

「其實我很感謝我麻吉，在我最低潮的時候一直陪在我身邊。我知道他工作很忙，自己也有女朋友要顧，但是他請了兩天假，陪我到淡水走走，雖然整個過程我都很鬱卒，畢竟淡水總是充滿情人的倩影，而在熙來攘往的閃光中，我似乎也看到過去我和她的影子……我們坐在阿給老店前的渡船頭一邊喝啤酒一邊哭了好久，他什麼也沒說，只是默默地遞酒給我，偶爾望望遠方的夕陽……」

需要注意的是，當我們陪失戀斷腸人去散心的時候，盡量不要告訴他下一個會更好（但是我們卻常常習慣這樣做）。

我們總是傾向與相似的人當朋友，也喜歡價值觀跟自己雷同的人，**失戀的人也希望有同病相憐的朋友**。憂鬱的人容易認為自己「不值得」過得好，因為自己很糟、被拋棄、被否定、被踐踏是理所當然的㊳。失戀者更是如此，他們藉由否定自己來保護還依戀的他或她，也正因為他們還滯留在悲觀的航道，此時，跟他們提及未來、提及他們還有很多希望和正向的可能，只是拉遠你和他的距離。他可能會覺得：「你都不懂我，只會說一些膚淺的話來安慰我。」**我們真正能做的，就是陪伴，同理，然後等待時間過去。**

傷心轉捩點：分手後的路，究竟有多長？

最後一個我們可能會問自己的問題是：究竟什麼時候，我才能走出這個悲傷的洞口？如你所預期的，愛得深也傷得深，當初投入的感情越多，分手之後也傷心越久。

被動分手者（被甩的一方）通常需要用跟「交往時間」相同長度的光陰，來調適與療傷，只是仍然有些關鍵的體會，影響你是否能走出來，又要花多久走出來。這項體會，就是寬恕。

什麼是寬恕呢？心理醫師李文斯登（Livingston）在一本書中曾提到：「寬恕，不只是放手而已。」㉜很可惜的是他並沒有告訴我們，在放手之外，我們還能做什麼？

這裡提供一種協助自己放下、寬恕的想法：感恩。從開始感謝舊情人那一天起，陽光才能透過烏雲照耀進你的大地，這就是分手後兩人關係的轉捩點④。

「每次，我想到之前的女朋友離開我很難過時，我就會想起那天那夜那個晚上，她犧牲最重視的睡眠，撐著紅通通的眼睛幫我趕推甄的資料，凌晨時，累倒在沙發上的光景；想起落榜當天的下午，她按捺著比我還要難過的心情，悉心安慰我抑鬱的傷心。她的笑容與關心，都是那麼的真實，真實到不用捏自己的臉頰也願意相信。想起這些，就能悄悄地證明，愛情不是一場夢境，而是一個美麗的曾經。這些曾經不會消失，它化為你生命中的一部分，陪伴你走接下來的人生。偶爾想起這些記憶，你會發現，原來他一直都在，只是以另一種形式陪伴你。」㉝

在這個時候，我們只要感謝就好了。感謝什麼呢？感謝他曾經陪你走過那麼多風雨的路途，感謝他曾經愛過你，感謝他曾經將生命中最美好的片刻留給你，與你分享、陪在你身邊。縱使他可能在你最需要的時候遠走，但這並無法反駁過去他對你的好、對你的愛、對你的用心。如果他不曾真心愛過你，你還是可以感謝他，因為他給你一個改變的機會——雖然這個改變有些痛苦，卻也是一種體會，這段體會，讓你比過去的自己長大一些。

事實上，並不存在所謂的「快樂成長」，至少「快樂」無法讓我們一夜長大。相反地，**人們總是在生命中經歷重大負面事件的時候，才能瞬間改變，也同時逼迫我們去面對過去自己積習已久的缺點。**

你永遠都是「有選擇」的

一位好朋友在閃電結婚之後二年，又閃電離婚了。想起一年前喝他們的喜酒、我特地包了一千七百九十九元的紅包，祝福他們在一起天長地久；想起在婚禮上，她父親牽起女兒的手交到他手中的畫面，背景音樂傳出梁靜茹的《小手拉大手》等等，心裡滋味真是五味雜陳，難以形容。

「如果再讓你重新選擇，還會跟他結婚嗎？」我問她。

「我想可能還是會吧。」她簡潔地回答，但好像又想要接著說什麼。

「為什麼？」於是我接著問她。

「因為真正主導你人生幸福的，不在於你是否做對了選擇，而是選擇本身。選擇跟他結婚的我，選擇跟他離婚的我，都是我的一部分。選擇走出來，選擇不再緬懷，選擇承認那些回憶是美好的，選擇接納自己是矛盾的等等。」

西方著名的動機理論「自我決定論」（Self Determination Theory）中主張：一個人之所以能過得好，最主要是因為他有所選擇，並且接納、滿足於自己的選擇㉞。

在戀愛中是也一樣的。**放手讓他走，並不是你給的最後溫柔，而是給彼此更多選擇的自由。因為我們永遠無法承諾未來，承諾究竟是誰能給誰比較多幸福，不如選擇放下比較，留下祝福。沒有誰被欺騙、沒有誰被背叛、沒有誰得負起全部的責任。畢竟當對方愛你的時候，都是打從心底真正的愛你，而當對方不再愛你的時候也是誠實地離開，又何來欺騙之有？**過去的路我們曾選擇一起走，未來的旅途暫時得自己過，**大度地揮手互道珍重固然困難，但頻頻回首只會讓自己走得難上加難。**

傷痛的意義

童話故事《綠野仙蹤》（The Wizard of Oz）裡的鐵皮人因為沒有「心」，而向奧茲國的魔法師祈求一顆心。魔法師對鐵皮人說：「其實，你應該慶幸你沒有心的！心一點也不實用，除非它能被做的無堅不摧（Hearts will never be practical until they are made unbreakable.）」㉟。

在一篇著名的網路文章中，一位年輕人走在路上，一副傷心欲絕，胸痛欲裂的模樣，蘇格拉底看了覺得很同情，便問他：「年輕人，為什麼傷心？」年輕人回答：「我失戀了……」蘇格拉底聽了，便很有智慧地回答：「哦，這很正常。如果失戀了沒有悲傷，那麼戀愛大概也就沒有什麼味道。」㊱

不論是蘇格拉底或是魔術師的話語，看來都在傳達一個概念是：「**世界上，不存在不會受傷的**

心。唯有具有受傷的可能，才是一顆真實的心。」分手固然令人傷心，的確會讓你痛苦萬分，但沒有經歷這樣真實的痛楚，我們也無法真實感覺到生命的溫度。

就像大多數的愛情故事一樣，**再悲慘的失戀最後大都能再找到一個新的起點**㊲㊳。作為自己生命的主角，我們或多或少都是希望被愛，而小心翼翼地打開自己的心門，選擇了當初自己認為對的那個人。但，卻在愛的路途中跌跌撞撞，一次又一次地失望。有時我們甚至懷疑自己，懷疑愛情，懷疑眼前自己的這雙手，是不是還有愛人的能力。

但，我們始終還是能愛的！曾經聽朋友說過一句很有意思的話：**兩個人是幸福，一個人也可以很快樂，而寂寞的，是變成半個的人。**

這章我們從不同的角度，回顧了分手後的關係與因應方式，主要想要傳達的一個概念是：分手之後，我們不一定要苦苦挽留、也不必急著重新找另一個人陪伴；**真正該找回的，是自己原先就擁有，卻因為對方的離開而失去的那半個自我。**

當你終於可以擁抱自己，輕閉雙眼，再轉個彎，或許就能看見柳暗花明的村落。

註解

❶指和舊情人形成保有感情連結卻沒有性接觸的關係。

❷雖然不是每一個人都會歷經這些階段，順序也不見得相同，但是迪娜這篇研究的確指出一些關鍵的轉捩點，也闡述了許多轉變的歷程。

❸但如果你的舊情人出現了暴力的傾向，請尋求法律或專業的心理師協助。

延伸閱讀①－㊳相關內容，請參閱大真文創出版公司網站http://www.bigtrue.com.tw/about-love/research/。

Chapter 16

相信愛情

重拾最初愛的感動

「我們年輕的時候，我都載著阮某去環島，一年都一定一次……」一位八十一歲的老阿伯穿著帥氣的皮衣叉著腰說著。

「有一次傍晚風景很美，夕陽照到水面上，她心情很好就說：『桐啊！桐啊！我能再被載多久，可以再環島多久？』我就笑跟她說：『我若是八十歲還沒死，我一定再載妳，』哪知道過兩三年，她就懶得呼吸了……」

阿桐阿伯從口袋裡拿出兩枚一元銅板，在太太的相片前誠心地問：

「老婆，我有在想要載妳去環島，妳如果也希望我載妳，就允個聖杯……」

銅板在地上叮叮撞擊了兩下，不做半點猶豫地就出現一個正面，和一個反

面。

「這才是阮某！到死了都還挺我……」阿桐阿伯語帶哽咽地說。

幾天之後，阿桐阿伯在機車的車頭燈前安置好了太太的照片，帶著她一起完成環島的壯舉，也實現當初的諾言。

——引自二〇〇九，《不老騎士》記錄片

有一次我和一位從事諮商工作的朋友約在台北東區一家著名的下午茶店，談到我們團隊做的愛情研究，以及我寫這本書的心路歷程。我坦白地跟她說，有時候想想，我們所做的這些事情，究竟對社會有什麼貢獻呢？

我說，人類是一種相當受社會情境所影響的動物，今天迎面來了一位美女給你一個笑容，就能影響你的決定，昨天和伴侶吵了一架，就可以影響到你今天工作的心情，一邊擔心著明天要交的企劃或作業，也會讓你今晚輾轉難眠。甚至，一週後才要去玩的地方，上個月忘記繳的帳單，都能糾結你的大腦，纏繞你的思緒。因此，我們所描述、所操作的現象，看過的人或許會感動，或許會心動，或許會想試試看這些方法有沒有用，但也或許，幾天之後，他們就忘了，所做出來的事情，便與之前沒有什麼分別了。

她聽到這麼長一串的話，沒有露出不解的表情，只是微笑地看著我，然後拿起桌上的紅砂糖聞了一下，又放回原本的位置。

「所以你覺得，你不知道自己在做什麼？」她說的話，同理，並且歸納述說者談話的內容，果然是諮商師最基本的技能之一。

「嗯，或許是吧。」這是我面對自己也不確定的問題常用的回答方式。

然後，她停頓了一下，像是猶豫了很久終於下定決心深吸了一口氣，緩緩地開始說。

「雖然有時候我們意志是薄弱的、渺小的，能做的事情是有限的，或許連自己的心都管不好，但也正因為這樣，改變才是可能的。或許大家曾經在感情上跌倒了、受傷了、走不下去了，偶然看見這些文字，觸動了內心柔軟的某一塊地方，並試著要開始做一些什麼，讓彼此能過得更好，這樣就夠了。或許某一天，的確像你所說的，我們忘記了最初牽手的溫柔、忘記第一次擁抱的感動、忘記一起坐在客廳相倚的單純美好小幸福，甚至忘記在讀這本書時曾經的領悟。但是總會有一些訊息提醒我們，不要放棄改變的可能。或許只是韓劇女主角的一句話，談話性節目中主持人開的一個玩笑，對方在客廳桌上留下的一張字條，或是手機裡頭的一通未接來電，都可能促使我們重新去思考，一段關係是否值得經營？是否還有所轉圜？又該怎麼做比較好？於是重新拾起書來翻翻，找回原先自己失去的東西。」

我很喜歡跟這位朋友聊天，因為她總是能一邊認同我的說法，一邊帶著我看到事情的另一面。如同她所說，正因為我們是不完美的、記憶是不可靠的、個性是矛盾的，甚至有時候正在著手做的事情，與自己的意念是相違背的，所以我們才需要一個人，在身邊關照我們、陪伴我們、提醒我們——雖然，這個人並沒有義務要這麼做。

無止盡的答案與問題

從第一章開始，我們就試圖提出各種不同的問題：為什麼要談戀愛？我為什麼會愛上她？他又為何不愛我？為什麼在一起之後，感情會生變，感覺會不見？為什麼她總是不替我想想、總是不願先低頭道歉？為什麼每次他總是無理取鬧？為什麼每次都是我先退讓？為什麼他總是不聽我說？為什麼他變了，變得不再愛我了？為什麼他說，我沒辦法給他未來？為什麼他要走？他走之後，留下我一個人，該怎麼辦？愛情永遠沒有一個完整的答案，**因為每個人、每段感情，都不一樣**。

帶領我們實驗室的林老師，在幾場演講之後，台下的聽眾也總是提出各種千奇百怪的問題。這些問題有些是提過的，有些是不曾觸及的，但無論如何，他都沒有辦法直接給出一個適切的建議。比方說，台下曾經有一個聽眾舉手問他：

「老師，你不要說這麼多理論，我聽得霧煞煞。你只要告訴我，我老公昨天跟我吵架說要離婚，我該怎麼辦？」

我記得老師說，那個時候他腦袋一陣空白，不知道應該回答什麼。但最終還是要有所回應，不然場面很尷尬。在停頓了二點五秒左右之後，他幽默地說：

「我怎麼知道，我又不是妳老公！」語畢，全場哄堂大笑。

在之後搭車返回學校的路上，老師說他還是很懊惱那時候的回答。可是隔了一陣子他又告訴我們，其實，他後來想了想，也只能這樣回答。每段關係都很複雜，都有其中獨特的難處，我們能做的只是給予一些籠統的建議，提出一些真正關鍵的核心問題。

那麼，什麼才是關鍵的問題呢？為了對抗我們不可靠的記憶，我們將整本書想傳達的重要訊息，簡單地摘要一下。

- **爭吵的時候，問題的癥結點往往不在爭吵的事件本身**。

在感情中所有的不愉快，通常都源於更早遠就已經存在的隱疾。可能是彼此價值觀的差異、對彼此的不信任、缺乏安全感或先前的慘痛經驗等等。

- **如果你不知道對方為何生氣、難過甚至離開，最簡單的方式就是檢視五大需求：自主、娛樂、愛

與被愛、意義追尋與心靈安適。

你是不是讓他覺得被限制了、不自由了？你是否不尊重他的決定？他是否感覺不到你的愛了？你的話語刺傷了他，讓他覺得不安嗎？他是否覺得，跟你在一起沒有未來？

■ **不可否認的，和帥哥正妹相處總是比較舒服，但我們也無法忽視其他因素的影響力。**

你出現的次數、你跟她是否有共通的地方、他的家庭背景生長環境、還有你在這段關係中所做的努力，都會影響對方願不願意跟你在一起、或繼續在一起。

■ **幾乎所有的感情都會生變——包括你、他，或是兩人之間相處的關係。**

那些看似在感情的路上一路順遂的人，並非真的不曾遇到困難。而是在每個感情的轉彎處，他們都願意牽著手轉向「同樣的地方」。改變不一定是不好的，只是要看這個改變是不是能符合彼此的預期，雙方的步調是否相同，又是否能夠堅持不放棄。

■ **原地等待不如先付出愛。**

不論是道歉、同理、原諒或是退讓，先踏出一步修復關係的人，並不表示在兩人中注定扮演弱勢的角色——而是這些人重視關係更勝過自己、能夠以彼此的未來或夢想做為主要的考量。並且，因為他們擁有較大的心量，整體而言總是比較幸福。

■ **習慣了，也是一種安全感的表徵。**

習慣於某一個人的陪伴，可能喪失一些浪漫的新鮮感，但，當我們真正失去這個人的時候，就會立即感受到深刻的孤單。製造浪漫不一定要對抗習慣，只是需要多花點心思，像剛戀愛的時候那樣用心經營。

▪ **我們的記憶是連續的，但我們所認識的對方卻是片斷的。**

大多數的情侶，都是帶著不同的背景和過去，在特殊的時空下偶然相遇。那些關於對方過去的記憶，我們不曾參與，幾經轉述，也可能喪失原先的深度，因此，有時候他的一些奇怪堅持，可能源於前幾段感情的創傷，或對幼年痛苦記憶的防衛。正因為這樣，我們沒有權利對任何一個人蓋棺論定，畢竟我們不曾經歷和對方同樣的故事、不曾擁有一樣的傷口。

▪ **當對方說出難聽的話或做出讓你難過的事情，有時候並不是蓄意的，只是為了保護自己不受傷害。**

你可能也曾經在無意間讓對方傷心，那時候他也一樣地痛苦難耐。

▪ **如果你覺得說什麼都沒用，那就用心聽吧！**

所有的爭執都來自於不同的起點，但是，讓爭執擴大、讓傷痛加劇的原因都是一樣的——我們開始聽不見對方所說的話，也不懂對方為什麼要說這樣的話。我們變得只是想搏倒對方，堅持自己的觀點，卻也讓戰況越演越烈。

▪ **當對方表現好的時候，記得在身邊陪伴他。**

我們都需要被肯定，尤其是希望被重視的人重視，希望他們也在乎我們所在乎的事情，並給予回應，而不是雙眼看著電腦螢幕，若有似無的聽著。或者，你也可以想想，如果今天換做是你告訴他一件值得雀躍的事情，你會期待他有什麼反應？？

▪ **決定一段關係是否滿意的，不是你或他做了多少，而是你們對於這段關係的期待和標準。**

每個人對伴侶的期待不同。初戀的時候可能只要每天能看見對方的臉就心滿意足，談過越多次戀愛的人，可能需要更多的刺激才能達到同樣的滿足。此外，就算是同一個人，在關係不同的階段要求也不同。幸福時可能一個擁抱都覺得溫馨滿滿，傷心時卻連一千朵玫瑰都不能撫平傷痛。看見彼此的需要並適切地互相滿足，才能締造長遠的幸福。

■在愛對方與愛自己之間，不斷地找尋平衡點。

在開始去愛一個人之前，我們要先學會如何愛自己。因為討厭自己的人，通常很難擁有一段美好的關係。而在愛上一個人以後，要多為對方著想一些，也唯有在雙方都真心這樣做的時候，愛才能發揮出大於兩個人的效力。

■為了這段關係，讓自己成為更好的人。

個性的轉變與調整是困難的，常是要花許多時間，改變的卻只有一點點。更慘的是，一段日子以後，還有可能故態復萌。每個人都有一些夢想和目標，但是一個人的時候難免軟弱、卻步、無法做到。幸好，有一個人願意陪在我們身邊一直給予我們勇氣，在我們瀕臨放棄的時候，扶持著我們繼續。因此，變成更好的自己，是給這個無怨無悔付出的他，最大的鼓勵。

■用「你比較愛我」取代「我比較愛你」的思維。

雖然我們常常說，愛情不能做比較，但我們總是有意無意地處處比較。我們常常覺得自己犧牲的比較多，對方在這段感情投入的比較少、前任情人比較好、朋友的伴侶比較用心等等。但這不一定是事實——真正的事實是——我們只是比較怕吃虧。其實，只要回想一些對方對你好的事蹟，讓你感到溫暖美好的回憶，就能讓你願意為這段關係再多點用心。

■在一起是兩個人的事，分開只要一個人同意就可以了。

除了最開始的那句「在一起」的允諾，戀愛的過程也需要兩個人共同參與。畢竟，一個人一廂情願地想經營、想繼續是沒有用的，要對方「也這麼想」才可以。對方離開的時候，我們可能會想，自己是不是做錯了什麼才被拋棄？又該怎麼做才能挽回對方的心？雖然所有的努力都是值得嘗試的，但是有一件事情要放在心裡：不管你再努力，沒有一個人「有責任」要永遠喜歡你。

▪謝謝那些曾經跟你在一起的人。

當你能衷心感謝他們的時候，也就是能走出過去陰影的時候。不論他們跟你在一起多久，也不論他們是否真的愛你，更不論最後究竟是誰提的分手，又是誰愛對方比較久，至少，這些人都曾經特別為你保留了一段時間，和你一起練習如何去愛一個人、練習如何更深入地了解自己，並學會在感情裡，究竟是什麼會讓彼此傷心，什麼會讓彼此感到幸福。而且，他們本來可以將這樣的機會留給別人，但是因為你很特別，讓他們願意在匆匆的人生中停下腳步，看看你的臉，聽聽你說話，給你擁抱和溫暖。

▪你的世界可以沒有他，但這個世界不能沒有你。

分手心碎的時候，常常覺得沒有對方無法活下去了，懷疑起自己存在的意義，認為反正這個世界少你一個也沒關係。但事實是，在沒遇見他之前，你也好端端地活了好多年，在他離開以後，雖然這世界少了一些光彩，你的臉上少了一些笑容，不過，還是有很多朋友、家人、愛你的人，他們將你看得很重要，甚至比你現在眼中的他還重要。套一句我常掛在嘴邊的話：「擁抱傷口並不能帶走寂寞，相反地，還會讓你身邊的人替你擔心難過。」

如果開始就能看見幸福

幾天前經過公館，路邊的電子看板上正在播放著一則廣告標語，印象中其大概的內容是：「人的舞台上，有時候你得唱獨角戲，而且還是倒著唱（旁邊搭配了一張在斑馬線上倒立的人的照片）；有時候雖然有人陪同演出，卻仍是一團混亂。不過有一件事情是不變的：演出時的酸甜苦辣，只有你最清楚。不過演出本身，就會給人帶來力量。」

愛情也是一樣的。辛勤追求的時候，冒風雨一個人驅車去買他最愛的食物，分手之後默默哭泣的那種酸楚，就算身邊的人也經歷過，能體會、能安慰，但仍不能真正了解箇中滋味。有時候我們甚至不知道為了什麼事情而吵、為了什麼事情像瘋子般奔跑、翻滾著笑，還有些時候，就算對方已經離開很久、就算身旁已經有另一個人陪伴，腦袋還是混亂得像團毛球，而那些無法忘懷的曾經，還是不斷襲擊著我們的心。

幸好，在這些五味雜陳的苦澀中，我們終究會找到新的能量。

前陣子有一個朋友問我，他的女朋友好像愛上了另一個男孩，雖然他知道自己之前對她不夠好，希望能夠彌補、挽回她的愛，但是卻不知道該怎麼做。我們討論了很久，擬訂了很多不同的「挽回計劃」，然後在接下來的一週，他也都確切地去執行了：適時地關心她，不要給她太大壓力，每週挪出一些時間陪伴她等等。

一個月之後，他傳簡訊跟我說他換了手機，因為他和女朋友分手了。我聽到這個消息時其實滿沮喪的，一方面是為他們沒能繼續在一起感到遺憾，另一方面也問了自己：為什麼沒能幫上忙？為什麼最後兩人還是分開了？不過，他的一通電話，讓我釋懷了不少：

「其實，我之前打電話給你的時候，就知道這段感情延續的可能很有限了，畢竟，我之前冷落她這麼長的時間，她打來我都說我在忙，這樣的傷口、這樣的錯誤，我想，並不是短短一個月就可以康復的……但是我還是很慶幸自己這一個月以來有認真努力地去付出、去愛她，也因為這段時間花的心思，我才知道原來愛一個人的影響力這麼大，也才更懂得該怎麼珍惜一段關係。」

戀愛是重新認識自己的過程，我們在這段旅程中，學習支撐他人的生命，也讓自己被對方所支撐，透過彼此的眼睛，看見幸福的可能性。雖然我們最終能決定的事情很少，面對的不確定性很多，我們不但不知道某個人會不會如願愛上自己，也不知道愛上自己的人，明天還會不會繼續一直愛下去，但是我們可以選擇，先付出多一點點的愛。我們無法決定結果，卻仍然可以有所選擇。選擇相信成長、相信愛情、相信事情總有許多不同的可能、相信自己還有一點點愛人的能力。

通往幸福的祕密

作家李奧・巴斯卡力亞（Leo Buscaglia）曾在他的暢銷作品《Loving each other : the challenge of human relationships》中提到一個小故事：

在一個種滿金色稻穗的小農村裡，住著一位小女孩。有一天，小女孩在森林中看到一隻蝴蝶被困在蜘蛛網中，覺得牠很可憐，於是就撿了地上的樹枝破壞蜘蛛網，將蝴蝶解救出來。沒想到，這隻蝴蝶竟然是森林裡的仙子。蝴蝶仙子很感激她，在小女孩的耳邊，小聲地說了一個祕密。從那天起，女孩變成全村子裡面最快樂的人，不論發生什麼難過的事情，她都能微笑以對；不論情況多麼險惡糟糕，她也總是能安然度過。大家都很好奇，仙子究竟是跟她說了些什麼，能讓她如此無憂無慮？

善良的小女孩決定將這個快樂的祕密跟大家分享，她說：「仙子只是告訴我，在這個世界上，大家都需要我。」

我們為了「需要」而進入一段親密關係，渴望用生命去好好擁抱一個人，也企盼能被同等的在乎與對待。在這段關係裡面，我們的確也滿足了彼此的需求；縱使有一天，兩個人不再能相互滿足，而走向不同的岔路，總在世界的某個角落，還有人在等待著我們的愛與關懷。這樣的相信與執著，能帶著我們一直在愛的旅途上前進，不因一次失落而停留。有一天，當你回頭看見自己走過的那些路，或許會感謝每個交叉口，陪伴你、需要你、曾讓你深深擁抱的人。

後記

……隔天，我擔心資源回收的婆婆搬不動我那三大箱的沉重回憶，於是決定開著我的小型馬自達，幫她送到資源回收站。一路上，她在後座用狹小的空間分類著保特瓶、相片、CD、鐵鋁罐等等。突然覺得，我們這一輩子製造的回憶與丟棄的東西，是不是太多了一些了呢？

到了回收站，我們把一箱一箱的東西卸下車。我將手上那張有著蠟燭、蛋糕和兩張笑臉的照片塞進其中一個紙箱裡，如釋重負的鬆了一口氣。一切就緒之後，婆婆揮揮手示意我可以先離開了，她說她自己可以搭公車回去，接著就逕自向回收專員交涉起來。一台半壞的木製學步車在搬運中坍倒了下來，她彎下腰撿起學步車朽壞的把手，而她原先掛在脖子上，裝零錢的灰色束口袋卻掉落地上，灑了滿地的零錢。

我連忙過去幫忙撿，將銅板逐個丟進袋子裡。那些十元、五元的銅板握在手裡的感覺好不真實。想著去年五月的阿里山之旅的回憶，將被換成數個銀色的硬幣，而前年聖誕節，他花好多時間錄給我的CD、高中時某個夏天在海邊為我做的比基尼素描冊，都將變成紅色或綠色的百元紙鈔，心中突然覺得有些掙扎、猶豫和矛盾。可是，將它們留下來，會不會又在好不容易平靜下來的心裡勾起波瀾？

送阿婆回到家的時候，她從花布褲子口袋裡面掏出一張紙片，交到我手上：「我看你還滿喜歡這張照片的，裡面的你笑得很開心啊！要不要留著？」她笑了笑，我點點頭也跟著苦笑一番，尷尬地將照片收起來。

我那時以為這樣的決定是一種軟弱和災難。

……後來，那張照片被我夾在一本我最喜歡的小說裡面。每年重讀那本小說，再次見到當年的我們時，我總有一種照片裡的兩個人，也和我一起成長的感覺。

我發現，所有的經歷都是一種過程。在這些過程裡面，我們曾經猶豫、曾經躊躇、曾經堅持、曾經固執、曾經自我說服、也曾經以為走投無路、曾經在等待的時候哭泣、曾經在回憶的時候釋懷，最後卻仍從一次又一次擁抱和傷害中，看見自己的模樣，也看清對方的臉龐。

就像這張照片裡面所呈現的我，是如此害怕受傷，卻又同樣有能力堅強；而在我身邊的他，臉上的笑容是同樣的真誠，親吻也充滿溫熱。我開始一點一點相信，感情中的好與壞，都是必經的風采。

當我們終於能坦然擁抱那些愛與被愛的過去，我們開始了解，每一段感情都有它發生的意義，每一個生命中遇見的人，都會影響自我的組成。我們在愛裡面學習聆聽、學習表達、調整期待、調適心態，然後在每一次的學習與調整裡看見，一個比從前，更好一點的自己。

或許，幸福是一條永遠走不到的路，在這過程中，有些人離開，有些人留下，有些人變得陌生，有些人怦然交心卻又驟然失去，但是我們要一直、一直走下去[1]。

註解

[1] 引自海苔熊粉絲團：https://www.facebook.com/Haitaibear

life Ｖ001

在怦然之後　關於愛情的十六堂課

About Love

作者⋯⋯⋯⋯⋯程威銓（海苔熊）
臺大愛情研究團隊

企劃製作⋯⋯⋯一藏文化出版工作室
文字校對⋯⋯⋯程威銓、祝文君
編輯助理⋯⋯⋯彭思嘉、胡嘉玲
設計繪圖⋯⋯⋯吉松薛爾
攝影⋯⋯⋯⋯⋯曾懷慧

發行人⋯⋯⋯⋯蘇青玉
總編輯⋯⋯⋯⋯祝文君

出版⋯⋯⋯⋯⋯大真文化創意出版有限公司
聯絡地址⋯⋯⋯32023中壢市中北路200號1樓
101-C室（產學大樓）
網址⋯⋯⋯⋯⋯http://www.bigtrue.com.tw/
電話⋯⋯⋯⋯⋯886-3-4666658
傳真⋯⋯⋯⋯⋯866-3-2654098
讀者服務專線⋯886-3-4666658
電子郵件信箱⋯service@bigtrue.com.tw

印刷裝訂⋯⋯⋯海王印刷事業股份有限公司
總經銷⋯⋯⋯⋯商流文化事業有限公司
新北市中和區中正路752號8樓
電話⋯⋯⋯⋯⋯886-2-22288841
初版一刷⋯⋯⋯2013年8月
初版四刷⋯⋯⋯2014年2月
定價⋯⋯⋯⋯⋯350元

歡迎演講・座談邀約
請洽：藍小姐bleuchu@gmail.com

國家圖書館出版品預行編目（CIP）資料

在怦然之後：關於愛情的十六堂課／程威銓，臺大愛情研究團隊著.--初版.－臺北市：大真文化創意，2013.08
352面；14.8×21公分.--（life；1）
ISBN 978-986-89561-0-0(平裝)
1. 戀愛　2. 兩性關係
544.37　　102009950

致謝

（按姓名筆劃排序）

台大心理系

王宇廷・王雅鈴・吳嘉惠
柯昀青・翁若珊・鄭　怡
蕭洛婷・賴慧洵・鍾函君

三軍總醫院北投分院

王梅君・任怡潔・李馨兒
林純竹・林純君・張吏頡
陳俊堅・陳致豪・楊如泰

新北市立明志國中輔導處

黃宜貞・張伊萍・許雅絢
郭喬琳・陳欣妤・黃曉如
羅順薏

教授・老師群

吳　迪・利翠珊・林以正
張思嘉・黃素菲

中原大學

林昆範教授
產學營運總中心・Erren

朋友與讀者

Nathaniel Yang・吳芬英
李珮榕・陳思穎・葉人瑋
007・李淑華・陳湘菱

由衷地感謝大家
對本書的付出・建議與協助！